LUCA NOVELLI

GENIALE WISSENSCHAFTLER

STEPHEN HAWKING ▪ MARIE CURIE ▪ EINSTEIN
GALILEI ▪ EDISON ▪ NEWTON

impian

STEPHEN HAWKING
und das Geheimnis der Schwarzen Löcher

LUCA NOVELLI

Aus dem Italienischen von Anne Braun

STEPHEN HAWKING
(1942–2018)

„Das Universum wäre nicht viel, wenn es nicht die Heimat der Menschen wäre, die du liebst."

Stephen Hawking wird mit Galileo, Newton und Einstein verglichen, also mit drei der größten Genies der Geschichte. Vielleicht ist er inzwischen mit ihnen zusammen in einem der vielen parallelen Universen und schildert den illustren Kollegen seine Theorien über die Schwarzen Löcher. Stephen hat unsere Welt verlassen, nachdem er versucht hatte, eine Antwort auf die schwierigsten Fragen zu finden, die sich die Menschheit je gestellt hat: Wie hat der Kosmos angefangen? Wie groß ist er? Seit wann gibt es ihn? Was gab es zuvor? Wie wird er enden?

Stephen erzählt uns hier seine Geschichte, die anfangs ganz ähnlich verläuft wie die vieler anderer Jungen. Dann aber stellt man bei ihm eine unheilbare Krankheit fest, die zum Tod führen wird: ALS. Doch Stephen lässt sich nicht von ihr aufhalten. Er verfolgt seine Lebensziele beharrlich weiter.

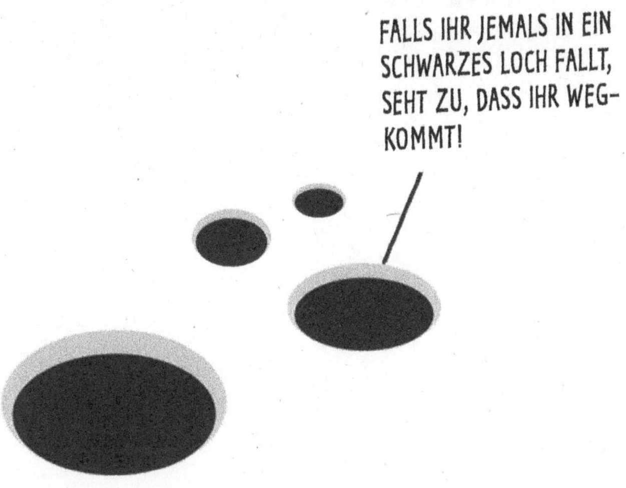

DIESES BUCH HANDELT VON …

… mir,
Stephen Hawking.

Ich erzähle von meiner Kindheit in London und von meiner Jugend.

Dann erzähle ich von der Gefährtin meines Lebens, meinen Freunden und meiner Leidenschaft für Sterne.

Und von meinem Kampf gegen eine schreckliche Krankheit.

Ich erzähle von Oxford, Cambridge, dem *Caltech** und meinen Kollegen, die Jagd auf Teilchen und kosmische Merkwürdigkeiten machen.

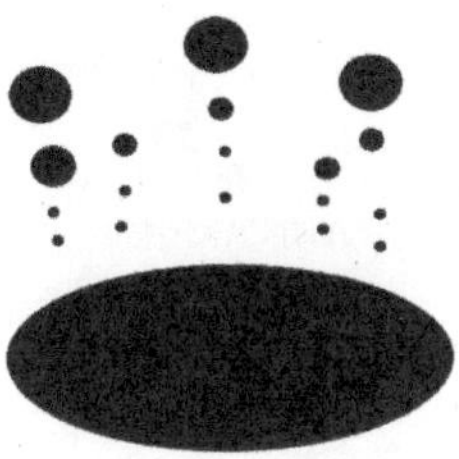

Es geht auch um meine Entdeckungen zu Schwarzen Löchern ...

... und das große Geheimnis des Urknalls.

Zum Abschluss gibt es ein kleines Wörterbuch. Dort findest du die Erklärungen für die Wörter mit * und weitere Informationen über kosmische und nicht kosmische Begriffe.

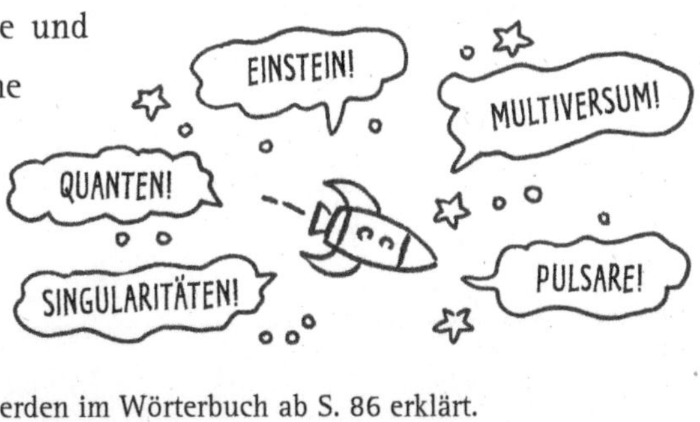

* Begriffe mit * werden im Wörterbuch ab S. 86 erklärt.

STEPHENS UNIVERSUM

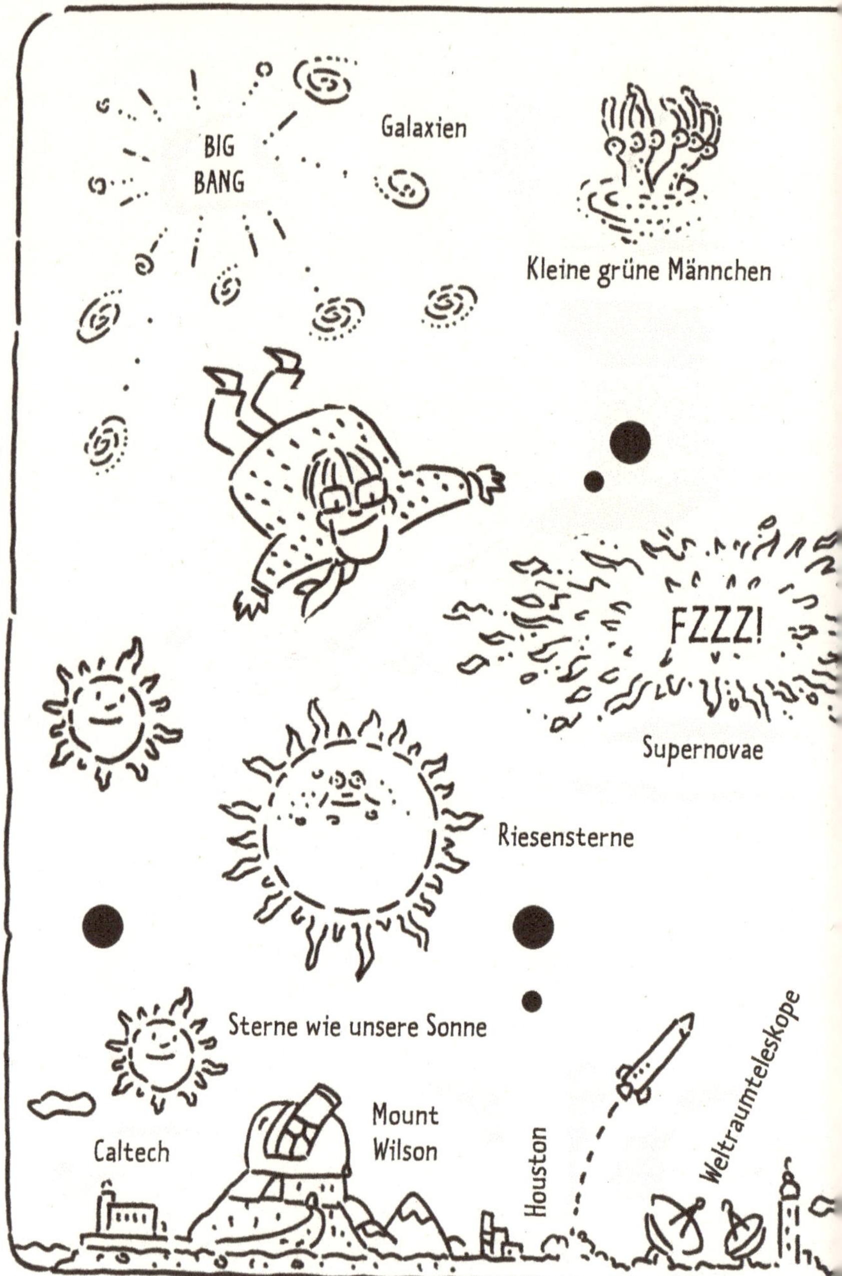

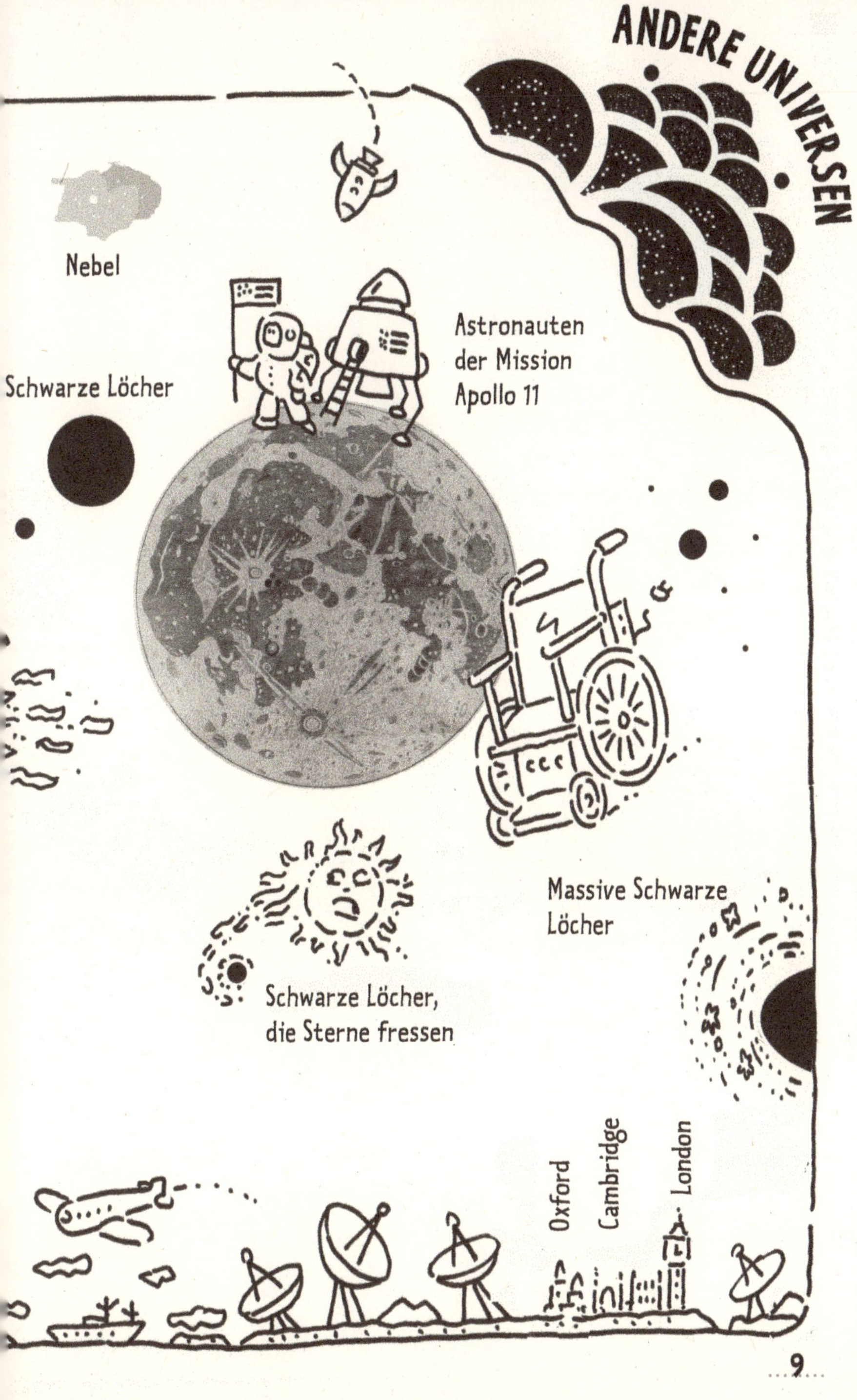
ANDERE UNIVERSEN
Nebel
Astronauten der Mission Apollo 11
Schwarze Löcher
Massive Schwarze Löcher
Schwarze Löcher, die Sterne fressen
Oxford
Cambridge
London

Galileo Galilei*, der Vater der modernen Astronomie*, starb am 8. Januar 1642 in seinem Haus in Arcetri in der Nähe von Florenz. Er war der Erste, der mit einem Fernrohr den Himmel studierte und bewies, dass Kopernikus* recht hatte: Die Erde dreht sich um die Sonne und nicht umgekehrt. „Alles dort oben", sagte er, „gehorcht mathematischen Gesetzen, die wir allesamt noch entdecken müssen."

Stephen Hawking wird haargenau 300 Jahre später geboren, mitten im Zweiten Weltkrieg, am 8. Januar 1942. Nur ein Zufall, wie er selbst gesagt hat. Dass unser Planet heute von einer denkenden Spezies bewohnt wird, die sich Fragen über das Universum stellt, verdanken wir ebenfalls einer Abfolge endlos vieler anderer außergewöhnlicher Zufälle ...

1. Ich, Stephen

Willkommen in London! Ich bin Stephen. Das London, in dem ich aufwachse, ist völlig anders als das London zu eurer Zeit. Es ist kurz nach Kriegsende und es fehlt an vielem. Das Viertel, in dem ich lebe, ist teilweise noch ziemlich zerbombt.

Die Straße, in der wir wohnen, wurde nicht bombardiert, doch meine Mutter zog es vor, mich in Oxford zur Welt zu bringen, wo keine Bomben fielen. Ganz in unserer Nähe wohnt mein bester Freund Howard.

Howard ist klasse. Er besucht eine staatliche Schule und im Gegensatz zu meinen Eltern, die etwas zu intellektuell sind, versteht er viel von Sport und verführt mich oft zu kleinen Abenteuern.

Mein Vater, Frank, ist Arzt und Wissenschaftler, spezialisiert auf Tropenkrankheiten. Er hat in Oxford studiert und war schon in Afrika, um dort Stechmücken und anderes schreckliches Ungeziefer zu jagen.

Auch meine Mutter, Isobel Eileen, hat in Oxford, der angesehensten englischen Universität, studiert.

Aber reich sind wir nicht und die Zeiten sind schwer. Papa spart, wo er kann, auch wenn es um Arbeiten am Haus und um meine Spielsachen geht.

Stellt euch vor: Mein größter Wunsch ist eine elektrische Eisenbahn. Und was bekomme ich? Eine gebrauchte aus Blech! Sie ist aufziehbar und Daddy hat sie selbst repariert.

Aber egal. Wann immer ich kann, bin ich mit meinem Freund Howard draußen und erkunde unser Stadtviertel.

Howard und ich spielen oft zwischen den Trümmern, die vom Krieg übrig sind. Unser Lieblingsort ist ein großes Loch, das durch eine V2* entstanden ist – eines der vielen Geschosse, die während des Kriegs auf London gefallen sind. Ich ahne natürlich noch nicht, dass ich mich eines Tages mit Löchern beschäftigen werde, die unendlich viel gewaltiger und faszinierender sind als das hier.

Man nannte sie „Dunkle Sterne". Von ihnen gibt es vermutlich mehr als von den sichtbaren Sternen, und von denen gibt es allein in unserer Galaxis mehr als hundert Milliarden.

Es handelt sich um tote Sterne, die explodiert und dann in sich zusammengefallen sind. Ihre Gravitation* ist so gewaltig, dass sie alles anziehen, was in ihre Nähe kommt. Nicht mal das Licht entkommt ihnen. Deshalb sind sie auch unsichtbar.

Ihre Existenz im Kosmos ist bis zum Jahr 1971 reine Theorie. Noch spricht niemand von „Schwarzen Löchern". Ein amerikanischer Physiker, John Archibald Wheeler*, benutzte diesen Begriff 1967 als Erster, nachdem ihm ein Besucher nach einer Konferenz sagte, er habe es satt, dauernd von „Objekten" zu hören, „die gravitationsbedingt komplett kollabiert sind". Daraufhin hält der Begriff „Schwarze Löcher" Einzug in den allgemeinen Sprachgebrauch, in Romane und Science-Fiction-Filme.

2. Die Sterne sehen mich wachsen

Ich weiß nicht, wann ich zum ersten Mal von Schwarzen Löchern* gehört habe. Vielleicht war es in einem Bilderbuch, in dem geschildert wurde, dass Sterne sterben und sich in Dunkle Sterne verwandeln. Aber wenn man es sich recht überlegt – auch Alice* im Wunderland, die einem weißen Kaninchen folgt, fällt in ein Schwarzes Loch und gerät in eine fantastische Welt.

Bücher haben wir viele zu Hause. Wir lesen viel. Mom und Dad lesen ständig, sogar bei Tisch. Ich habe allerdings erst spät lesen gelernt, mit acht Jahren. Ich weiß – das ist skandalös. Aber im Byron House, einer progressiven Schule für Kinder Intellektueller, findet man das nicht schlimm. Meiner Meinung nach bringen sie einem nicht viel bei, aber meine Eltern geben sich damit zufrieden.

Meine Schwester Mary wird 18 Monate nach mir geboren. Sie fängt schon mit vier Jahren an zu lesen. Philippa, meine jüngste Schwester, übertrifft uns alle.

Mit neun Jahren habe ich mit die schlechtesten Noten der ganzen Klasse. Aber es muss schon einen Grund dafür geben, dass meine Klassenkameraden mich „Einstein“ nennen, oder?

Zwei von ihnen wetten sogar – einer für mich, der andere gegen mich –, dass ich nie eine wichtige Persönlichkeit werde.

Das Fernsehen gehört nicht in meine Kindertage, so wenig wie Computer und Videospiele. Keiner kann sich vorstellen, dass es sie irgendwann in jedem Haushalt geben wird. Ich verbringe meine Freizeit damit, alles, was man auseinandernehmen kann, auseinanderzubauen: Radios, Uhren, Spielsachen. Unter uns gesagt: Ich kann sie nur selten wieder zusammenbauen.

Dann endlich bekomme ich eine elektrische Eisenbahn! Ich habe sogar nachts davon geträumt und alles Geld, das ich zu Weihnachten oder zum Geburtstag geschenkt bekam, eisern dafür gespart. Aber verflixt noch mal – das Ding funktioniert nicht!

Ich habe zwei neue Freunde: John und Roger, die auch in meine Klasse gehen. Mit John bastle ich Modelle von Schiffen und Flugzeugen. Im Gegensatz zu mir ist er handwerklich sehr geschickt. Das liegt bei ihm in der Familie. Sein Vater hat eine Werkstatt und wir dürfen seine Werkzeuge benutzen.

Mit Roger dagegen mache ich gern Brettspiele. Ich denke mir sogar neue aus: Spiele über Kriege, Wirtschaft und Geschichte. Mit diesen Spielen erwacht in mir der Wunsch zu verstehen, wie die Welt und das ganze Universum* funktionieren.

Im fernen 1666, während in London die Pest wütet, fällt neben dem jungen Isaac Newton* der berühmteste Apfel der Weltgeschichte zu Boden. Isaac betrachtet diesen Apfel und dann den Mond.

In diesem Moment – so erzählt es die Legende – kommt Isaac Newton die Idee, dass es ein universelles Gravitationsgesetz geben muss: Alle Körper, Planeten, Satelliten und Äpfel ziehen sich an. Je größer sie sind, desto größer ist auch die Anziehungskraft. Je weiter sie voneinander entfernt sind, desto schwächer ist diese.

Newton entwickelt auch die mathematische Formel für dieses Gesetz, welches darlegt, was zwischen Sternen, Planeten und auch unserer Erde geschieht.

Newtons Gravitationsgesetz ist im ganzen Universum gültig, auch in der entferntesten Galaxie*, nicht aber im extrem Kleinen, den Elementarteilchen*, und in einigen äußerst „singulären" Situationen, wie zum Beispiel bei der Entstehung des Universums.

3. Wie entstand ... der Himmel?

Auf dem Land kann man die Sterne besser sehen.

Wir wohnen jetzt in St. Albans, einem Städtchen nördlich von London, in einem großen viktorianischen Haus. Es ist zwar hübsch und renoviert, aber es gibt immer noch viel zu tun. Mein Vater will wie immer alles selbst machen, doch die Ergebnisse sind nicht gerade umwerfend.

Er weigert sich, eine Zentralheizung einbauen zu lassen, und läuft lieber mit Schal, Pulli und einem Morgenmantel darüber herum. Irgendwie rührend, nicht wahr?

Endlich legt Dad sich ein Automobil zu, doch sparsam, wie er ist, hat er ein altes Londoner Taxi gekauft!

Die Sommerferien verbringen wir in einem Karren, den Dad fahrendem Volk abgekauft hat. Er steht auf einem Campingplatz an der Südküste, in Weymouth.

Dad hat ihn mit Feldbetten und einer kleinen Küche ausgestattet und mit einem Zelt erweitert – alles recht billige Restbestände aus dem Krieg. Es sind wunderschöne Ferien, auch wenn meine Schulkameraden die Augen aufreißen, als ich ihnen davon erzähle.

Ach übrigens, in St. Albans musste ich die Schule wechseln. Zuerst war ich nämlich in einer Mädchenschule. Nicht lachen, Jungs! Die nehmen auch Jungen bis zehn Jahren auf und mit Mädchen bin ich immer gut ausgekommen.

Dann hatte ich eine „Schulpause", in Spanien, auf der Insel Mallorca. Mein Vater war wieder mal auf einer Afrika-Mission und meine Mutter ist für diese Zeit zu einer Freundin nach Mallorca gezogen.

In Mallorca hat Mom einen Hauslehrer für mich eingestellt. Aber er bringt mir nicht viel bei. Er gibt mir pro Tag ein Kapitel aus der Bibel zu lesen und verschwindet wieder. Aber bald ist es mit dem schönen Leben vorbei.

Wir kehren nach St. Albans zurück und ich komme in die Mittelstufe. Wegen seiner Vorgesetzten und Kollegen möchte Dad mich in einer Privatschule anmelden, wo auch deren Sprösslinge hingehen. „Es ist für die sozialen Kontakte wichtig, eine Eliteschule zu besuchen“, meint er. Doch weil ich am Tag der Aufnahmeprüfung krank bin, besuche ich weiterhin das öffentliche Gymnasium in St. Albans, auch während der Oberstufe. Nicht dass es mir etwas ausmachen würde ...

Ich habe eine Handvoll Freunde, mit denen ich über alles reden kann: Religion, funkgesteuerte Autos, Science-Fiction, Parapsychologie und natürlich Mädchen. Auch der Ursprung des Universums beschäftigt uns. Da sind große Fragen: Wie fing alles an? Hat es wirklich einen Gott gebraucht? Diese Frage interessiert uns sehr. Vielleicht weil in Zeitungen und im Radio immer öfter vom Big Bang* die Rede ist, dem Urknall, bei dem die Atome* entstanden sind und alles, was es gibt.

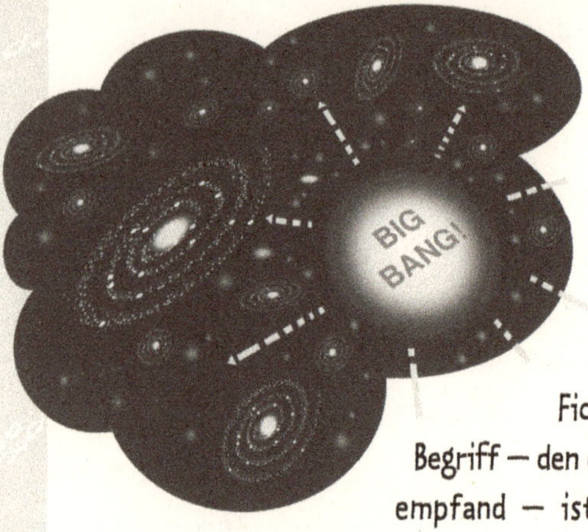

Der Begriff „Big Bang" (Urknall) stammt von Professor Fred Hoyle, seines Zeichens Astronom, Physiker und Autor von Science-Fiction-Romanen. Dieser Begriff – den er selbst als abwertend empfand – ist ihm während einer Radiosendung entschlüpft. Damit fand der Begriff „Big Bang" im Jahr 1949 Eingang in die Geschichte unserer Spezies, auch wenn es sich um ein Ereignis handelt, das grandiose 13,7 Milliarden Jahre zurückliegt.

Die Vorstellung, dass das Universum mit einem Punkt begann, in dem ALLES konzentriert war, ist allerdings schon ein paar Jahre älter. Sie geht auf das Jahr 1931 zurück, auf den belgischen Physiker und Geistlichen Georges Lemaître. Er war verblüfft, wie sehr der Big Bang dem göttlichen Schöpfungsakt ähnelt, wie ihn die Bibel beschreibt.

Noch etwas früher hat der russische Physiker Alexander Friedmann mit Einsteins Formeln bewiesen, dass sich das Universum ausdehnt, doch damit fand er anfangs kein Gehör. Nicht mal Albert Einstein* hielt es für möglich. Und doch ...

4. Aus Fehlern lernt man

In St. Albans haben meine Eltern nicht viele Bekannte. Ich dagegen habe viele Freunde aus meiner Klasse und zudem noch Sarah, eine Cousine, die acht Kilometer weit weg wohnt. Mit meinem Rad fahre ich oft zu ihr.

Mit 15 baue ich mir ganz allein ein Grammofon mit 33 Umdrehungen. Ein neues wäre 1957 viel zu teuer gewesen. Deshalb habe ich die verschiedenen Zubehörteile und das Gehäuse eines älteren Modells gekauft. Das Tollste daran ist, dass es ... funktioniert! Dad ist stolz auf mich. Besonders weil wir wieder mal gespart haben. Dann kaufe ich mir meine erste Schallplatte: *Brahms Violinkonzert*. Ein Freund hat es mir empfohlen. Ich war ziemlich überrascht, als ich es das erste Mal gehört habe.

Aber dann hat es mir doch gefallen. Auch später werde ich mir dieses Stück immer wieder gern anhören und es wird einer der Soundtracks meines Lebens werden.

In der Schule haben wir einen tollen Mathelehrer, Mister Tahta. Er weckt in mir die Liebe zur Mathematik*. Aber er liegt nicht jedem.

Doch mein Interesse für die Naturwissenschaften verdanke ich vor allem meinem Vater. Ich besuche ihn oft im Nationalen Institut für medizinische Studien von Mill Hill. Ich darf in sein Labor, in dem er Fliegen züchtet, die Malaria und andere Tropenkrankheiten übertragen. Ganz toll finde ich es auch, wenn ich durch seine Mikroskope schauen darf. Aber etwas nervös bin ich schon, weil man ja nie weiß, ob nicht doch eine Stechmücke frei herumschwirrt.

Mein Vater möchte, dass ich Arzt oder Biologe werde. Doch mich fasziniert die Physik*. Nicht das Zeug, das sie in der Schule unterrichten und das ich banal und langweilig finde, sondern die Physik, die sich mit dem Weltall und mit den Atomen beschäftigt. Ich ahne, dass nur die Physik uns helfen kann, Antworten auf die großen Fragen über den Ursprung des Universums zu finden. Im Bereich der Physik werden neuerdings absolut sensationelle Entdeckungen gemacht.

Ich habe gelesen, dass sich das Lichtspektrum, das von fernen Galaxien kommt, in den Rotbereich verschiebt. Das beruht auf einem Phänomen namens Doppler-Effekt*. Bei Tönen ist es leicht nachvollziehbar: Ein Zug oder die Sirene eines Polizeiautos haben eine hohe Tonlage, wenn sie sich nähern, und eine tiefe Tonlage, wenn sie sich entfernen.

Mit Licht verhält es sich genau gleich: Die Frequenz* des Lichts, das von fernen Galaxien kommt, scheint abzunehmen, man kann also eine Verschiebung zu Rot hin beobachten. Und das bedeutet: Die Galaxien entfernen sich von uns! Würden sie sich annähern, würde eine Blauverschiebung auftreten. Ich dagegen mache mir eine eigene Vorstellung: Das Licht ist rot, weil es von so weit hergekommen und müde ist. Das ist natürlich Unsinn. Aber was kosmische Irrtümer betrifft, so befinde ich mich in bester Gesellschaft.

Die Verschiebung des Lichts, das von fernen Galaxien zu uns kommt (red-shift) wurde von dem Astronomen Edwin Hubble* entdeckt, dem Gründer und Direktor des Mount-Wilson-Observatoriums in der Nähe von Pasadena in Kalifornien.
Mit seinen Beobachtungen konnte er beweisen, dass sich die Galaxien voneinander entfernen. Zusammen mit seinem Kollegen Milton Humason hat er 1929 die Formel ausgearbeitet, mit der man berechnen kann, in welcher Entfernung sich die Galaxien befinden. Seine Entdeckung gilt als Beweis für die Gültigkeit der Theorie des Big Bang.
Als Einstein von Hubbles Entdeckung erfuhr, musste er seine Gleichungen* korrigieren. Er war davon ausgegangen, dass das Universum statisch und unbeweglich ist, und um das zu untermauern, hatte er eine „Konstante“ einfügen müssen.

5. Mein Leben in Oxford

Dad legte großen Wert darauf, für ihn war es eine Frage der Ehre: Ich besuche jetzt das University College in Oxford. Das heißt: Ich studiere an der angesehensten Universität des Vereinigten Königreichs.

Diese Uni hat respektable Staatsoberhäupter, Wissenschaftler und Industriemagnaten hervorgebracht. Und ich habe dort mit nur 17 Jahren ein Stipendium bekommen! Ich war echt baff, denn ich war der jüngste Bewerber und die meisten meiner Kommilitonen hatten schon ihren Wehrdienst abgeleistet.

Dass hier so wenig studiert wird, gefällt meinem Dad allerdings nicht. Aber man muss eben halbwegs genial sein, um so wenig zu studieren. Die Streber unter meinen Kommilitonen bezeichnen wir anderen abschätzig als „Graue". Ich habe mich bestens eingelebt und studiere maximal eine Stunde am Tag. Das macht zwar Spaß, aber ich riskiere, bei den Prüfungen schlecht abzuschneiden.

Im ersten Jahr habe ich mich noch allein gefühlt. Aber jetzt gehöre ich zu einer tollen Clique. Hier meine Kumpel vom Boat Club. Es stört mich kein bisschen, im Mittelpunkt zu stehen.

Ich bin in einem Ruderclub – Rudern ist die traditionellste Sportart unserer Universität. Alle sagen, ich sei der ideale Steuermann, weil ich eine laute Stimme habe und wenig wiege.

Unser erster Wettkampf ist eine Katastrophe und wir werden disqualifiziert. Die anderen sind mir jedoch nicht böse und ich merke, dass ich neue Freunde gefunden habe.

Manche von ihnen sind überzeugte Pazifisten. Ich teile ihre Ideen. Wir befinden uns mitten im Kalten Krieg*.

Die Großmächte haben so viele Atombomben gebaut, dass man unseren Planeten damit vier oder fünf Mal zerstören könnte. Ich gehe mit zu Demos und nehme an verschiedenen studentischen Aktionen teil.

Als wir eines Nachts unter einer Brücke ein Spruchband aufhängen wollen, kommt die Polizei an. Einige meiner Kommilitonen werden verhaftet. Ich verstecke mich für den Rest der Nacht unter der Brücke.

Während Stephens Studienzeit befinden wir uns mitten im „Kalten Krieg“. Die Welt ist in zwei große Blöcke geteilt: die westlichen Länder, angeführt von den USA, und die Länder im Osten unter der Führung der Sowjetunion.

Die beiden Großmächte bedrohen sich gegenseitig mit ihrem Arsenal an Atomwaffen. Immer schlagkräftigere Bomben werden gebaut, die mit erschreckenden Tests geprüft werden – in der Luft, in Wüsten und in der Tiefsee. Wissenschaftler und Studierende werden nicht müde, auf die Gefahren eines drohenden Kriegs hinzuweisen.

1963 wird ein Vertrag unterzeichnet, der den Unterzeichnerstaaten untersagt, weitere solcher Tests durchzuführen. Doch das verringert die Gefahr einer atomaren Auseinandersetzung nur wenig.

6. Ich mache meinen Hochschulabschluss!

Es waren vier schöne Jahre in Oxford. Sie vergingen wie im Fluge! Ich war nicht sehr fleißig, habe aber trotzdem sämtliche Prüfungen mit Bravour bestanden. 1962 habe ich einen Abschluss in Naturwissenschaften in der Tasche, und das mit Bestnoten. In gewisser Weise habe ich meine Professoren erpresst: Mit weniger guten Noten müsse ich in Oxford bleiben, mit der höchsten Punktzahl könne ich mein Studium und meine Karriere in Cambridge fortsetzen, ließ ich durchblicken. So sind sie mich losgeworden!

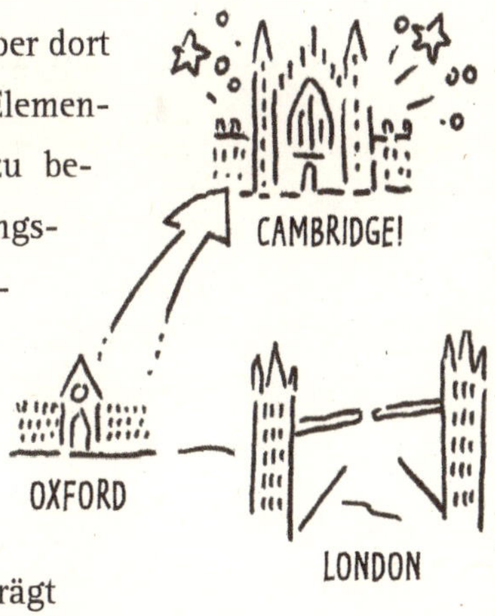

In Oxford gefällt es mir zwar auch, aber dort gibt es keine Möglichkeit, mich mit Elementarteilchen oder mit Kosmologie* zu beschäftigen, genau die beiden Forschungsgebiete, die mich am meisten interessieren. Deshalb habe ich mich um ein Stipendium an der Universität von Cambridge beworben, wo Fred Hoyle unterrichtet – der Mann, der den Begriff „Big Bang" geprägt hat. Obschon er selbst kein bisschen daran glaubt.

In Oxford hatte ich nur ein einziges Ziel: Möglichst schnell meinen Hochschulabschluss zu machen, um dann in Cambridge weiterzustudieren, an der Uni von Newton und Charles Darwin!

Nach dem vierjährigen Studium genehmige ich mir eine schöne Reise. Es gäbe so viele Ziele, aber ich entscheide mich für das entfernteste: Persien – der heutige Iran!
Unser College fördert solche Pläne und steuert einen kleinen Betrag bei. Mein Freund John begleitet mich bei diesem Abenteuer.

Wir reisen mit dem Zug nach Istanbul, dann weiter zum Berg Ararat und schließlich mit einem Autobus voller Hühner nach Teheran. Von dort aus geht es weiter zum mystischen Persepolis, der Stadt, die Alexander der Große vor 2.350 Jahren zerstört hat! Auf dem Rückweg erleben wir ein Erdbeben mit, das eine ganze Stadt dem Erdboden gleichmacht und bei dem 12.000 Menschen ums Leben kommen. Ich komme zum Glück ungeschoren davon. Dafür habe ich andere Probleme.

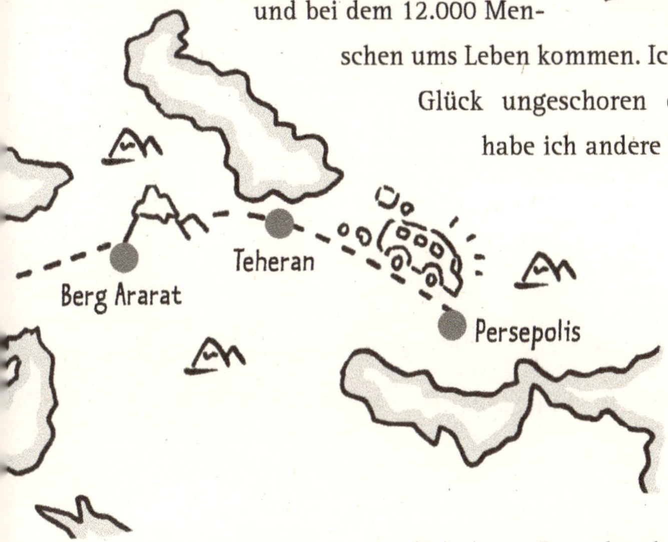

Bei einem Sturz breche ich mir eine Rippe. Ehrlich gesagt, stolpere ich immer häufiger und falle hin. Auch meine Hände werden immer unbeweglicher und steifer. Komisch ...

Über Stephens Zukunft hängt ein Damoklesschwert. Er leidet an einer seltenen und unheilbaren Krankheit. Sie wird als ALS bezeichnet, die Anfangsbuchstaben von Amyotrophe Lateralsklerose – eine chronisch-degenerative Muskel- und Nervenkrankheit. Sie befällt einen Teil des Gehirns und das Nervensystem (die Motoneuronen), die direkt oder indirekt die Muskeln und die Bewegungsfähigkeit kontrollieren.

ALS kennt keine Gnade, sie befällt junge und alte Menschen, Männer und Frauen, Baseballspieler und auch Leseratten. Diese Erkrankung führt zu einer totalen Lähmung und in den meisten Fällen recht schnell zum Tode.

Stephens Schicksal scheint besiegelt, doch dem ist nicht so.

7. Jane tritt in mein Leben

An der Universität von Cambridge erwartet mich eine glänzende Karriere als Forscher und Wissenschaftler. Ich bin richtig happy.

Während der Weihnachtsferien sieht mich meine Mutter ständig stolpern und schickt mich zu einem Spezialisten. Dann zu einem weiteren und noch einem. Die Diagnose ist so schrecklich wie unerwartet. Ich habe eine Form von ALS. Die Ärzte geben mir noch maximal zweieinhalb Jahre! Meine Welt bricht zusammen. Beziehungsweise *ich* breche zusammen. Ich betrachte die Sterne und denke an die kurze Zeit, die mir noch bleibt.

Zuerst bin ich am Boden zerstört, aber dann beschließe ich, nicht aufzugeben. Ich werde die Zeit, die mir bleibt, egal wie kurz, bestmöglich nutzen. Aber nicht nur, um zu studieren, sondern auch in Sachen Beziehung. Im letzten Punkt ist mir das Glück hold. Auf einer Uni-Fete treffe ich Jane.

Sie lacht über meine Scherze. Sie ist lieb, sympathisch und ein paar Jahre jünger als ich. Sie studiert Literatur und wir merken, dass wir viel gemeinsam haben. Jane stammt aus St. Albans, wo ich auch lange gelebt habe. Sie kennt meine Eltern und war auf denselben Schulen wie meine beiden Schwestern.

Hat sie Fehler? Nun, sie kann weder Schach noch Krocket spielen, aber damit kann ich leben.

Ich bin superglücklich mit Jane! Wir gehen zusammen aus, essen gemeinsam, reden über die Unendlichkeit und betrachten miteinander die Sterne.

Wir gehen auch gerne gemeinsam ins Theater, obwohl sie Ballettaufführungen mag, ich weniger. Kurz und gut: Wir sind verliebt.

Wir ahnen natürlich nicht, dass es eines Tages einen Film über uns geben wird – einen Film, der auf einem Roman von Jane beruht. Ein Film, dessen Hauptdarsteller sogar einen Oscar gewinnt! Eines Tages wird Jane sagen, dass die Physik ihre größte Rivalin war.

Ich dagegen werde eines Tages sagen, dass das größte Geheimnis im Universum für mich im Grunde nicht die Schwarzen Löcher sind, sondern was in den Köpfen von Frauen vorgeht.

Stephen hat sich für die Universität von Cambridge entschieden und wechselt 1962 dorthin, weil er hier über das Thema forschen kann, das ihn am meisten fasziniert: die Entstehung und die Entwicklung des Universums.
Das schafft er mithilfe der Mathematik, ausgehend von Albert Einsteins Formeln. Stephens neue Formeln führen zu einem neuen Verständnis von Weltall, Zeit* und vom gesamten Kosmos, der nicht mehr als statisch, sondern in einer ständigen Ausdehnung begriffen verstanden wird.
Nicht alle Wissenschaftler teilen zu dieser Zeit diese Ansicht.

8. Kosmologe in Cambridge

Das Gehen fällt mir immer schwerer und ich brauche inzwischen einen Gehstock. Aber ich bin in Cambridge! Es ist faszinierend, auf einem Campus zu sein, an dem schon Newton gelehrt und Darwin studiert haben. Hier kann ich dank meines Stipendiums meine Doktorarbeit schreiben, der höchste Abschluss, den man an einer Uni bekommen kann. Ich hatte gehofft, dass ich bei Professor Fred Hoyle promovieren* kann, doch ich lande bei seinem Kollegen Dennis Sciama. Das ist schade, aber vielleicht besser so, denn Hoyle ist ständig unterwegs, bei Vorträgen, Tagungen oder Fernsehauftritten.

Professor Sciama hat interessante Ideen. Er behauptet zum Beispiel, dass alle Körper ihre Trägheit* dem Rest der Materie des Universums verdanken. „Selbst wenn wir auf dem Sofa sitzen und Chips futtern", sagt er, „werden wir von weit entfernten Sternen beeinflusst." Aber in Cambridge sind zurzeit die Elementarteilchen in Mode und niemand will sich mit dem Big Bang, dem Urknall, beschäftigen.

Mathematikunterricht gehört mit zu meinen Aufgaben. Davon habe ich in Oxford nur wenig mitbekommen, aber als ich den Unterricht für meine Studenten vorbereite, lerne ich schnell dazu. Je mehr ich mich mit Mathematik befasse, desto stärker fasziniert sie mich.

Mit einem Essay über die Gravitationskraft gewinne ich einen Preis von 100 Pfund Sterling. Und zusammen mit Janes Ersparnissen können wir uns unser erstes Auto kaufen: einen roten Mini! Jane sitzt lieber selbst am Steuer und behauptet, ich würde fahren wie ein Verrückter!

Es ist eine Art Hochzeitsgeschenk für uns selbst. Denn richtig – Jane und ich heiraten. Was mich betrifft – ich würde mir die stressige Zeremonie gern ersparen. Zum Zeitpunkt unserer Hochzeit scheine ich derjenige zu sein, der sich am wenigsten Sorgen um meine Zukunft macht.

Wenig später, 1965, fliegen Jane und ich nach Amerika. Es ist keine richtige Hochzeitsreise, denn ich werde einen Sommerkurs an der Cornell University in Ithaca im Staat New York belegen. Diese Uni feiert ihr 100-jähriges Bestehen.

Hier scheinen Physiker aus der ganzen Welt zusammengekommen zu sein, mit ihren Ehefrauen und lärmenden Kindern im Schlepptau. Jane ist nicht gerade begeistert von dem Aufenthalt, aber ich lerne wirklich interessante Kollegen kennen, darunter Roger Penrose. Er ist Mathematiker, der sich mit Singularitäten* beschäftigt. Das sind Orte im Universum, an denen die Gesetze unserer Physik nicht gelten. Schwarze Löcher, sagt er, seien Singularitäten. Ich glaube, wir werden Freunde werden.

Als Stephen den Mathematiker Roger Penrose kennenlernt, sind die Schwarzen Löcher noch reine Hypothese und Mathematik ist die einzige Möglichkeit, um diese mysteriösen kosmischen Objekte zu erforschen.
Für Professor Penrose ist ein Schwarzes Loch eine Singularität. Das bedeutet: ein Ort, an dem die Gravitation so stark ist, dass dort die Gesetze der Physik außer Kraft gesetzt sind.

In einer Singularität steht die Zeit still. Der Uhrzeiger wird hier nie Mitternacht anzeigen. Im Inneren eines Schwarzen Lochs ist die Materie unvorstellbar dicht und selbst die Atome sind keine Atome mehr, wie wir sie kennen. Mehr noch: Es gibt sie gar nicht mehr.

9. Von Schwarzen Löchern zum Big Bang

Inzwischen fällt es den Verfechtern eines statischen Universums immer schwerer, ihre Position zu verteidigen. Selbst ihre Radioteleskope* bestätigen, dass sich das Universum ausdehnt.

Signale von Sternen außerhalb unserer Galaxis deuten darauf hin, dass sämtliche Galaxien anfangs in einem Punkt extremster Dichte* konzentriert waren, nämlich in einer „Singularität" – wie mein Freund Penrose sie nennt. Also benutze ich seine Formeln, krempele sie wie eine Socke um und kann beweisen, dass das Universum aus einer Singularität entstanden ist! Dieser Nachweis steht im Mittelpunkt meiner Doktorarbeit.

1966 erhalten Penrose und ich gemeinsam den Adams-Preis für unsere Arbeiten über die Singularitäten des Universums. Es ist ein Preis zur Erinnerung an die Entdeckung des Planeten Neptun im Jahr 1848, die ebenfalls nur dank mathematischer Berechnungen möglich war.

Mein Doktorvater Dennis Sciama ist sehr zufrieden. Wir fliegen zusammen zu einer großen Tagung in Miami, Florida. Mein Vortrag stößt auf großes Interesse und wird in Zeitungen und im Fernsehen besprochen. Leider falle ich genau an diesem Abend übel hin. Dieser Vorfall reißt mich aus meinem Höhenflug. Meine Erkrankung kennt keine Gnade. Sie wird schlimmer. In Zukunft werde ich auf den Rollstuhl angewiesen sein.

In Cambridge wohnen Jane und ich jetzt in der Little St. Mary's Lane Nummer 11. Es ist eine kleine Gasse, versteckt hinter neuen Gebäuden, die an einen verlassenen Friedhof grenzt. Jane arbeitet an ihrer Doktorarbeit und tippt auch meine Arbeiten mit der Schreibmaschine. Sie kümmert sich um den Haushalt und hat sogar einige unserer Wände geweißelt. Was würde ich nur ohne sie machen? Wegen meines eher mageren Gehalts als Forscher müssen wir ganz schön sparen. Anfangs können wir uns nicht einmal eine Waschmaschine leisten.

Wenn es nach meinen Ärzten ginge, müsste ich längst tot sein. Bin ich aber nicht! Im Gegenteil: Zwei Jahre nach unserer Heirat wird unser erster Sohn geboren: Robert. Kurz nach der Geburt nehmen wir ihn mit nach Seattle in den USA, wo ich zum x-ten Mal zu einer Fachtagung eingeladen wurde. Ich werde allmählich berühmt.

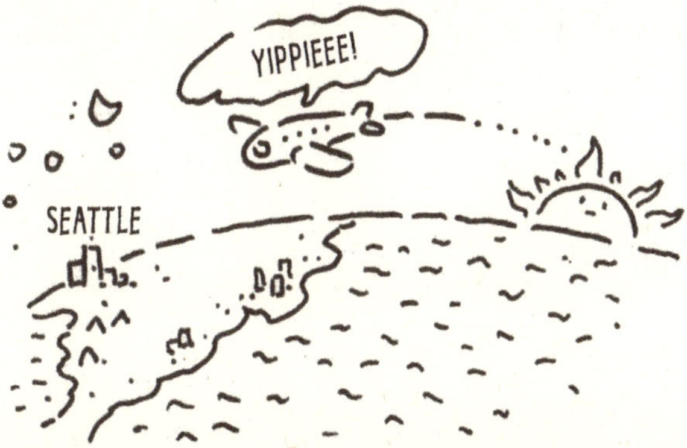

Während Stephen seine Formeln über den Big Bang, den Urknall, ausfeilt, wundern sich 1965 zwei junge Forscher in den Bell Laboratories (New Jersey, USA), Arno Penzias und Robert Wilson, über eine merkwürdige Störung beim Empfang ihrer großen Funkantenne. Anfangs denken sie, die Störung könne von einigen Vögeln ausgelöst werden, die in ihrer Anlage ein Nest gebaut haben.

In Wirklichkeit handelt es sich um die Reststrahlung der großen Explosion von damals, als das Universum entstanden ist. Diese Störung ist also nichts anderes als das Echo des Big Bang. Man kann sie auch mit einem ganz normalen Fernsehgerät empfangen (und sehen), wenn dieses nicht richtig eingestellt ist. Für diese Entdeckung erhielten Arno Penzias und Robert Wilson 1978 den Nobelpreis.

10. Signale aus dem Weltall

Viele Antennen erforschen den Kosmos. In Princeton in den USA habe ich Professor Joseph Webers Resonanzdetektor besichtigt. Joseph Weber ist Astrophysiker*. Einige meiner Kollegen halten ihn für verrückt. Ich nicht.

Joseph Weber behauptet, er habe Gravitationswellen* aufgespürt. Albert Einstein hatte mit ihnen gerechnet, aber bis dato hatte niemand ihre Existenz bewiesen. Weber sagt, er habe mit seinen äußerst speziellen Aluminium-Metallzylindern jede Menge davon aufgespürt. Und er empfange sie Tag für Tag.
Falls das stimmt, würde es im Weltraum von zusammenprallenden Schwarzen Löchern nur so wimmeln.

Mit der festen Absicht, Professor Webers Beobachtungen zu überprüfen, kehre ich nach England zurück. Mein Student Gary Gibbons und ich entwerfen eine Anlage, wie Weber sie hat. Sogar auf Flohmärkten suchen wir wie wild nach elektronischem Material. Doch aus unserem Plan wird nichts. Die Finanzierung eines anderen Projekts hat Vorrang. Schade, aber mit meiner zunehmenden Behinderung wäre ich als Feldforscher ohnehin eine Katastrophe.

Mit meinen Gleichungen komme ich besser klar, denn dafür brauche ich nur den Kopf und nicht die Hände. So kommt es, dass andere noch viele Jahre nach diesen mysteriösen Gravitationswellen suchen werden.

Erst 50 Jahre später, am 11. September 2015, werden zwei riesige Antennen, der LIGO- und der VIRGO-Detektor, Gravitationswellen empfangen, die vom Zusammenstoß zweier Schwarzer Löcher herrühren. Professor Weber war also alles andere als verrückt.

Meine Krankheit schreitet fort und Jane muss mir inzwischen beim Anziehen und Ausziehen helfen. Die Muskeln in meinem Gesicht schmerzen und deformieren mein Aussehen. Essen und Sprechen fallen mir schwer. Und doch wurde vor wenigen Tagen unsere Tochter Lucy geboren.

Ich sollte dem Baby, dem kleinen Robert und meiner Frau Jane mehr Zeit widmen, aber auch wenn ich nicht an der Uni bin, denke ich ständig an meine Forschungen. Mein Kopf arbeitet ohne Unterlass, auch wenn ich zu Bett gehe. Und hier habe ich einen der wichtigsten Geistesblitze meines Lebens.

Während der 1960er-Jahre beschert uns das Universum so manche Überraschung. Der britische Astronom Antony Hewish und eine seiner Studentinnen, Jocelyn Bell, empfangen 1967 ein mysteriöses Funksignal aus dem Weltall. Es kommt so regelmäßig, dass man annehmen könnte, dass es von einer intelligenten außerirdischen Lebensform stammt.

In der allgemeinen Euphorie wird das Objekt, welches das Signal sendet, „LGM“ (Little Green Men, kleine grüne Männchen) getauft. In Wirklichkeit handelt es sich um kleine Neutronensterne (Pulsare*), die sich mit einer irrsinnigen Geschwindigkeit drehen und dabei eine stoßweise Strahlung aussenden. Viele sind enttäuscht, doch die Astronomen werden die Neutronensterne für lange Zeit weiterhin kleine grüne Männchen nennen. Ihre Entdeckung ist absolut faszinierend, genau wie die Schlussfolgerungen in Stephens neuer Forschung.

11. Die Schwarzen Löcher ... verdampfen!

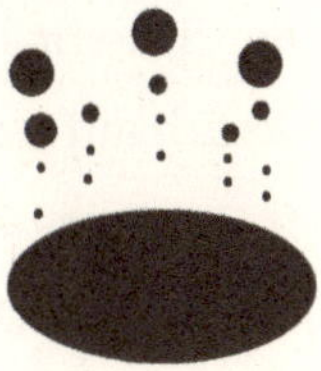

Februar 1974. Ich bin wie elektrisiert, genau wie meine Studenten, meine Frau Jane und alle, denen ich die Schlussfolgerungen meiner Forschung bereits verraten habe: Die Schwarzen Löcher sind in Wirklichkeit gar nicht schwarz!

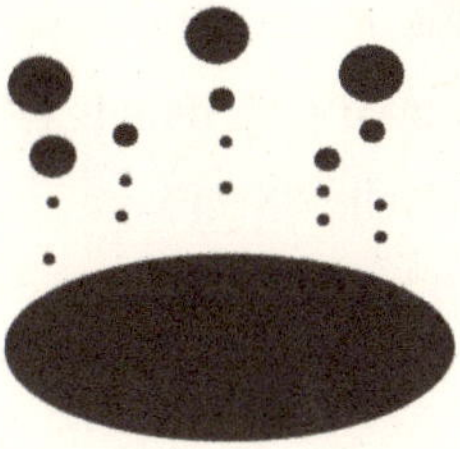

Es gibt etwas, das ihrer übermächtigen Gravitationskraft entkommt. Sie sind megaheiß, senden eine thermische Strahlung aus, verlieren dadurch Masse* und Energie und ... verdampfen irgendwann!

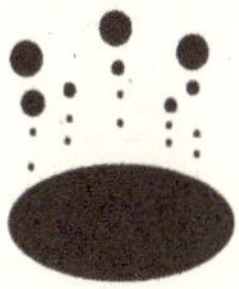

Nach Milliarden und Milliarden von Jahren bleibt nichts von der Sternenmaterie übrig, nur eine Strahlung, eine schwache Form von Energie, die erst noch entdeckt werden muss.

Als ich meine Arbeit den Kollegen an der Uni Oxford präsentiere, ist es nicht gerade ein Erfolg. Ich kann schlecht sprechen, eigentlich nur flüstern, doch die Sätze und Formeln, die ich auf die Leinwand projiziere, sprechen für sich: Manche Sterne werden zu Schwarzen Löchern, die irgendwann verdampfen und sich dabei in eine schwache Form von Energie auflösen. Niemand hatte mit so einer Schlussfolgerung gerechnet.

Professor Taylor, der Vorsitzende der Konferenz, ist empört. Er wird mich in jeder Hinsicht behindern und schreckliche Dinge über mich sagen. „Ketzerei" hätte man zu Zeiten Galileos gesagt, dem es vor 300 Jahren ziemlich übel erging. Im Vergleich zu ihm habe ich es noch gut. Ich weiß, was ich mache: Ich schreibe die Geschichte des Universums neu.

Meine Arbeit bleibt nicht ohne Beachtung. Sie öffnet mir den Weg, zu einem Mitglied der Royal Society gewählt zu werden.
Es ist die älteste akademische Gelehrtengesellschaft der Welt und zweifellos die angesehenste in Großbritannien.

Ich bin erst 32 und dies ist nicht die einzige gute Nachricht.

Die Einladung, die mir am meisten schmeichelt, kommt vom Caltech, dem California Institute of Technology in Pasadena, USA. Ich werde Seite an Seite mit den größten Physikern und Astrophysikern Amerikas forschen und arbeiten. Ich werde ein anständiges Gehalt bekommen, ein großes Haus für mich und meine Familie, ein Auto und einen supermodernen Rollstuhl!

In den 1960er-Jahren wird in den USA sehr intensiv Weltraumforschung betrieben und man erzielt erstaunliche Fortschritte. 1969 schicken die Amerikaner die ersten Menschen auf den Mond und schlagen damit die Sowjetunion beim Wettlauf ins Weltall. Immer mehr Satelliten und Raumstationen umkreisen unseren Planeten. Sie sammeln Informationen über das Universum, die von der Erde aus nicht feststellbar sind, weil hier die Signale durch die Atmosphäre gestört werden.

Unter den vielen empfangenen Signalen stellen einige der umkreisenden Flugkörper eine merkwürdige Anomalie im Sternbild Schwan (Cygnus) fest.

12. Sternenfresser

In Pasadena geht es uns gut, ständig scheint die Sonne, es ist schön warm und die Kinder haben einen Pool.

Einer meiner Studenten wohnt jetzt bei uns und hilft mir, mich fortzubewegen. So hat Jane mehr Freizeit, kann wieder an ihrer Doktorarbeit weiterschreiben und ein bisschen mehr von Kalifornien sehen.

Hier fühle ich mich weitgehend autonom. Es gibt behindertengerechte Gehwege, Treppen und Lehrsäle. Und der Rollstuhl, den mir das Caltech zur Verfügung gestellt hat, hat einen Motor und ist echt schnell und wendig! Damit kann ich sogar kleine akrobatische Kunststückchen machen. Ich kann hinfahren, wohin ich will, und wenn mir jemand unsympathisch ist, dann fahre ich ihm einfach über die Füße.

Der Rollstuhl ist allerdings ziemlich schwer. Es braucht zwei oder drei Personen, um mich auf den Gehsteig zu hieven. Deshalb macht meine Frau Jane Witze über mein Gewicht.

An der Uni kann ich die Forschungen von Richard Feynman* und seinen Kollegen über die Physik der Elementarteilchen verfolgen. Ich lehre und lerne. Das Interesse an den Schwarzen Löchern ist auf einmal groß, auch dank der Eigenartigkeit, die im Sternbild Schwan gesehen wurde. Es handelt sich um ein unsichtbares, mächtiges kosmisches Objekt, das etwas Unglaubliches tut:
Es frisst einen Stern auf.

Als ich am Caltech bin, erhalte ich eine unerwartete Nachricht: Mir wird die Medaille Pius XI. verliehen, die höchste Ehrung des Vatikans für naturwissenschaftliche Verdienste. Ich werde nach Rom eingeladen, wo mir Papst Paul VI. die Medaille übergeben wird.

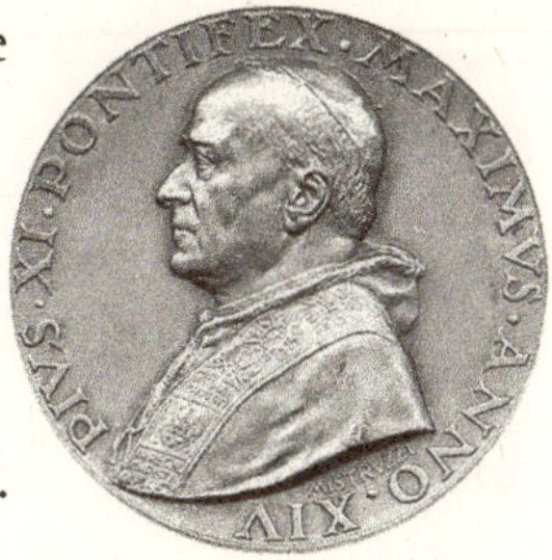

Ausgerechnet in diesen Tagen hatte ich im Fernsehen eine Dokumentation über Galileo Galilei gesehen, der damals vor dem Inquisitionsgericht seinen Thesen abschwören musste. Ich überlege mir kurz, ob ich die Auszeichnung ablehne, aber dann nehme ich sie doch an.

Es ist eine gute Gelegenheit, um Galileo Galilei zu rehabilitieren. Ihm wurde sein Ungehorsam nie verziehen. Mit meiner ganzen Familie fliege ich für ein paar Tage nach Rom.

Galileo Galileis Prozess ist eines der dunklen Kapitel in der Geschichte der Naturwissenschaften. Am 22. Juni 1633 wird er wegen Ketzerei verurteilt. Um sich die Folter und den Scheiterhaufen zu ersparen, sah er sich gezwungen, seinen Theorien abzuschwören. Darunter die, dass sich die Erde um die Sonne dreht und nicht umgekehrt.

Erst 1992, also nach 359 Jahren, werden die Mitglieder der Päpstlichen Akademie der Wissenschaften unter Vorsitz von Papst Johannes Paul II. zugeben, dass Galileo zu Unrecht angeklagt worden war. Das ist möglicherweise auch Stephens Verdienst, der 1985 zum Mitglied dieser Akademie ernannt wird. Falls Stephen darauf gewettet hätte, hätte er gewonnen. Und Stephen wettete gern ...

13. Eine kosmische Wette

Ich habe mit meinem Kollegen Kip Thorne gegen mich selbst gewettet. Er hatte mich damals ans Caltech geholt. Bei unserer Wette geht es darum, woher diese Röntgenstrahlen, Cygnus X-1 genannt, kommen. Inzwischen wissen wir mehr: von einem Stern, 6.040 Lichtjahre von der Erde entfernt. Es handelt sich um einen Riesenstern, umgeben von einer gewaltigen Gashülle, die allmählich von einem unsichtbaren Objekt aufgesaugt wird. Kip Thorne ist sich sicher: Das mysteriöse kosmische Objekt ist ein Schwarzes Loch, das erste, das wir Menschen jemals aufgespürt haben.

Ich wette dagegen, in der Hoffnung zu verlieren.
Der Wetteinsatz ist das Abonnement eines erotischen Männermagazins. Tja, solche Schelme gibt es unter den Kosmologen der 1970er-Jahre. Doch unsere Wette geht in die Geschichte ein!
Falls ich verliere, zahle ich gern.

Die Radioteleskope bestätigen es! Es handelt sich um ein Schwarzes Loch, 16 Mal so schwer wie unsere Sonne. Es zieht alles an und saugt die Schutzhülle des benachbarten blauen Überriesen auf, der Hunderte Male größer ist als es selbst. Dieses Schwarze Loch ist umgeben von einem Raum-Zeit-Bereich, in dem die Gesetze der Physik, wie wir sie kennen, noch gelten. Diese Zone nennt man „Ereignishorizont". Doch die Information darüber, was im Inneren passiert, ist unzugänglich und muss erst entdeckt werden.

Das Schwarze Loch von Cygnus X-1 wird nach und nach den ganzen Stern verschlucken. Das ist ein apokalyptisches kosmisches Ereignis, aber wahrlich nichts Seltenes. Abermillionen von Sternen sterben, fallen in sich zusammen und werden zu Schwarzen Löchern.

Dann ziehen sie alles an, was in ihre Nähe kommt. Sie verschmelzen mit anderen Schwarzen Löchern und werden größer und größer. Wir können sie nicht sehen, aber aufgrund der Phänomene, die um sie herum geschehen, wissen wir, wo sie sich befinden.

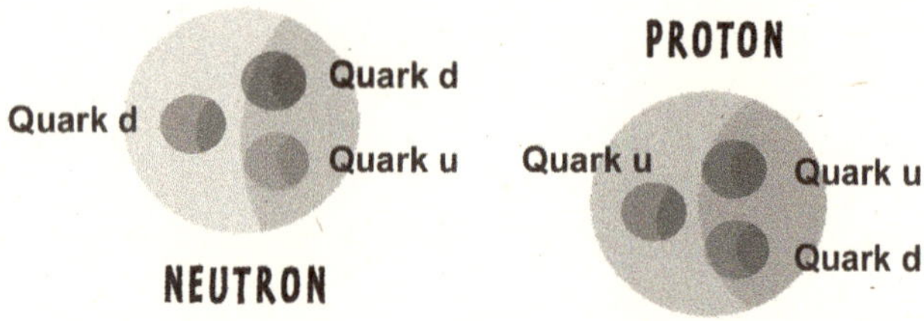

Während Stephen sich mit dem extrem Großen beschäftigt, gibt es in der Quantenmechanik*, die sich mit dem extrem Kleinen beschäftigt, äußerst aufregende Fortschritte.
Die Theorie, der zufolge Neutronen und Protonen jeweils aus drei Teilchen bestehen, (die sich nicht trennen lassen), wird bestätigt: Es sind die Quarks*.
Man entdeckt, dass Atome in weitere Elementarteilchen und in Energiebündel unterteilt werden können. Im Inneren eines Schwarzen Lochs würden wir eine extreme Verdichtung dieser Teilchen vorfinden.
Darüber hätte selbst Albert Einstein gestaunt!

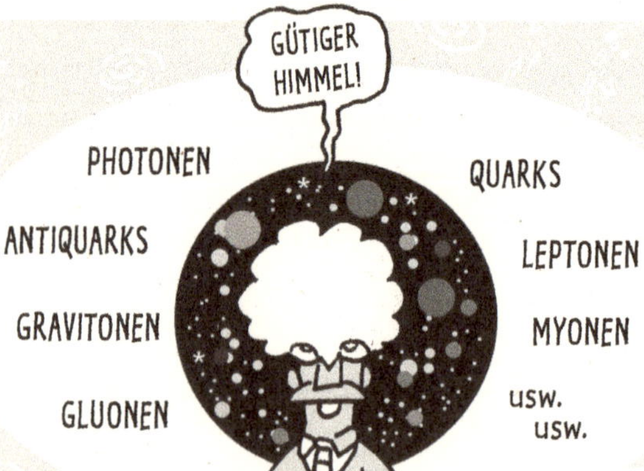

14. Heimkehr

Don Page ist einer meiner Studenten, der am Caltech bei mir seine Doktorarbeit schreibt. Wir gehen beide davon aus, dass es auch sehr kleine Schwarze Löcher gibt, die in der ersten Phase nach dem Big Bang entstanden sind.

Sie wären winzig klein oder auch groß wie Atome, waschechte Schwarze Löcher im Kleinformat, die ganze Welten verschlucken können. Doch nun, nach Jahrmilliarden müssten sie am Ende ihrer Existenz angelangt sein. Don und ich berechnen, wie viele von ihnen unsere eigene Galaxis enthalten könnte: Es sind nicht wenige, aber keine Bange – es ist eher unwahrscheinlich, dass es in der Nähe eures Hauses eines gibt.

Übrigens kehre ich 1975 wieder nach England zurück. Die Jahre in Amerika sind vorbei.

Ich empfinde die Atmosphäre in Cambridge als etwas bedrückend. Am Caltech in den USA herrschte großer Optimismus, während mir hier alles so klein und feucht vorkommt. Um mir das Leben zu erleichtern, hat das College meiner Familie und mir das Erdgeschoss eines großen viktorianischen Hauses zur Verfügung gestellt. Im oberen Stockwerk sind Studenten untergebracht, was nicht ganz unproblematisch werden dürfte. Ich weiß, was auf uns zukommt. Ich war selbst mal ein übermütiger Student. Aber der große Garten gefällt meinen Kindern.

Meine Laune bessert sich, als mir die Universität Cambridge ein tolles Angebot macht: Ich soll den „Lucasischen Lehrstuhl"* übernehmen. Es handelt sich um den Lehrstuhl für Physik und Mathematik, den früher mal Isaac Newton innehatte! Doch noch mehr freuen sich Jane und ich über die Geburt unseres dritten Kindes Timothy!

Eine Ehrung folgt auf die nächste: 1982 ernennt mich Queen Elizabeth II. zum „Commander of the British Empire“ – die dritte Stufe des britischen Ritterordens. 1989 werde ich zum „Companion of Honour“ ernannt, eine Auszeichnung des britischen Königshauses für herausragende Leistungen unter anderem in den Naturwissenschaften. Doch ich lehne es ab, mit diesen Titeln angesprochen zu werden, denn es ist mir irgendwie peinlich.

Ich habe ganz andere Probleme. Das Reden fällt mir immer schwerer. Ich kann nur noch stammeln und bekomme immer wieder Erstickungsanfälle. Inzwischen muss ich rund um die Uhr betreut werden. Drei Krankenschwestern kümmern sich um mich, eine Sekretärin, ein Assistent ... Aber das würde nicht ausreichen ohne die Unterstützung meiner Frau Jane und meiner ganzen Familie.

1985, bei einem Besuch im Kernforschungszentrum CERN* in Genf, bekommt Stephen eine Lungenentzündung. Er wird ins Krankenhaus eingeliefert und an eine künstliche Lunge angeschlossen, von der nunmehr sein Überleben abhängt. Die Ärzte geben ihn auf und schlagen vor, den Stecker zu ziehen und ihn sterben zu lassen. Doch zum Glück reist seine Frau Jane an.

Jane lässt Stephen mit einem Spezialflieger in ein Krankenhaus in Cambridge fliegen, wo man ihn gut kennt. Die Ärzte beraten sich und beschließen, einen Luftröhrenschnitt durchzuführen, damit Stephen wieder Luft bekommt. Dieser Eingriff kostet allerdings einen hohen Preis: Stephens Stimmbänder werden zerstört und er kann definitiv nicht mehr sprechen. Doch wie Stephen sagt, gibt es immer eine Lösung.

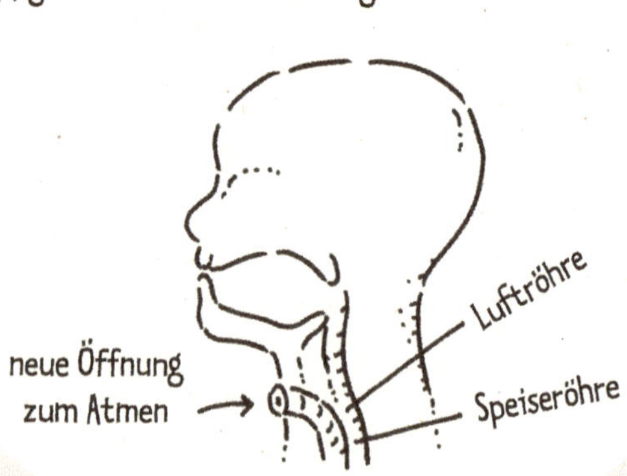

15. Es lebe die Informatik!

Zuvor konnte ich noch stammeln, aber nun, ohne Stimmbänder, kann ich gar nichts mehr sagen. Das allein wäre für jeden tragisch, doch für einen fast völlig gelähmten Professor, der lehren und Artikel schreiben möchte, ist es noch schlimmer.

Die ersten Versuche, dieses Problem zu lösen, verlaufen kläglich: Ich versuche, Wörter zu bilden, indem ich beim richtigen Buchstaben die Augenbrauen hebe. Es dauert Minuten, bis ein Wort fertig ist. Das ist kein Diktieren, sondern eine Tortur!

Irgendwann schlägt mir mein junger Kollege Walt, ein Computerexperte, eine Lösung vor, die mir ganz brauchbar erscheint.

Mit dem Programm und Walts Sprachcomputer kann ich dank eines Sensors an meiner Brille Wörter auswählen. Der Sensor reagiert auf die Bewegungen meiner Wange, an der ich noch einige wenige Muskeln kontrollieren kann.

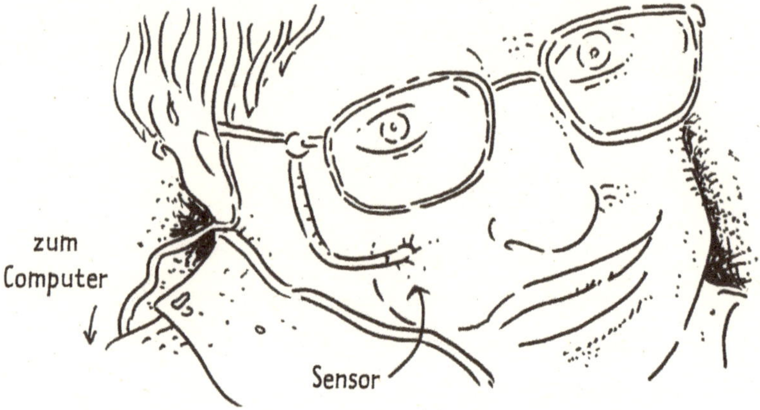

Schließlich installiert ein anderer junger Informatiker einen PC und einen Stimmensynthesizer an meinem Rollstuhl. So kann ich mit kaum wahrnehmbaren Gesichtsbewegungen Wörter und ganze Sätze schreiben, und ich besitze jetzt auch eine künstliche Stimme, die für mich spricht!

Meine Familie ist überglücklich! Jetzt kann ich wieder kommunizieren und sogar diskutieren, mit einer Frequenz von fünfzehn Wörtern pro Minute. Das ist wenig, okay, aber ich kann sie erneut aufrufen und ganze Sätze aufnehmen. Ich kann sie wiederholen, ausdrucken und zu komplexen Reden zusammenfassen. Ich werde echt gut darin. Zur allgemeinen Verwunderung kann ich sogar wieder Vorträge halten. Die Stimme ist deutlich, klingt fast natürlich, mit einem leichten amerikanischen Akzent.

Ich lasse sie sogar als geistiges Eigentum registrieren. Falls jemand sie in der Öffentlichkeit oder sonst wo benutzt, muss mich der Betreffende dafür bezahlen. Das gilt auch für den Werbespot, in dem ich für ein angesehenes englisches Automobilunternehmen auftrete.

1990 wird ein großes Weltraumteleskop in die Umlaufbahn der Erde geschossen. Es heißt Hubble, zu Ehren des Astronomen Edwin Hubble*. Die Aufzeichnungen des Hubble-Teleskops* bestätigen nicht nur, dass sich das Universum ausdehnt, sondern sie zeigen auch, dass sich diese Ausdehnung beschleunigt.

Für die Entdeckung dieses überraschenden Phänomens erhalten die Wissenschaftler Saul Perlmutter, Brian Schmidt und Adam Riess 2011 den Nobelpreis für Physik.

16. Ich schreibe einen Bestseller!

Der Computer, dank dem ich sprechen kann, hilft mir auch bei einem Unterfangen, das ich sonst vielleicht nie zu Ende geführt hätte. Seit Langem schon wollte ich ein allgemein verständliches Buch über meine Entdeckungen und die meiner Kollegen schreiben. Mit Fakten, die nur ein paar Fachleute kennen. Ich habe schon vor einigen Jahren damit begonnen. Mit dem Honorar wollte ich das Studium meiner Tochter finanzieren, aber auch darlegen, wie dicht die Menschheit an einer Theorie dran ist, die das unendlich Große und das unendlich Kleine umfasst.

Nun nimmt der Text auf meinem Computer Form an, Wort um Wort und Seite um Seite. Aber es ist wahrlich nicht leicht, nur mit den Muskeln der rechten Gesichtshälfte ein ganzes Buch zu schreiben!

Der Verlag korrigiert mein Manuskript mehrmals: Die Leute dort sind nie zufrieden. Mathematik liegt mir wohl mehr. Der Verleger hat mir verboten, Formeln reinzunehmen, die würden den Lesern nicht gefallen, sagt er. Also schreibe ich meinen Text immer wieder um. Manchmal würde ich am liebsten aufgeben.

Aber auf Einsteins berühmteste Formel kann ich nicht verzichten. Sie ist auch die am leichtesten verständliche. Sie beschreibt das Verhältnis zwischen Energie (E) und Materie (m = Masse). Jede Art von Materie kann zu Energie werden ... und umgekehrt.

Das Schreiben hilft mir aber auch, gewisse Dinge, die mir durch den Kopf schwirren, zu sortieren. Ein Punkt ist die „Summe der Geschichten“: Ich glaube, dass das Universum nicht nur eine, sondern mehrere Geschichten hat.

Sehen können wir nur eine einzige. Oder vielmehr: nur einen Teil der Summe der Geschichten.

Ein anderer Punkt, den ich beleuchten möchte, ist die „eingebildete Zeit", nämlich die Existenz einer anderen Zeit, die wie unsere verläuft, nur eben rechtwinklig dazu.

Als das Buch 1988 erscheint, sind alle baff. In den USA wird es sofort zum Bestseller – alle wollen *Eine kurze Geschichte der Zeit* lesen! 147 Wochen lang steht es auf der Liste der zehn meistverkauften Bücher. Es wird in Dutzende anderer Sprachen übersetzt und rasch mit zehn Millionen Exemplaren in der ganzen Welt verkauft.

Ich wollte ein Buch für alle schreiben, eines der Bücher, die an jeder Straßenecke verkauft werden. Und das ist mir gelungen!

In den darauffolgenden Jahren werden viele weitere Sternenfresser entdeckt, sprich: Schwarze Löcher, die Sterne in ihrer Nähe verschlucken.
Auch im Mittelpunkt unserer Galaxis wird ein gewaltiges Schwarzes Loch entdeckt. Im Zentrum jeder Galaxie gibt es eins, das von Milliarden von Sternen umkreist wird.
Irgendwann in ferner, ferner Zukunft werden alle Sterne von diesem kosmischen Monster verschluckt und das wird auch mit unserer Sonne passieren, samt der Planeten, die sie umkreisen.

17. In der Zeit vor und zurück

1990 ziehe ich mit einer meiner Pflegerinnen, Eilane, in eine gemeinsame Wohnung. Die Beziehung mit meiner Frau war schwierig geworden. Entgegen aller Prognosen bin ich noch ganz gut drauf, trotz meiner Krankheit und der massiven körperlichen Einschränkungen. Ich kremple mein Leben um und fange neu an.

Mein Freund Kip Thorne stellt die These auf, dass es dank der Wurmlöcher möglich sein müsste, in die Vergangenheit zu reisen. Auch ich habe darüber nachgedacht, während viele meiner Kolleginnen und Kollegen diese Vorstellung lächerlich finden. Sind die Schwarzen Löcher möglicherweise der Zugang zu Wurmlöchern, wie Thorne es sich vorstellt?

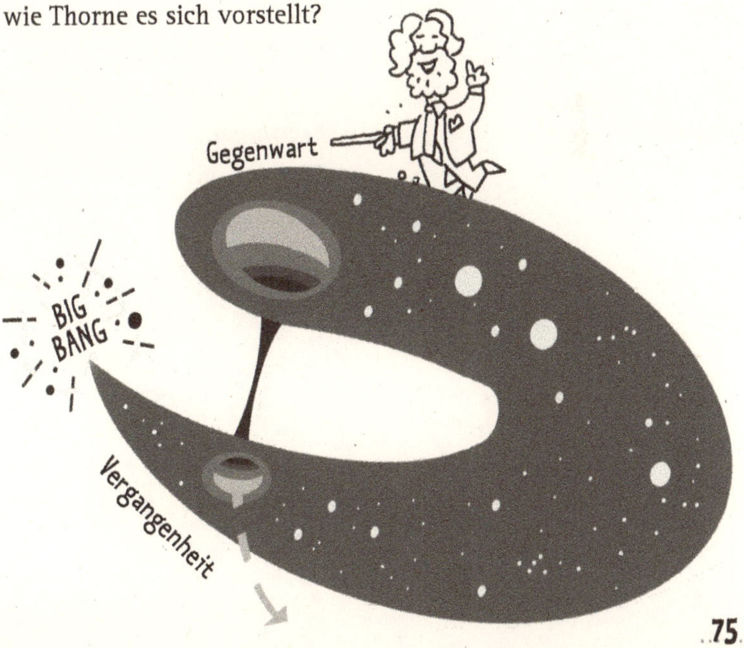

Ich glaube nicht, dass ein Raumschiff oder ein ähnliches Gefährt in der Zeit zurückreisen kann. Bis jetzt hat mich noch niemand aus der Zukunft besucht und keiner könnte unsere Vergangenheit rückwirkend verändern, schlichtweg weil es dann nicht mehr unsere Vergangenheit wäre. Ein Schwarzes Loch könnte aber eine Tür sein, die in ein anderes Universum führt, wo es sich als Weißes Loch darstellt.

Derweil verzichte ich auf nichts, was das Leben mir bietet. Ich reise zu Tagungen, trete im Fernsehen auf, darf 2007 sogar einen Parabelflug machen, um die Schwerelosigkeit am eigenen Leib zu erfahren – dank eines Unternehmens für Weltraumflüge. Sie haben mir sogar einen Platz in einem ihrer ersten außerirdischen Raumflüge reserviert.

1995 heirate ich Eilane, meine Lieblingspflegerin. Aber es ist schwierig, mit mir zu leben. Mein Lebensrhythmus wäre sogar für einen völlig gesunden Menschen anstrengend. Ich reise häufig durch die Welt, um Preise und Ehrungen entgegenzunehmen. Unter anderem setze ich mich auch für die Rechte Behinderter und gegen die Armut auf der Welt ein.

Die Atemkrisen werden häufiger.
Mein Leben hängt nur noch an einem seidenen Faden. Schließlich muss ich erneut operiert werden und danach bin ich rund um die Uhr auf ein Beatmungsgerät angewiesen. Aber das hat auch eine positive Seite, wie ich finde. Die frische, sauerstoffreiche Luft gibt mir mehr Energie! Meine zweite Frau hat die Scheidung eingereicht, aber ich bin nicht einsam, weil ich jetzt wieder mehr Kontakt zu meiner alten Familie habe. Mit meiner ersten Frau und meinen Kindern verstehe ich mich blendend.

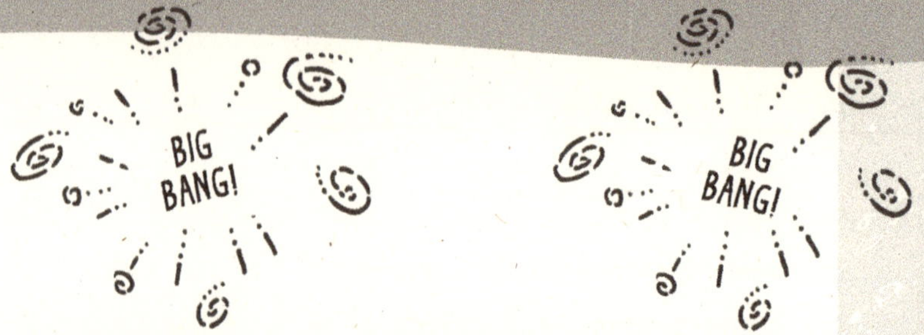

Seit Stephen sich mit den Schwarzen Löchern und der Theorie des Big Bang beschäftigte, versuchte er zu ergründen, was es mit dem Anfang und dem Ende unseres Universums auf sich hat. Er kam zu dem Ergebnis, dass unser Universum weder Anfang noch Ende hat, sondern dass unser Urknall nur einer von vielen ist und dass jeder von ihnen andere, verschiedene und parallele Universen entstehen lässt. Das findet noch heute und auch in Zukunft statt. Man spricht von der „Theorie des Multiversums".

18. Ein Universum für alle

Ich werde langsam alt, habe 1.000 Komplikationen überlebt, doch nun kommen zu meiner Krankheit auch noch Altersbeschwerden hinzu. Selbst winzige Fingerbewegungen, dank derer ich in meinem Rollstuhl ein paar Kunststückchen machen konnte, sind passé. Aber meinen Humor und die Freude an neuen Gefühlen verliere ich nicht.

Im August 2009 werde ich ins Weiße Haus eingeladen, meine Tochter Lucy begleitet mich. Präsident Obama verleiht mir die Freiheitsmedaille des Präsidenten. Ich gebe meinen Lucasischen Lehrstuhl auf, bleibe aber Leiter der Fakultät für Mathematik und Theoretische Physik. Ich arbeite eben gern und habe keine Lust, damit aufzuhören.

2013 schlagen mir IT-Experten einen Hirnscanner vor, der die Impulse des Gehirns ‚lesen', in Wörter und später mal auch in mechanische Bewegungen umsetzen könnte. Damit wäre ich der erste kybernetische Mensch der Geschichte. Doch ich beschließe, dass ich ihr Programm erst im absoluten Notfall benutzen möchte.

2014 kommt der Film *Die Entdeckung der Unendlichkeit* in die Kinos, nach einem Buch meiner Ex-Frau Jane. Eddie Redmayne spielt mich und erhält dafür einen Oscar als bester Hauptdarsteller. Ich bin sehr ergriffen, als ich den Film sehe.

Ansonsten höre ich nicht auf nachzusinnen, im Kopf verschiedene Szenarien zu entwerfen und durchzuspielen. Ich arbeite auch mit an dem Dokumentarfilm *Die Erde verlassen: oder wie man einen Planeten kolonisiert.* Wer weiß, ob das nicht irgendwann notwendig ist, falls die Menschheit weiterhin unsere Erde verwüstet und die Ressourcen ausplündert.

Die Teilchenphysik macht derzeit wahnsinnige Fortschritte. Das Higgs-Boson wird eingefangen, das mysteriöse Teilchen, das der Materie Masse verleiht. Manche sprechen sogar vom „Gottesteilchen". Ich hielt es nicht für möglich, aber nach seiner Entdeckung bin ich der Erste, der seinen Irrtum einsieht, und ich unterstütze die Kandidatur meines Kollegen Peter Higgs für den Nobelpreis.

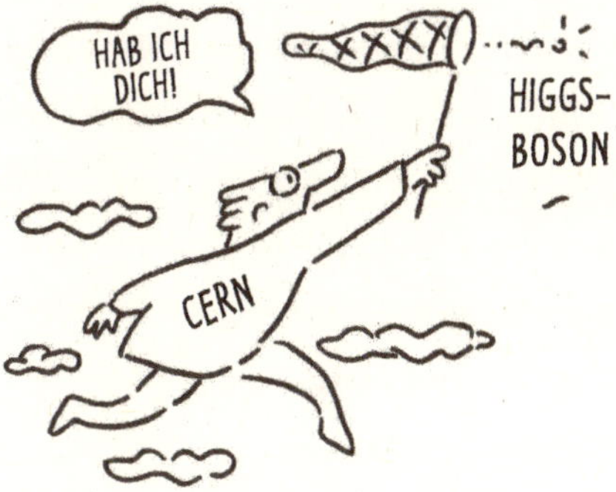

Viele meinen, diese Ehrung, die im Übrigen etliche meiner Kollegen und Arbeitsgefährten erhalten haben, stünde auch mir zu.

Die Strahlung, die ich mithilfe der Mathematik entdeckt habe und die meine Theorie über die Schwarzen Löcher bestätigen würde, ist allerdings noch nicht experimentell nachgewiesen worden. Aber ihr werdet sehen, es ist nur eine Frage der Zeit, bis sie entdeckt wird und jemand dann, auch für mich, den Nobelpreis erhält. Denn ich werde dann nicht mehr da sein.

Stephen hat unser Universum in den frühen Morgenstunden des 14. März 2018 verlassen, circa 13,7 Milliarden Jahre nach dem Big Bang und der Entstehung der Atome, aus denen wir alle bestehen. Die Krankheit, unter der er für den Großteil seines Lebens litt, hat ihn schließlich im Alter von 76 Jahren besiegt.

Seine Asche wurde in London in der Westminster Abbey, eine der meistbesuchten Kirchen der Welt, zwischen Isaac Newton und Charles Darwin beigesetzt.

In seiner Abschlussrede bei den Paralympischen Winterspielen, die 2018 in Pjöngjang stattfanden, hat Andrew Parsons, Präsident des Organisationskomitees, an Stephen erinnert. Als Junge liebte Stephen das Eislaufen, aber Meister wurde er dann in ganz anderen Disziplinen – und er war ein Vorbild für alle, nicht nur für Behinderte.

Im November desselben Jahres wurden bei Christie's, dem größten Auktionshaus der Welt, 22 Gegenstände von Stephen versteigert. Darunter auch seine Doktorarbeit von 1966 über den Ursprung des Universums und andere Originalschriften. Der Erlös kam in voller Höhe wohltätigen Organisationen zugute, die medizinische Forschungen betreiben.

Im Laufe von Stephens Leben wurde das Universum noch größer. Myriaden von Sternen sind explodiert, wieder andere wurden zu Schwarzen Löchern. Andere Universen sind entstanden, unendliche und parallele. Stephen hat uns das Multiversum hinterlassen, ein Universum ohne Anfang und ohne Ende, in dem aus dem Nichts alles entstehen kann. Wo alles in einem Schwarzen Loch enden und dann von Neuem beginnen kann, für immer und ewig.

Doch Stephen hat uns vor allem eine Aufforderung hinterlassen: nicht auf unsere Füße zu starren, sondern den Blick sehr viel häufiger auf die Sterne über uns zu richten.

Kosmisches Wörterbuch

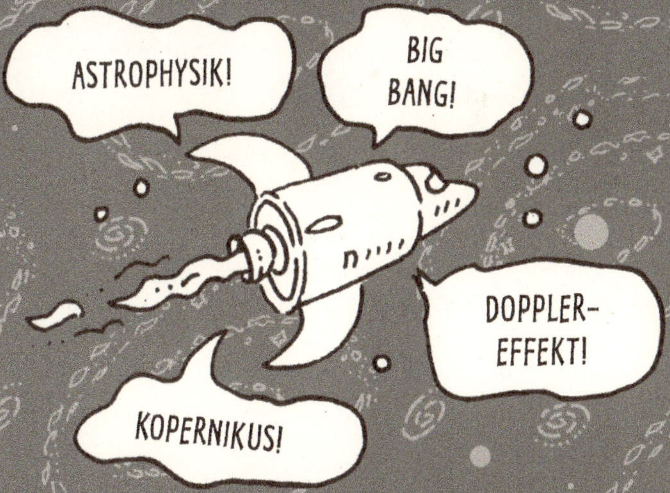

ALICE

Alice im Wunderland lautet der Titel des berühmten Fantasy-Romans, der 1865 in London erschienen ist. Der Autor, Lewis Carroll (Pseudonym von Charles Lutwidge Dodgson), war Mathematiker und somit in gewisser Weise ein Kollege von Stephen.

ANTHROPISCHES PRINZIP

Prinzip, wonach die Menschheit eine privilegierte Stellung im Universum innehat (anthropisch = den Menschen betreffend), wobei wir von den vielen möglichen Universen nur jene studieren können, die mit unserer Existenz vereinbar sind.

ASTRONOMIE

Naturwissenschaft, die Himmelskörper beobachtet, benennt und klassifiziert. Die Astronomie ist so alt wie die Menschheit.

ASTROPHYSIK

Teilgebiet der Physik, das sich mit den physischen Eigenschaften (Temperatur, Dichte, atomare Zusammensetzung usw.) der Sterne, Galaxien und des sie umgebenden Universums beschäftigt.

ATOM

Wird meist noch beschrieben als ein Kern aus positiv geladenen Protonen und Neutronen, um den negativ geladene Elektronen kreisen. In Wirklichkeit sind die Protonen und Neutronen jedoch in noch kleinere Teilchen teilbar.

BIG BANG

So nennt man die gewaltige Explosion, durch die vor 13,7 Milliarden Jahren unser Universum mit allem, was es enthält, entstanden ist: Planeten, Galaxien und die Atome, aus denen wir bestehen. Ursprung war eine „Singularität", nicht größer als eine Nussschale.

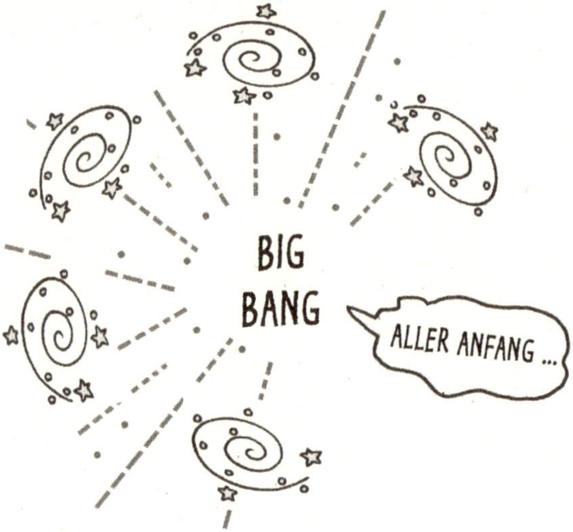

CALTECH

Das *California Institute of Technology* ist eine private Eliteuniversität in Pasadena, Kalifornien, die auf Natur- und Ingenieurwissenschaften spezialisiert ist. Unter ihren Dozenten und Ex-Studenten findet man Dutzende Nobelpreisträger und auch einige Astronauten.

CERN

Genf ist Sitz des weltweit größten Forschungszentrums auf dem Gebiet der Teilchenphysik. Hier gibt es den mächtigsten Teilchenbeschleuniger, in einem 27 km langen Tunnel, 100 m tief gelegen, durch den mit einer unglaublichen Geschwindigkeit Protonen geschossen werden. Beim Aufeinandertreffen spalten sich die Protonen in noch kleinere Komponenten.

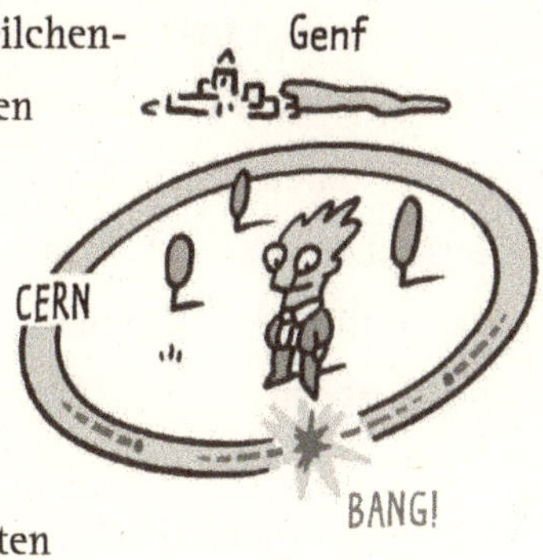

2012 wurde im CERN das Higgs-Boson isoliert – das Teilchen, das der Materie Masse verleiht. Seinen Namen verdankt es dem theoretischen Physiker Peter Higgs.

DICHTE

Konzentration der Materie – physikalisch ausgedrückt: Quotient aus Masse eines Körpers und seines Volumens. Ein Riesenstern hat eine geringe Dichte, während in kleinen Neutronensternen und in Schwarzen Löchern eine unvorstellbar hohe Dichte herrscht. Hier kann ein Teelöffel die Materie eines ganzen Sonnensystems enthalten – und sogar noch sehr viel mehr.

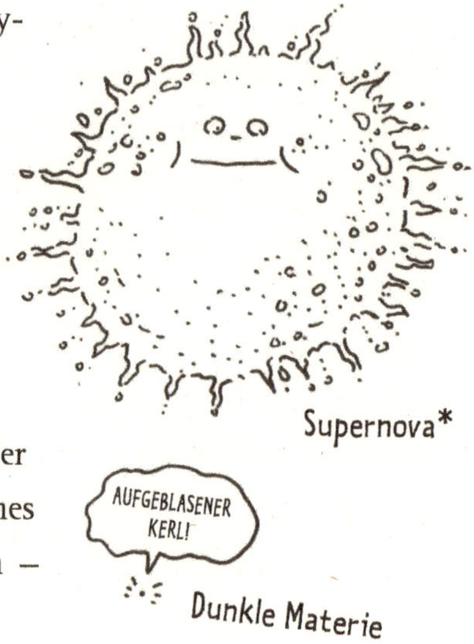

DOPPLER-EFFEKT

Diesen Effekt von Frequenzverschiebung kann jeder nachprüfen: Die Tonhöhe eines Zugs oder des Martinshorns eines Krankenwagens scheint heller bzw. höher zu werden, wenn diese sich uns nähern, und sie wird tiefer, wenn sie sich von uns entfernen.

DUNKLE MATERIE

Stellt einen großen Teil der Masse des Universums dar, ist für unsere Augen und unsere Geräte jedoch unsichtbar. Kann nur indirekt mittels ihrer Gravitationsauswirkungen nachgewiesen werden. Im Gegensatz zu Schwarzen Löchern ist Dunkle Materie nicht konzentriert, sondern unterschiedlich im Weltraum verteilt.

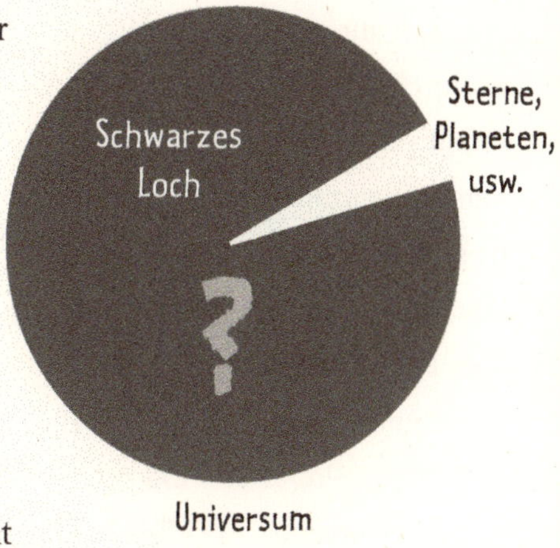

EINSTEIN, ALBERT

(1879–1955) Geboren in Deutschland, in Ulm, gestorben in Princeton, USA. Seine Relativitätstheorie hat die Wahrnehmung von Raum und Zeit revolutioniert. Seine Formeln und seine mathematischen Modelle haben unsere Sicht des Universums verändert und sie waren der Ausgangspunkt von Stephen Hawkings Arbeiten.

ELEMENTARTEILCHEN

Sie sind die kleinsten Bestandteile des Universums. Einige von ihnen besitzen Masse (Protonen, Neutronen usw.), andere sind „Quanten"*, sprich: Träger von Energie und besonderen Eigenschaften (Photon, Neutrino, Higgs-Boson usw.).

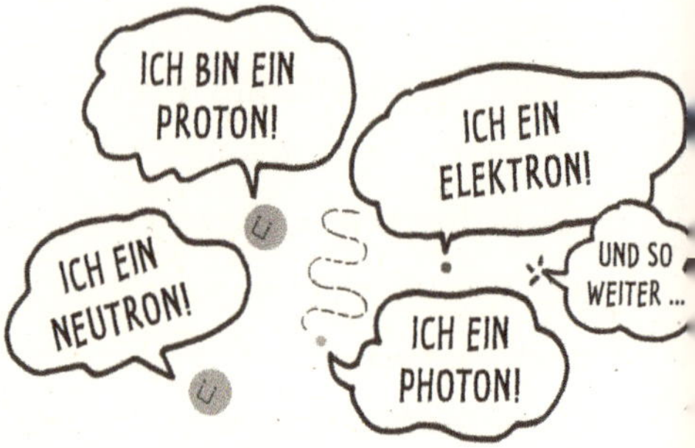

FEYNMAN, RICHARD

(1918–1988) US-amerikanischer Physiker und Autor, der viel zum Verständnis der Quantenfeldtheorien beigetragen hat. Er war Nobelpreisträger, Erzähler und begeisterter Bongospieler.

FREQUENZ

(dt.: Häufigkeit) Ist in Physik und Technik ein Maß dafür, wie schnell bei einem sich wiederholenden Vorgang die Wiederholungen aufeinanderfolgen. Wird in Hertz gemessen, also in der Anzahl der Ereignisse (oder Schwingungen) pro Sekunde.

GALAXIE

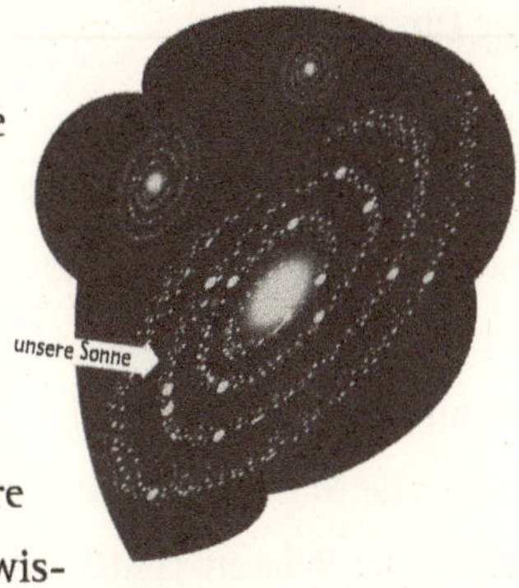

Eine durch Gravitation gebundene große Ansammlung von Sternen, Gasnebeln und Planetensystemen. Allein im für uns sichtbaren Universum gibt es mindestens 100 Milliarden Galaxien. Wie viele Sterne unsere Galaxis, die Milchstraße*, umfasst, wissen wir nicht. Astronomen schätzen ihre Zahl auf 250 bis 150 Milliarden Sterne. In ihrem Zentrum gibt es ein riesiges, supermassereiches Schwarzes Loch.

GALILEO GALILEI

(1564–1642) Er war der Erste, der mit einem Fernrohr den Himmel beobachtete und eine wissenschaftliche Methode zur Beobachtung der Sterne entwickelte.

GLEICHUNGEN

Sie sind wesentliche Instrumente der Mathematik, mit denen man jedwedes Phänomen darstellen kann, auch die Evolution des Universums. Die einfachste und zugleich faszinierendste Gleichung ist jene, die Albert Einstein in den Mittelpunkt seiner Relativitätstheorie (siehe: Relativität*) gestellt hat.

GRAVITATION

Auch: Gravitationskraft. Alle Körper ziehen sich aufgrund ihrer Massen gegenseitig an. Diese Kraft hält die Planeten auf ihrer Umlaufbahn um die Sonne und auch die Materie zusammen. Der Wissenschaftler Isaac Newton hat entdeckt, dass die Stärke der Gravitation von der Masse der zwei Körper und ihrem Abstand abhängt. Er hat dafür eine mathematische Gleichung gefunden.

GRAVITATIONSWELLEN

Störungen in der Raumzeit, entstanden durch die Kollision von Sternen und Schwarzen Löchern, durch Explosionen von Supernovae und neu entstehende Galaxien. Einstein ging in seiner Relativitätstheorie bereits von ihrer Existenz aus.

HUBBLE, EDWIN

(1889–1953) US-amerikanischer Astronom sowie Gründer und Direktor des Mount-Wilson-Observatoriums in der Nähe von Pasadena, Kalifornien. Hubble ist der Entdecker des galaktischen „red shift“ (der Rotverschiebung*). Er hat als Erster nachgewiesen, dass viel von dem, was bis dahin für extragalaktische Nebel* gehalten wurde, in Wirklichkeit andere Galaxien waren.

HUBBLE-WELTRAUMTELESKOP

1990 von der NASA in die Erdumlaufbahn geschossen, benannt nach dem Astronomen Edwin Hubble. Da es nicht von der Erdatmosphäre gestört wird, hat es unglaubliche Entdeckungen ermöglicht.

KALTER KRIEG

In der Zeit von 1947 bis zum Fall der Berliner Mauer 1989 standen sich zwei Großmächte gegenüber: die USA und die Sowjetunion. Ständig bestand das Risiko einer Eskalation und somit eines Einsatzes von Atombomben.

KOPERNIKUS, NIKOLAUS

(1473–1543), Astronom. Er ist berühmt dafür, dass er die Erde aus dem Mittelpunkt des Universums genommen und durch die Sonne ersetzt hat. Wenn etwas wirklich Innovatives passiert, spricht man noch heute von einer „kopernikanischen Wende".

KOSMISCHE INFLATION

Theorie, die besagt, dass das Universum seit dem Big Bang beständig in einer Phase einer beschleunigten Ausdehnung ist, wodurch sich die Galaxien voneinander entfernen und die Materie sich abkühlt.

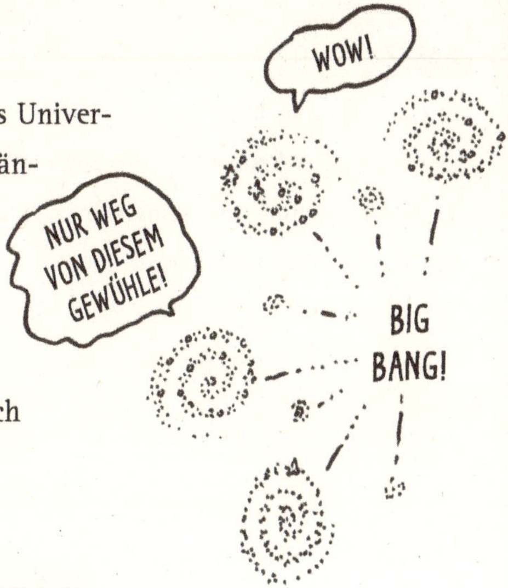

KOSMOLOGIE

Teilgebiet der Astronomie, das sich mit Ursprung, Entwicklung und Struktur des Universums beschäftigt. Das vollbringt sie mithilfe der Mathematik und den Instrumenten der Astrophysik und der Astronomie.

LUCASISCHER LEHRSTUHL

Benannt nach Henry Lucas (um 1610–1663), der der Universität Cambridge Landbesitz vererbte, um damit einen Lehrstuhl für Mathematik zu gründen. Isaac Newton war der bekannteste Lehrstuhlinhaber.

MASSE

Entspricht der „Menge an Materie“ eines Körpers. Die Masse eines Körpers ist immer gleich, während sein Gewicht von der Gravitationsbeschleunigung abhängt, der er ausgesetzt ist. In der Nähe eines Schwarzen Lochs wird es also extrem hoch sein, an einem Ort ohne Schwerkraft* null.

MATHEMATIK

Mit Mathematik werden Probleme jedweder Art dargestellt und mit Logik gelöst, von ganz alltäglichen Problemen bis hin zu Fragen der Evolution und zum Ursprung des Universums.

MILCHSTRASSE

Von der Erde aus sieht unsere Galaxis am Nachthimmel wie eine Milchstraße aus. Die Erde ist der dritte Planet eines Sonnensystems, gelegen am Rande einer von vielen (Milliarden) Schwestergalaxien, die im uns bekannten Universum verteilt sind.

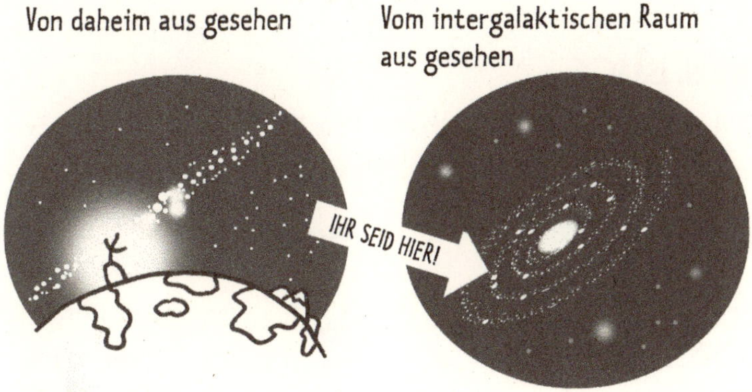

MULTIVERSUM

Hypothese der modernen Physik, wonach es andere und unendliche Universen außer dem unseren gibt, also Parallelwelten.

NEBEL, GALAKTISCHER

Anhäufung von Staub, Gas und Sternenplasma innerhalb einer Galaxie. Aus ihm werden neue Sterne geboren.

NEWTON, ISAAC

(1643–1727) Gilt als einer der größten Wissenschaftler aller Zeiten. Lehrte von 1669 bis 1701 Physik und Mathematik in Cambridge. Entdecker der Anziehungskraft zwischen allen Körpern, seien es nun Planeten, Sterne, Äpfel oder Schwarze Löcher.

PARALYMPISCHE SPIELE

Wettbewerbe für Sportler mit unterschiedlichen Behinderungen. Heutzutage sind sie aufgeteilt in Sommer- und Winterspiele. Stephen Hawking sprach 2012 in Stratford, London, bei der spektakulären Eröffnungszeremonie.

PHYSIK

Für die alten Griechen bedeutete sie „Suche nach dem Wesen der Dinge". Heute beschäftigt sich die Physik mit dem extrem Großen (Astrophysik) und dem extrem Kleinen (Nuklearphysik und Quantenmechanik).

PROMOVIEREN

Durch Promotion an einer Universität kann man einen Doktortitel erwerben, den höchsten akademischen Grad, mit dem man seine Fähigkeit zu selbstständigem wissenschaftlichem Arbeiten nachweisen muss. In den englischsprachigen Ländern spricht man von *PhD, Doctor of Philosophy.* Stephen Hawking hat 1966 in Cambridge promoviert, mit seiner ersten Arbeit über den Big Bang und Schwarze Löcher.

PULSARE

Wurden anfangs für außerirdische Funkwellen gehalten und LGM (Little Green Men) genannt. In Wirklichkeit sind es kleine und kompakte Sterne, die nur aus Neutronen bestehen. Sie drehen sich rasend schnell um sich selbst. Dabei geben sie in regelmäßigen Abständen elektromagnetische Strahlungen ab.

QUANTEN

Die kleinsten Bestandteile der Materie, die sich wie Teilchen verhalten, aber nur „Energiebündel“ sind. Das Photon, das Lichtteilchen, ist ein typisches Quantum.

QUANTENMECHANIK

Teilgebiet der Physik, das sich mit dem Verhalten der Materie auf subatomarer Ebene beschäftigt, wo die kleinsten Teilchen nur noch „Quanten“ sind, also elektromagnetische Wellenbündel.

QUARKS

Grundbausteine der Atomkerne, also Elementarteilchen, die nie einzeln vorkommen, sondern immer in größeren Teilchen wie Neutronen und Protonen. Man vermutet, dass es ganze Sterne aus dieser „exotischen“ Materie gibt, also Quarksterne, dichter als Neutronensterne. Irgendwann werden auch sie zu Schwarzen Löchern werden.

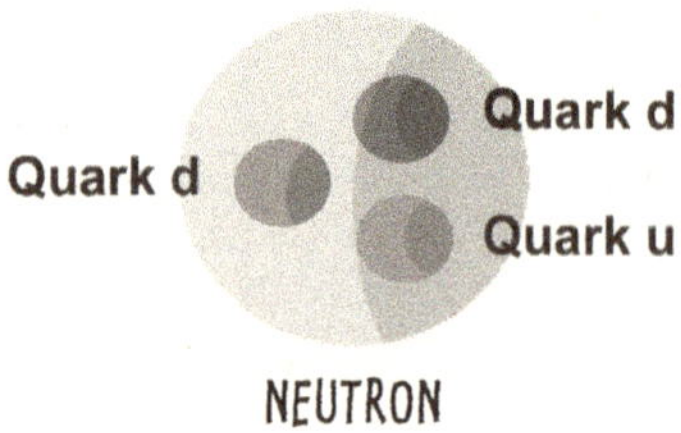

RADIOTELESKOPE

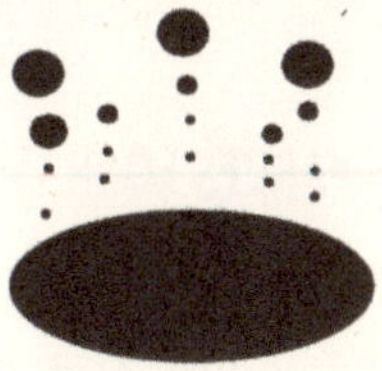

Instrumente zum Empfangen und Messen der aus dem Weltall kommenden Radiofrequenzstrahlung. Werden außer für die Beobachtung von Himmelskörpern auch benutzt, um Daten entfernter Raumsonden zu empfangen oder ihnen Befehle zu schicken.

RELATIVITÄT

Die Relativitätstheorie wurde von Albert Einstein entwickelt und sieht das Universum als vierdimensional: bestehend aus Höhe, Länge, Tiefe und Zeit. Er hält die Lichtgeschwindigkeit für konstant und führt die Gravitation auf die Krümmung von Raum und Zeit zurück.

ROTVERSCHIEBUNG

(engl. red shift) Durch dieses Phänomen (Doppler-Effekt genannt) sehen wir sich entfernendes Licht als Rot. Die Frequenz (Schwingungszahl) nimmt ab, die Wellenlänge vergrößert sich.

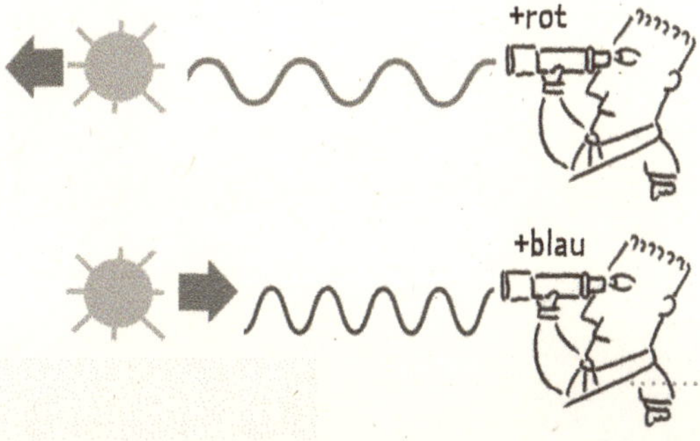

SCHWARZES LOCH

Ein Ort im Weltall, dem wegen der immens hohen Gravitationskraft nichts entkommt, nicht mal das Licht. Jedes Schwarze Loch enthält eine „Singularität“, wo die Gesetze der Physik, wie wir sie kennen, nicht gelten. Dort ist die Materie unvorstellbar dicht und Zeit gibt es nicht.

SCHWERKRAFT

Die Kraft, die uns auf der Erde hält und ohne die wir ins Weltall hinausfliegen würden. Auf dem Mond ist sie nur ein Sechstel so groß wie auf der Erde. In der Nähe eines Schwarzen Lochs ist sie so gewaltig, dass sie alles anzieht und konzentriert, was sich in ihrer Umgebung aufhält. Nicht einmal das Licht entkommt ihr. Wie kann man sie messen? Auf der Erde brauchen wir dafür nur eine Waage. An einem Schwarzen Loch würdet ihr sofort zu einer Spaghettinudel werden und zusammen mit der Waage zerquetscht und eingesaugt.

SINGULARITÄT

Orte, an denen die Gesetze der uns bekannten Physik keine Gültigkeit haben, an denen Gravitation und Dichte gegen unendlich tendieren und es keine Zeit gibt.

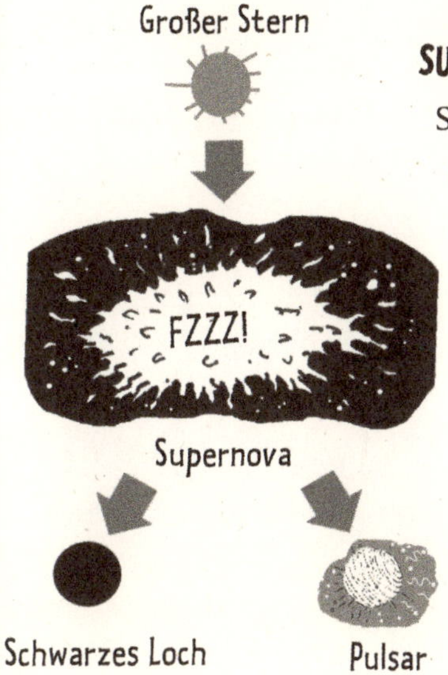

SUPERNOVA

Sterne haben eine Lebensdauer von Milliarden von Jahren. Wenn ihr atomarer Brennstoff zu Ende geht, explodieren die größten und bilden etwas, das „neue" Supersterne zu sein scheinen. Ganz langsam kollabiert die übrig gebliebene Materie dann in den Mittelpunkt und bildet schließlich einen Neutronenstern oder ein Schwarzes Loch.

TRÄGHEIT

Tendenz eines Körpers, in seinem Zustand der Ruhe oder Bewegung zu bleiben. Sie wird als Masse gemessen.

UNIVERSUM

Alles, was existiert: Sterne, Planeten, Galaxien, intergalaktische Räume und die Atome, aus denen wir bestehen. Synonym für Weltall und Kosmos.

V2

Raketentyp, mit dem London im Zweiten Weltkrieg bombardiert wurde. Sie wurden von Wernher von Braun entworfen und sind die Vorgänger der Flugkörper, mit denen wir den Weltraum erkunden.

WELLEN

Störungen, die sich im Raum fortbewegen, ohne Materie zu transportieren, wie zum Beispiel Schallwellen, Meereswellen, Erdbebenwellen, das Licht, Röntgenstrahlen und andere elektromagnetische Wellen.

ZEIT

Wir Menschen berechnen die Zeit als Bruchteil oder Vielfaches eines Tages, also einer Umdrehung der Erde um sich selbst.

In der Physik hängt die Zeit von der Geschwindigkeit ab, die jemand oder etwas hat und dem jeweiligen Ort im Weltall, an dem man oder etwas sich befindet.

ZEITREISEN

In die Zukunft zu reisen, ist schwierig, aber nicht unmöglich. Das behauptet jedenfalls die Relativitätstheorie: Die Zeit kann sich an singulären Orten wie den Schwarzen Löchern verlangsamen und sogar anhalten. In die Vergangenheit zu reisen, scheint allerdings unmöglich zu sein.

Inhalt

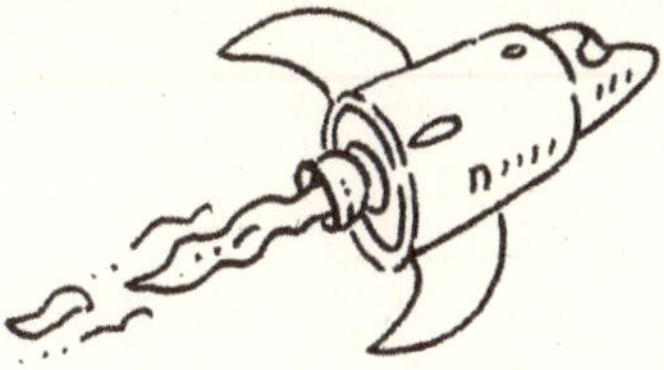

THE STEPHEN HAWKING FOUNDATION

AUTHORISED. #001015

Die Stephen-Hawking-Stiftung

Die Stiftung wurde 2015 von Stephen Hawking gegründet. Sie fördert das Interesse von Kindern an Naturwissenschaften.
Ziel ist es, Kindern mit viel Begeisterung die Erkenntnisse der Wissenschaft nahezubringen und ihnen zu zeigen, was diese mit ihrem Alltag und ihren Erfahrungen zu tun haben – ohne dabei auf wissenschaftliche Korrektheit zu verzichten. Dadurch werden die Naturwissenschaften für jeden der jungen Leser zu etwas Lebendigem, Einmaligem und Sinnvollem. Die Stiftung fördert auch die Vermittlung von Kosmologie, Astrophysik und Physik der Elementarteilchen auf schulischer wie auf universitärer Ebene sowie Forschungen zu Erkrankungen von Motoneuronen und den daran Erkrankten.

LUCA NOVELLI

hat Agronomie studiert, ist Illustrator und Journalist und hat sich schon immer für Ökologie und das Schreiben interessiert. Heute arbeitet er als Buch- und Drehbuchautor. Er lebt in Mailand und am Lago Maggiore, doch wann immer er kann, geht er auf Reisen. Und wenn er zurückkehrt, schreibt er einen neuen Titel für die Reihe LEBENDIGE BIOGRAPHIEN, die bisher in über 20 Sprachen übersetzt wurde, darunter Japanisch, Chinesisch und Arabisch.

Marie Curie und das Rätsel der Atome

Luca Novelli

Aus dem Italienischen von Anne Braun

Marie Curie

Wir leben in einer Zeit, die auch als das Atomzeitalter bezeichnet wird. Atomar sind die schrecklichen Bomben, die in den Atombunkern und -silos gelagert werden, ebenso wie die Antriebsmotoren, mit denen der Mensch vielleicht bald in andere Sternensysteme fliegen wird. Atomkraftwerke produzieren Energie. Auf dem Wissen über Atome beruhen viele Entdeckungen, welche praktisch alle Wissenschaftsgebiete revolutioniert haben.
All das fing mit der Erforschung der Radioaktivität an.
Marie Curie erforschte sie als Erste. Letztendlich führten ihre Erkenntnisse zum Verständnis der Materieteilchen, die früher als unteilbar galten.
Marie war jedoch nicht nur eine begnadete Forscherin, sondern auch die erste Frau der Geschichte, die einen Nobelpreis bekam, die erste, die Zugang zu Institutionen erhielt, zu denen Frauen bislang keinen Zutritt hatten, die erste, die sich zu einer Zeit Geltung verschaffte, in der es als unüberwindliche Hürde galt, als Mädchen geboren worden zu sein.
Hier erzählt uns Marie Curie von ihrem Leben, von ihrer Kindheit, von ihrem geliebten Mann, von ihrer Arbeit und von Hindernissen auf ihrem Weg, bis hin zu den Erfolgen, die ihren Ruf als Wissenschaftlerin begründeten.

DIESES BUCH HANDELT VON …

mir, Marie. Ich erzähle euch von meiner Familie, meiner Schule und meinen Freunden.

Später reise ich nach Paris, studiere fleißig und treffe jemanden, der mein ganzes Leben verändern wird.

Ich beschreibe meine Arbeit mit Pierre, meinem Ehemann, und schildere, wie wir zwei bislang unbekannte Elemente entdecken.

Ich erzähle von den Nobelpreisen, die ich, mein Mann und später auch unsere Tochter gewinnen.

Auf der Grundlage meiner Forschungen über die Radioaktivität werden aufsehenerregende Entdeckungen gemacht: die Struktur des Atoms und die Kernenergie.

Ich erzähle von meiner Freundschaft mit Albert Einstein und von meinem Kampf dafür, dass die Wissenschaft allen dienen soll. Und am Schluss findet ihr ein kleines Wörterbuch, das euch viele Geheimnisse der Atome enthüllt!

DIE WELT ZUR ZEIT VON MARIE CURI

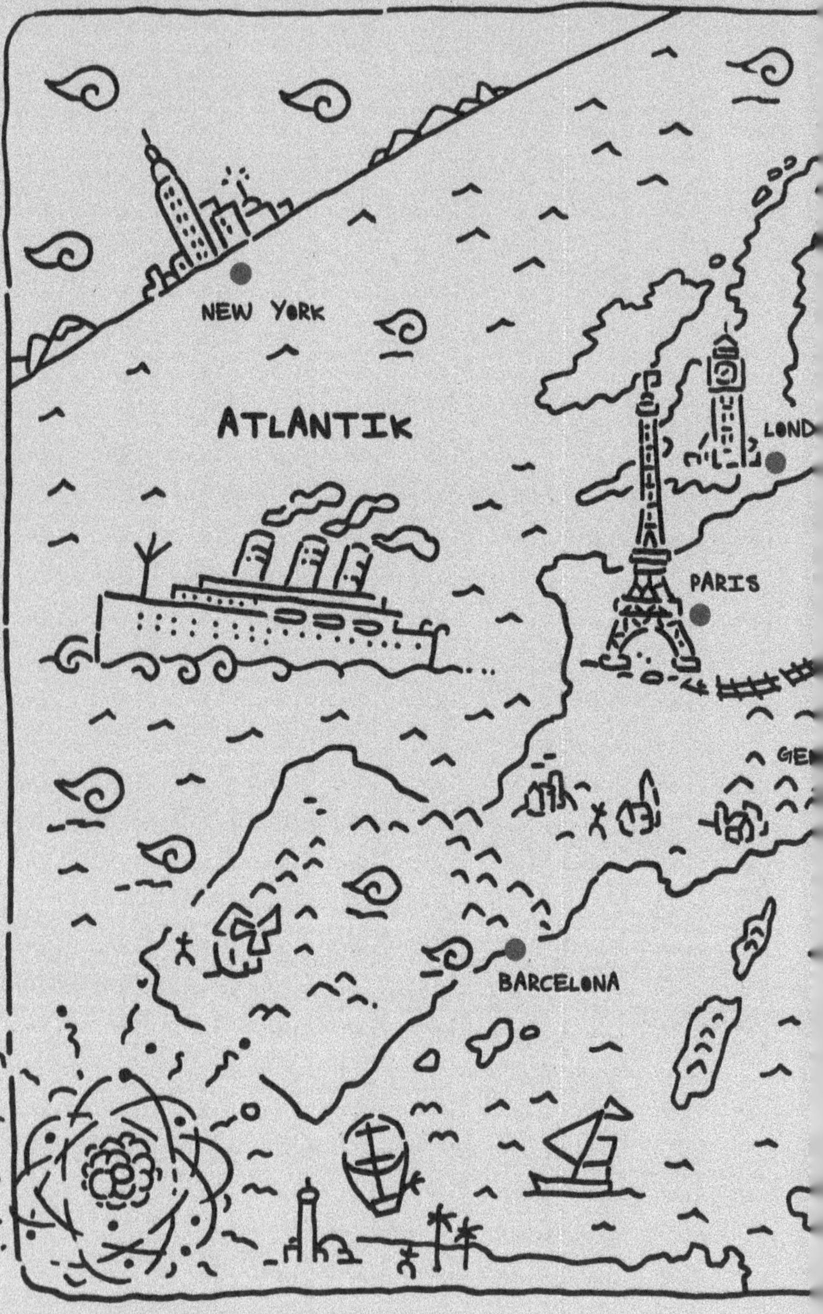

UM 1900
SANKT PETERSBURG
STOCKHOLM
RUSSLAND
PREUSSEN
WARSCHAU
ÖSTERREICH-
UNGARN
E = mc²

Marie Curie wird als Maria Sklodowska am 7. November 1867 in Warschau, der Hauptstadt Polens, geboren. Doch zu jener Zeit gibt es dieses Land gar nicht auf den Landkarten. Russland, Preußen und Österreich-Ungarn haben Polen unter sich aufgeteilt.

Warschau liegt auf russischem Territorium und das Studium der polnischen Geschichte und der polnischen Sprache ist verboten.

Wer es dennoch wagt, muss mit Gefängnis oder gar Straflager in Sibirien rechnen. Schon in den Volksschulen herrscht ein Klima ständiger Überwachung.

1. ICH, MARIE CURIE

Meine Familie ruft mich mit dem Kosenamen Mania. Später werde ich mich selbst in Marie umbenennen Ich wurde in einem Haus im Zentrum von Warschau geboren. Ich liebe meine Stadt, besonders im Juni, wenn es schön warm ist und die Tage herrlich lang sind.

Auf den Bastionen der Stadtmauer wurden, allerdings vor meiner Geburt, Studenten hingerichtet, die gegen den tyrannischen russischen Zar Alexander II. rebelliert haben. Er behauptet, Polen gehöre ihm. Und in der Schule müssen wir alles über ihn und sein Leben auswendig lernen.

Mein Vater Wladyslaw unterrichtet Mathematik und Physik an einem Gymnasium. Er ist ein sehr ernster Mensch, der uns immer zum Lernen anhält (ihr würdet ihn vielleicht als strengen Pauker empfinden), aber davon abgesehen ist er sehr nett.

Meine Mutter Bronislawa ist Direktorin einer Mädchenschule. Es macht mich traurig, dass sie mich nie küsst oder in den Arm nimmt. Erst als Erwachsene begreife ich, dass sie mich nur schützen wollte. Sie leidet nämlich an Tuberkulose, einer schlimmen Lungenkrankheit, die zu dieser Zeit sehr häufig und leider unheilbar ist.

Ich bin die Jüngste und habe vier ältere Geschwister. Hier ein Bild von uns fünfen, als ich noch ganz klein bin.

Wir wohnen jetzt in einer anderen Wohnung, die für unsere alten Möbel eigentlich viel zu klein ist.
Wir haben ziemlich große Probleme. Meine Schwester Sofia stirbt mit nur 15 Jahren an Typhus. Nur zwei Jahre später stirbt meine Mutter an der Tuberkulose, mit 42 Jahren. Zusätzlich zu diesem Unglück hat mein Vater sein ganzes Geld falsch investiert und jetzt leben wir von der Hand in den Mund.
Ich bin eine gute Schülerin, habe ein gutes Gedächtnis und kann schon mit vier Jahren lesen. Ich lese und schreibe auch auf Polnisch, obwohl es offiziell verboten ist … wie so vieles andere unter der russischen Besatzung.

Das ist der große russische Chemiker Dimitrij Mendelejew (1834–1907).
1869 ordnet er, zeitgleich mit dem Deutschen Lothar Meyer (1830–1895), die damals bekannten chemischen Elemente nach ihrem Gewicht und stellt fest, dass sich ihre Eigenschaften regelmäßig (periodisch) wiederholen. Man kann die Elemente in Gruppen einordnen, in denen alle Mitglieder ähnliche Eigenschaften haben. Mendelejew stellt ein Periodensystem der Elemente auf, aufgrund dessen er voraussagen kann, dass es noch weitere Elemente geben muss, denn manche Gruppen haben noch zu wenige Mitglieder. Er kann sogar deren Eigenschaften voraussagen. Seine Vorhersagen bewahrheiten sich: Nach einigen Jahren werden die neuen chemischen Elemente Skandium, Gallium und Germanium entdeckt.
Noch denkt keiner daran, dass ein im Moment noch kleines polnisches Mädchen später weitere Elemente mit einer überraschenden Eigenschaft entdecken wird.

2. DIE FLIEGENDE UNIVERSITÄT

Schön! Mit 15 Jahren schließe ich die Oberschule als Jahrgangsbeste ab. Und jetzt? Mädchen ist jede weiterführende Bildung verwehrt.
Deshalb kann ich nur die ungewöhnlichste Schule der Welt besuchen – die »Fliegende Universität«. So heißt sie, weil sie eigentlich geheim ist.

Der Unterricht findet in Privatwohnungen statt, jedes Mal in einer anderen, weil wir Angst haben, von der Polizei ertappt zu werden. Es macht Spaß, mit den Lehrern über die neuen Ideen zu reden, die in Europa die Runde machen.
Um meine Familie zu unterstützen, gebe ich außerdem Privatunterricht. Das machen auch Josef, meine Schwestern und andere junge Leute in Warschau. Aber ewig kann es nicht so weitergehen.

In meinem unterdrückten Vaterland gibt es für junge Leute mit großen Zielen nur eine Möglichkeit: ins Ausland gehen!

Bronia, meine Schwester, will nach Paris, um Medizin zu studieren. Aber Frankreich ist weit weg, die Reise dorthin und das Leben dort sind teuer.
Unser Vater hat nicht genügend Geld. Deshalb schließen meine Schwester und ich einen Pakt.
Ich werde als Hauslehrerin bei einer reichen Familie arbeiten. Mit dem Geld, das ich verdiene, kann meine Schwester in Paris studieren.

Gesagt, getan. Sobald ich eine Stelle habe, kann meine Schwester abreisen.
1885 trete ich meine erste Stelle als Gouvernante bei einer Familie in Warschau an, aber es wird keine gute Erfahrung. Ich verstehe mich nicht mit der Dame des Hauses.

Danach arbeite ich als Hauslehrerin bei einer Großgrundbesitzerfamilie in dem Dorf Krasiniec im fernen Regierungsbezirk Plock. Das liegt drei Stunden mit dem Zug und weitere vier mit dem Pferdewagen von der Hauptstadt entfernt. Ich bin erst 19 Jahre alt, als ich meine Familie verlasse.

Bei der Familie Zorawski gefällt es mir. Der Hausherr besitzt eine Zuckerfabrik und 200 Hektar Anbauland für Zuckerrüben. Seine Frau und die Kinder sind nett. In meiner Freizeit lerne ich Französisch und lese wissenschaftliche Bücher. Und außerdem darf ich, mit Erlaubnis meiner Arbeitgeber, den Kindern der Arbeiter und Bauern Polnisch lesen und schreiben beibringen. Wenn mich die russische Polizei dabei ertappen würde, würden wir alle nach Sibirien verschleppt werden. Doch zum Glück passiert das nicht.

Ich fühle mich sehr wohl hier auf dem Land.

Marie ist nicht wohlhabend, aber sie hat das Glück, dass ihre Familie für die damalige Zeit sehr moderne Ansichten hat und sie außer einer guten Ausbildung auch gewisse Freiheiten genießt. Das ist nicht die Regel für ihre Altersgenossinnen. Man hat sehr genaue Vorstellungen davon, was ein Mädchen oder eine Frau darf. Bildung oder ein eigenständiges, erfülltes Leben gehören nicht zu den Dingen, die Frauen zugestanden werden. Die damalige Strenge zeigt sich schon an der Mode jener Jahre. Schon von klein an müssen Mädchen ein Korsett tragen, eine Art enges Mieder, verstärkt mit Walfischknochen. Diese Korsetts schnüren den Körper auf unnatürliche Weise ein, damit er dem damaligen Modeideal entspricht. Eine schlanke Taille gilt als attraktiv und weiblich.

3. DIE ERSTE LIEBE

Wie schon gesagt, fühle ich mich wohl bei der Familie Zorawski. Und als in den Ferien auch die älteren Kinder, die in Warschau studieren, nach Hause zurückkehren, lerne ich Kasimir, den ältesten Sohn, kennen.
Er ist ein hübscher Bursche, höflich und gebildet, und studiert an der naturwissenschaftlichen Universität. Ich scheine ihm zu gefallen und ich gestehe, dass es mir schmeichelt, als er mir den Hof macht. Wir gehen zusammen aus, auch zum Tanzen. Und wir machen lange Spaziergänge und reden über Gott und die Welt.

Doch seine Eltern sind gegen eine Heirat. In seinen Kreisen heiratet man kein armes Mädchen. Es gibt genügend junge Mädchen aus wohlhabenden Familien!

Ich bin immer noch in Kasimir verliebt. Und wenn er mich ebenfalls liebt, müsste ihm der Widerstand seiner Eltern egal sein.

Doch er erklärt mir, dass er mich nicht heiraten kann, weil ich keine Mitgift habe. Das macht mich sehr wütend!
Aber ehrlich gesagt bin ich auch traurig und enttäuscht. Ich war gern bei den Zorawskis, aber nun begegnen sie mir feindselig. Als mein Vertrag ausläuft, kehre ich nach Warschau zurück. Dort arbeite ich wieder als Gouvernante.

Einer meiner Vettern nimmt mich mit zu einem Kurs am Museum für Industrie und Landwirtschaft. Dort hat er eine illegale Schule für Physik und Chemie eingerichtet, von der die Regierung nichts erfahren darf. Er ist ein Schüler des legendären Forschers Mendelejew und ich lerne viel von ihm. Mit großem Eifer stürze ich mich auf das Studium der modernsten Techniken der Chemie.

Meine Schwester Bronia, die ich während der letzten Jahre finanziell unterstützt habe, hält ihr Versprechen und fordert mich auf, nach Paris zu kommen.

Der Feigling von Kasimir will weiterhin nichts mehr von mir wissen. Er sagt erneut, dass er ohne die Erlaubnis seiner Eltern nicht heiraten kann.

Gut, dann werde ich eben nach Paris fahren.

Den Koffer mit meinen wenigen Sachen habe ich schon vorausgeschickt, als ich den Zug nach Paris besteige. Die Reise durch Europa im Zug vierter Klasse wird drei Tage dauern.

Aber ich habe vorgesorgt: Ich habe genügend zu essen, Bücher, Bonbons, eine warme Decke und einen Klappstuhl bei mir.

Wir schreiben das Jahr 1891 und ich bin 23 Jahre alt.

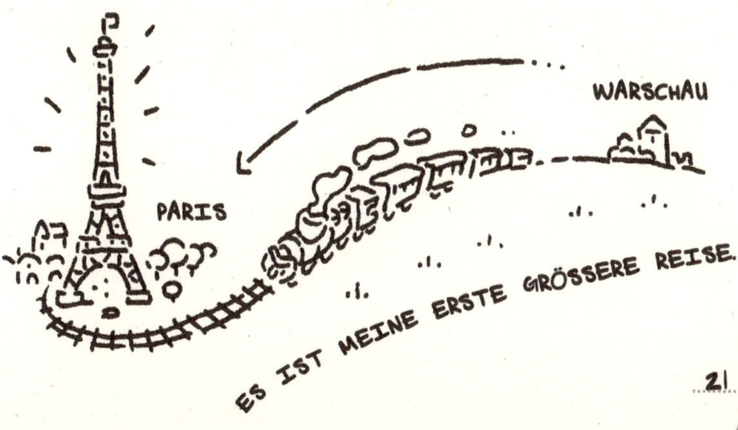

In Paris herrscht 1891 eine ganz andere Atmosphäre als in Warschau. Das Frankreich der Dritten Republik ist ein freies, bürgerliches Land. Der Handel floriert, ebenso wie das Bankwesen. Paris ist eine Stadt des guten Geschmacks und großer Kreativität. Das »Quartier Latin« gilt als das intellektuelle Herz Europas, das Künstler und Schriftsteller aus der ganzen Welt beherbergt.

Die Wissenschaft hat auf dem Gebiet der Medizin und Chemie große Fortschritte gemacht, unter anderem dank der Entdeckungen von Louis Pasteur. Er erwarb sich große Verdienste um die Mikrobiologie, die Wissenschaft von den kleinen Organismen, die wir mit bloßem Auge nicht sehen können.

Die Stadt wird überragt vom Eiffelturm, der zur Feier der Weltausstellung vor zwei Jahren gebaut wurde. Als Marie aus dem Zug steigt, betritt sie eine andere Welt.

4. PARIS!

Anfangs wohne ich bei Bronia und ihrem sympathischen Ehemann Kasimir. Er ist auch Pole und hat in St. Petersburg, Odessa und Warschau Medizin studiert. Doch da er an Aufständen gegen die russische Besatzung teilgenommen hat, kann er nicht mehr in unser Vaterland zurückkehren. Er und Bronia haben eine Arztpraxis eröffnet. Trotz ihrer vielen Arbeit finden sie noch Zeit für Vergnügen: Abends spielen sie Klavier oder veranstalten Feste. In einem Theaterstück darf ich Polen darstellen, das seine Ketten sprengt.

Mein Vater ist bestürzt, als er davon erfährt. Er schreibt sofort zurück, dass es in Paris viele russische Spione gäbe und dass ich vorsichtig sein soll.
Wir führen ein eher bescheidenes Leben ohne Pariser Glanz. Als wir ein Bügeleisen brauchen, lassen wir es uns aus Warschau schicken, weil es dort billiger ist.

Als ich mich zum Studium einschreibe, ändere ich meinen Namen in Marie. Mit der von Pferden gezogenen Straßenbahn fahre ich täglich zur Universität Sorbonne, wo ich als eine von wenigen Frauen studiere. Ich habe in der Nähe jetzt ein kleines Zimmer. Das Studium ist ziemlich anstrengend, weil mein Französisch noch nicht perfekt ist und ich etliche Wissenslücken stopfen muss.

Mehr als zwei Jahre lang studiere ich bis zum Umfallen und lege eine Prüfung nach der anderen ab. Aber schließlich ist mein Ziel erreicht: Ich beende mein Physikstudium im Sommer 1893 als Beste.

Tja, eigentlich könnte ich jetzt nach Warschau zurückkehren, doch weil ich so gute Noten hatte, wird mir ein Stipendium angeboten. Hurra, ich kann in Paris bleiben und weiterstudieren. Die Naturwissenschaften ziehen mich immer mehr in ihren Bann.

Ich kann mir jetzt eine andere Wohnung leisten, eine kleine Mansarde im 6. Stock, natürlich ohne Aufzug. Ich studiere fleißig Mathematik.
Nach einer Weile wird mir mein erster Auftrag als Physikerin angeboten. Im Auftrag der Gesellschaft zur Förderung der Nationalen Industrie soll ich die magnetischen Eigenschaften bestimmter Stahlsorten untersuchen.
Es wird sicher nicht der wichtigste Forschungsauftrag meines Lebens werden, aber schwierig ist er doch. Ich brauche die Hilfe eines Experten auf diesem Gebiet. Tja, und dieser Experte wird mein ganzes Leben auf den Kopf stellen. Er heißt Pierre Curie und unterrichtet an der Schule für Industrielle Physik und Chemie.

Hier sehen wir Pierre Curie (oben rechts), gemeinsam mit seinem Bruder Jacques und mit seinen Eltern. In dieser sympathischen Familie wird Marie herzlich aufgenommen, obwohl sie eine mittellose Ausländerin ist. Pierre befasst sich mit Magnetismus und damit, wie Druck auf bestimmte Kristalle wirkt. Der Druck erzeugt elektrische Ladung; und wenn man umgekehrt Kristalle elektrischer Spannung aussetzt, führt das zu Verformungen. Unsere heutigen Quarzuhren beruhen zum Beispiel auf diesem Prinzip. Es heißt Piezoeffekt. Pierre Curie erforscht ihn gemeinsam mit seinem Bruder. Mit ihm hat er ein Instrument entwickelt, mit dem man minimale elektrische Ladungen messen kann, sowie eine magnetische Waage, die bis auf ein hunderttausendstel Gramm genau misst. Pierre gilt als Genie. Und Marie ist um 1894 wahrscheinlich die einzige Frau auf der Welt, die nachvollziehen kann, was um alles in der Welt er da macht.

5. DIE LIEBE WINKT

Pierre ist ein sehr sympathischer Mann, der mir auf Anhieb gefällt, auch wegen seiner Bescheidenheit. Er legt keinen Wert auf Schnickschnack, Auszeichnungen und Fanfaren. Dabei hat er schon Glückwünsche von Kollegen aus aller Welt erhalten, sogar von dem legendären Lord Kelvin, dem größten Physiker unserer Zeit.

Wir treffen uns häufig und verstehen uns glänzend. Beide lieben wir Spaziergänge im Grünen und unsere Arbeit.

Doch als Pierre mir einen Heiratsantrag macht, bitte ich um Bedenkzeit.

Ich habe mein Mathematikstudium abgeschlossen und eigentlich erreicht, was ich hier in Frankreich wollte. Pierre zu heiraten, würde bedeuten, nicht nach Polen zurückzukehren, wo ich unterrichten und etwas für mein Land tun könnte.

Ihn zu heiraten, würde aber auch bedeuten, mich für die Forschung, die Wissenschaft und … für die Liebe zu entscheiden. Deshalb nehme ich seinen Antrag schließlich an.

Auch für Pierre ist die Ehe eine ernste Sache. Bis jetzt hat er bei seinen Eltern gewohnt. Aber nun brauchen wir eine eigene Wohnung und irgendwann wollen wir auch Kinder haben.
Als ich ihn kennenlernte, hat er weniger verdient als ein Facharbeiter. Inzwischen ist er Professor. Er kann also nun eine Familie ernähren.
Die Hochzeit findet am 26. Juli 1895 im Rathaus von Sceaux statt, einer Stadt in der Nähe von Paris, in der Pierres Eltern leben. Wir haben nur wenige Freunde und unsere engsten Verwandten eingeladen, darunter auch meinen Vater und meine Schwester Helena, die extra aus Warschau angereist sind.

Als Hochzeitsgeschenk erhalten wir unter anderem zwei schöne neue Fahrräder. Das ist zu unserer Zeit ein Luxus, den sich nicht jeder leisten kann. Mit unseren Rädern sind wir unabhängig. Es macht uns großen Spaß, damit durch die Straßen, durch Täler und über Hügel zu fahren. Wir radeln in den nächsten Jahren mit Begeisterung. Jetzt brechen wir mit den Rädern zu unserer Hochzeitsreise auf.

1897 wird unsere erste Tochter geboren, Irène.

Tja, wenn man sich liebt, passiert manches schneller als geplant.

Dieser ernste Herr ist der deutsche Ingenieur Wilhelm Conrad Röntgen (1845–1923), der Entdecker der X-Strahlen (1895), die später ihm zu Ehren »Röntgenstrahlen« genannt werden. Er erhielt 1901 den ersten Nobelpreis für Physik.

Es handelt sich bei den Röntgenstrahlen um mit dem Licht verwandte, aber unsichtbare elektromagnetische Strahlen mit der Fähigkeit, feste Materie zu durchdringen. Röntgenstrahlen schwärzen Fotoplatten und können manche Stoffe dazu anregen, Energie in Form elektromagnetischer Wellen einer ganz bestimmten Wellenlänge abzugeben. Die Entdeckung der Röntgenstrahlen 1895 ist einer der großen Schritte in Richtung des Zeitalters der Atomphysik. Im Alltag begegnen sie uns vor allem im Krankenhaus oder beim Zahnarzt: Mit Röntgenstrahlen können Aufnahmen von Knochen, Zähnen und inneren Organen gemacht werden.

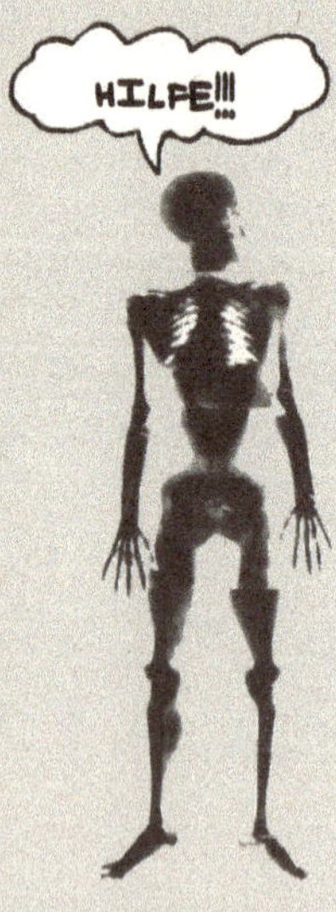

6. STRAHLEN, WELCHE DIE MATERIE DURCHDRINGEN

So, nun bin ich verheiratet. Als Köchin tauge ich leider nicht viel, aber Pierre beklagt sich nicht. Wir haben eine kleine Wohnung gemietet, ganz in der Nähe der Hochschule für Industrielle Physik, an der Pierre unterrichtet. Zum Glück haben wir nicht viele Möbel und so bin ich mit dem Abstauben schnell fertig. Dafür habe ich nämlich wenig Zeit, es gibt so viele wichtigere Dinge zu tun. Ich bin jetzt mit meiner Doktorarbeit beschäftigt. Dafür erforsche ich die sonderbaren Phänomene, die Professor Antoine Henri Becquerel beobachtet hat. Er hat – fast zufällig – entdeckt, dass manche Substanzen Strahlen aussenden, die den von Röntgen entdeckten X-Strahlen sehr ähnlich sind. Diese fast zufällige Entdeckung wird sich später als außerordentlich wichtig erweisen.

Röntgenstrahlen entstehen unter anderem, wenn man eine Metallplatte mit elektrisch negativ geladenen Teilchen (Elektronen) beschießt.

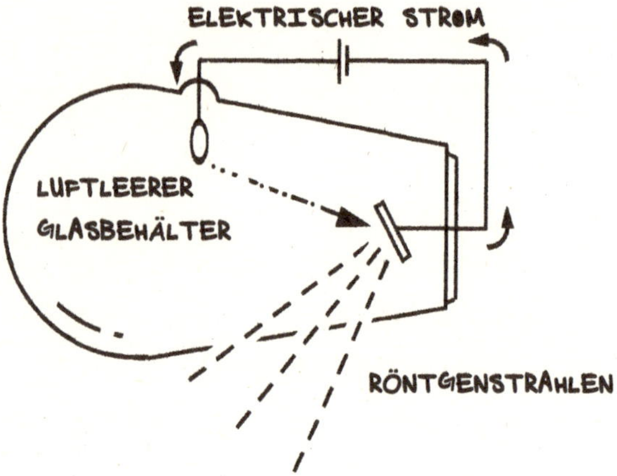

Die von Becquerel entdeckten Strahlen sind ganz anderen Ursprungs.

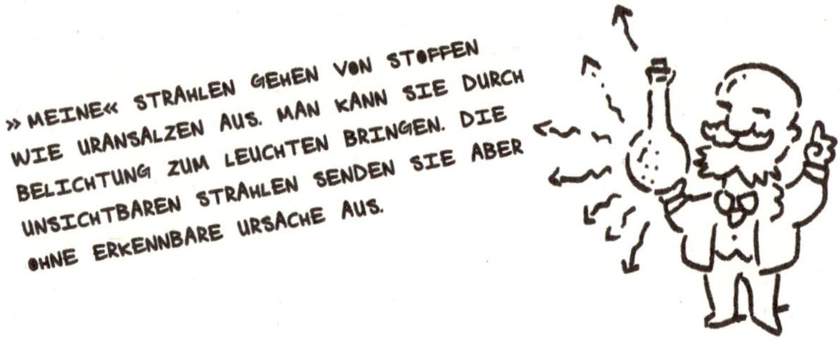

Professor Becquerel hat seine Entdeckung während einer der wöchentlichen Sitzungen an der Akademie der Wissenschaften verkündet. Pierre und ich horchten sofort auf.
Das wäre doch ein interessantes Thema für meine Doktorarbeit.

Mit großem Eifer beginne ich, an diesem Thema zu forschen. Zum Glück habe ich Pierre und seine Instrumente. Noch ahne ich nicht, mit was für gewaltigen Kräften ich es zu tun bekommen werde oder wie gefährlich die Substanzen sind, die ich zu isolieren versuche.

Unser Eheleben ist sehr glücklich. Wir ziehen in ein kleines Häuschen auf dem Boulevard Kellermann um. Innen ist es eher bescheiden, aber dafür hat es einen hübschen Garten. Darüber freut sich mein Mann ebenso wie auch unsere Tochter Irène.

Uran ist ein silbrig weißes Schwermetall, das schwerste Element auf der Erde: Ein Uran-Atom ist 238 Mal schwerer als ein Wasserstoffatom. Im berühmten Periodensystem der Elemente belegt es Platz 92. Wenn wir heute Uran hören, denken wir sofort an Kernreaktoren und Atombomben. Dabei wurden manche seiner Mischungen (Oxide) schon in der Antike verwendet, um Tonwaren zu färben, und auch im 19. Jahrhundert verwendet man es noch zu diesem Zweck. Als Element wurde es 1789 identifiziert und nach dem wenige Jahre zuvor entdeckten Planeten Uranus benannt.

Es kommt in der Natur nicht in Reinform vor, sondern in Form von Uranmineralien. Eines davon ist die Pechblende, ein Erz, das bislang kaum beachtet wurde, für Marie und Pierre jedoch etliche Überraschungen auf Lager hat.

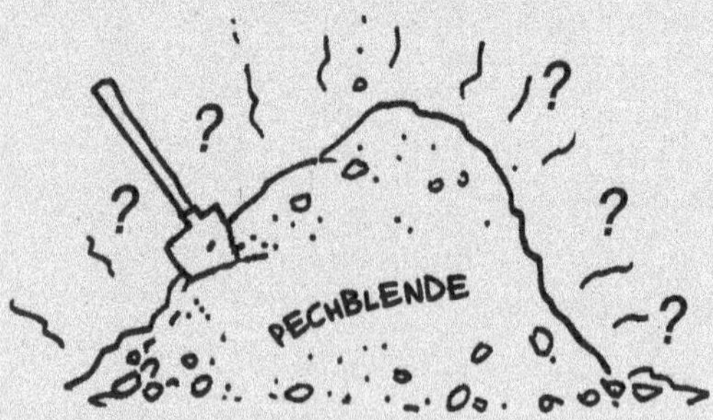

7. LIEBE, BROT UND RADIOAKTIVITÄT

Je länger Pierre und ich zusammen sind, desto stärker wird unsere Liebe. Dieses Jahr haben wir viele Radtouren gemacht und waren oft im Fluss baden. Wir haben auch einen schönen Urlaub in Südfrankreich verbracht. Aber natürlich haben wir die Forschungen nicht vernachlässigt. Im Gegenteil! Dank des extrem empfindlichen Elektrometers, den mein Mann erfunden hat, konnte ich feststellen, dass außer Uran noch weitere Substanzen die von Becquerel entdeckten Strahlen aussenden.

Die Atome des Thoriums sind etwas leichter als die des Urans. Auch das Thorium ist ein Metall, benannt nach dem Wikingergott Thor, dem Gott des Blitzes und des Kriegs.

Ich arbeite jetzt mit Pechblende-Proben. Dieses Mineral enthält Uran, aber seine Strahlungsaktivität ist viel höher als die von Uran oder Thorium. Seltsam … Vielleicht enthält die Pechblende noch eine Substanz, die viel radioaktiver ist als Uran und Thorium. Vielleicht handelt es sich sogar um ein Element, das noch nicht identifiziert wurde.

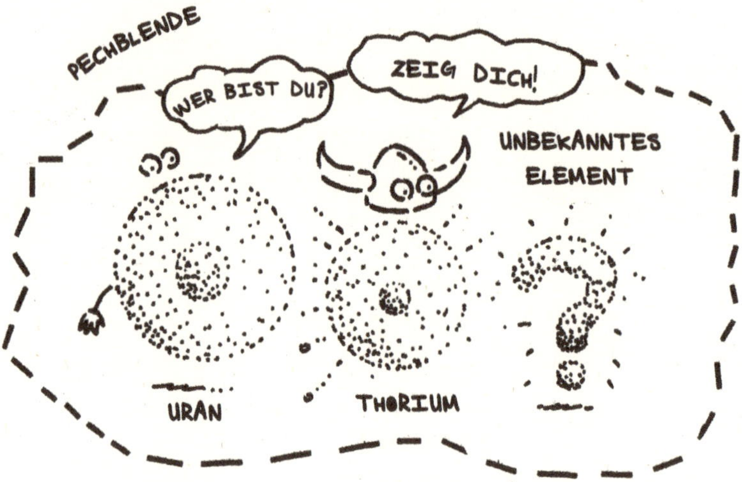

Die Entdeckung eines der Elemente, aus denen sich das Universum zusammensetzt, ist keine alltägliche Sache und deshalb gibt Pierre seine eigene Arbeit auf, um mich zu unterstützen. Leicht ist es nicht: Wir müssen Hunderte von Reaktionen durchführen und die entstehenden Stoffe voneinander trennen.

Dann endlich, im Juli 1898, weiß ich mit Sicherheit, dass ich die Entdeckung eines neuen Elements verkünden kann.

Ich wähle seinen Namen zu Ehren meines Vaterlandes und viele polnische Vertriebene freuen sich darüber, während sich in Warschau die Funktionäre Ihrer Majestät, Nikolaus II., des neuen russischen Zaren, schwarzärgern.

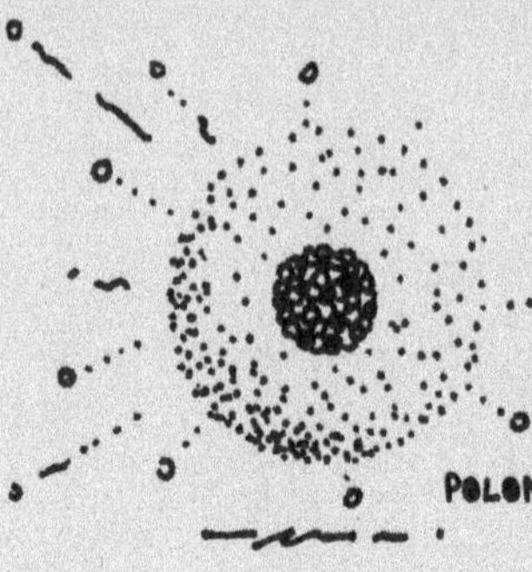

Polonium ist ein Metall, das im Periodensystem der Elemente den 84. Platz belegt. Man wird entdecken, dass die Strahlen, die es aussendet, eine ganz besondere Eigenschaft haben: Sie enthalten Neutronen, eine der drei Arten von Elementarteilchen im Atomkern. Aber was genau ist Radioaktivität?

Der Physiker Ernest Rutherford wagt sich als Erster an eine Definition. Er beschreibt die Atome auch ganz anders als die Wissenschaftler vor ihm: Sie haben einen schweren, positiv geladenen Atomkern, bestehend aus Protonen und Neutronen, um den winzig kleine, negativ geladene Elektronen kreisen.

8. EINE ENTDECKUNG FÜHRT ZUR NÄCHSTEN

Wie fühlt man sich, wenn man ein chemisches Element entdeckt hat? So etwas kommt schließlich nicht alle Tage vor.

Allerdings sind wir davon überzeugt, dass in der Pechblende noch ein weiteres Element enthalten sein muss, das noch seltener und noch radioaktiver ist als Uran, Thorium und Polonium.
Um dies zu beweisen, müssen wir es zuerst herauslösen. Doch um ein einziges Gramm davon zu erhalten, benötigen wir Unmengen von Pechblende sowie einen geeigneten Ort, um es zu bearbeiten. Aber wir haben Glück: In der Nähe einer Glasfabrik in Böhmen gibt es einen Wald, in dem massenhaft Abfälle dieses Materials herumliegen. Die bekommen wir geschenkt. Wir müssen nur für den Transport sorgen.

Wir haben auch ein geeignetes Labor gefunden – einen alten Schuppen, in dem früher einmal anatomischer Unterricht stattgefunden hat.

Es wird eine lange, anstrengende Aufgabe werden. Doch die Hoffnung, dieses geheimnisvolle Element als Erste zu finden, treibt mich an.

Nach jahrelanger harter Arbeit haben wir endlich eine ausreichende Menge des äußerst seltenen, noch unbekannten Elements isoliert.
Wir werden es Radium nennen, nach dem lateinischen Wort für »Strahl«. Und dann folgt eine Überraschung auf die andere.

Die Radiumsalze sind weißlich und undurchsichtig. Als wir eines Nachts ins Labor kommen, sehen wir, dass sie ein bläuliches Licht ausstrahlen. Auf diese Weise haben wir entdeckt, dass diese Fluoreszenz auch zusammen mit der Radioaktivität auftritt. All dies werde ich in meiner Doktorarbeit genau schildern.

Verglichen mit Polonium hat Radium eine Reihe ungewöhnlicher Eigenschaften.
Nicht nur, dass es um ein Vielfaches radioaktiver ist, es strahlt auch Hitze aus und sogar die gefährliche Gammastrahlung.
Indem das Radium winzige Teilchen abstrahlt, wird es leichter, verändert seine Eigenschaften und verwandelt sich in ein anderes Element, Radon, das seinerseits Teilchen verliert und zu Polonium wird, bis es schließlich zu dem stabilen Blei

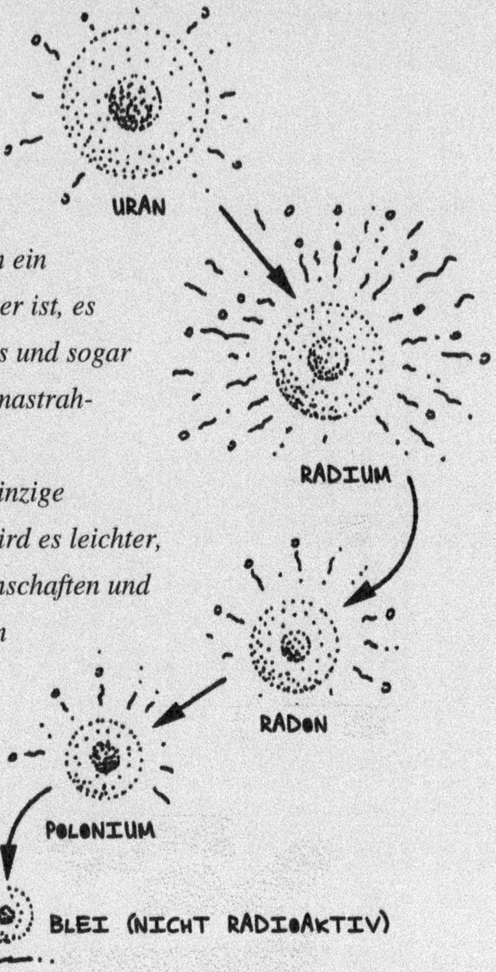

geworden ist, das keine Teilchen mehr verliert und damit auch nicht mehr radioaktiv strahlt.
Radium seinerseits »stammt« von Uran ab.
Die radioaktiven Atome »zerfallen« sozusagen allmählich in andere Elemente.

9. SELTSAME SCHWÄCHEANFÄLLE

Wir fühlen uns immer erschöpfter. Meine Hände sind rissig, die Haut wirkt durchscheinend, die Fingerspitzen sind entzündet. Doch alle Untersuchungen verlaufen ohne Ergebnis.
Pierre hat seinen Arm Strahlungen ausgesetzt. Die Haut ist rissig, gerötet und schuppt sich bedenklich.

Wir hatten Professor Becquerel eine kleine Probe Radium in einem Glasröhrchen geschickt. Er hat es in seinem Wams aufbewahrt – und Verbrennungen erlitten. Schreiend kam er zu uns gerannt.

Doch der Nutzen des Radiums zeigt sich auch sogleich. Eine Reihe von medizinischen Forschungen beweist, dass seine Strahlung Hautkrankheiten wie Hautflechte, manche Tumor- und Krebsarten heilen kann. Daraus machen die Zeitungen fette Schlagzeilen und die gefährlichen Seiten des Radiums werden in den Hintergrund gedrängt.

Radium steht plötzlich im Mittelpunkt des Interesses. Amerikanische Geschäftsleute nehmen Kontakt mit uns auf und wollen uns überreden, die Gewinnung von Radium patentieren zu lassen, um uns das Patent dann abzukaufen. Aber wir wollen nichts davon wissen. Radium soll allen zur Verfügung stehen, beschließen wir gemeinsam. Nach dem Gespräch steigen Pierre und ich auf unsere Fahrräder und radeln unsere übliche Strecke durch den Wald.

Am 25. Juni 1903 wird mir der Doktortitel verliehen. Das Thema meiner Doktorarbeit war die Radioaktivität und die Entdeckung des Radiums. Bronia war so lieb, mir für die Feier ein Kleid zu schenken. Ich hätte kein passendes gehabt.

Pierre wurde auch schon mehrfach für unsere Arbeit ausgezeichnet: Die Universität Genf machte ihm ein Angebot, doch wir wollten lieber in Paris bleiben. Pierre erhielt den Planté-Preis und einen Zuschuss von der Akademie der Wissenschaften. Außerdem bekommen wir die Davy-Medaille der Royal Society in London verliehen. Aber das Tollste von allem: Zusammen mit Professor Becquerel wird uns im Dezember 1903 der Nobelpreis für Physik verliehen.

Das ist Alfred Bernard Nobel (1833–1896), ein schwedischer Industrieller. Die Erfindung des Dynamits und anderer Sprengstoffe machte ihn immens reich. Bei seinem Tod im Jahre 1896 ging ein Großteil seines Vermögens an eine nach ihm benannte Stiftung über. Ziel der Stiftung ist es, die Zinsen seines Vermögens alljährlich an diejenigen zu verteilen, die der Menschheit die größten Dienste erwiesen haben. Es gibt fünf Kategorien: Physik, Chemie, Medizin, Literatur und Friedensarbeit. Die ersten Nobelpreise wurden im Jahr 1901 verliehen. Ab 1902 wurden sie vom König von Schweden persönlich übergeben. Die Namen der Preisträger werden alljährlich im Oktober verkündet und am 10. Dezember, dem Todestag von Alfred Nobel, im Rahmen eines offiziellen Festakts übergeben.

10. EIN LEGENDÄRES ELEMENT

Großartig! Ich bekomme einen Nobelpreis und bin zudem die erste Frau, der diese Ehre zuteil wird. Für viele bedeutet das eine Auszeichnung für alle Frauen, die zu meiner Zeit in keinem großen Ansehen stehen. Nicht nur dass sie kein Wahlrecht haben, sie stehen auch sonst im Abseits. Man bedenke, dass Arbeiterinnen in Frankreich, die täglich elf Stunden arbeiten müssen, nur ein Viertel des Lohns der Männer erhalten. Und eine verheiratete Frau ist gesetzlich verpflichtet, den ganzen Lohn an den Ehemann zu übergeben. In den Augen der Gesellschaft sollte sich eine Frau damit begnügen, Ehefrau und Mutter zu sein.
Ich dagegen, eine Frau, habe ein seltenes Element entdeckt, das sogar Krebs besiegen kann. Ausnahmen bestätigen die Regel, sagen manche. Doch diese Ausnahme steigert den legendären Ruhm des Radiums und meiner Person noch mehr.

In Wirklichkeit kann Radium, wie alle radioaktiven Elemente, schwere Verletzungen hervorrufen. Radioaktivität und der Zerfall radioaktiver Elemente in ungefährliche Substanzen wie das Blei kann zeitlich unvorstellbar lange dauern, bis zu vielen Millionen Jahren. Einmal stößt Pierre bei einem Vortrag vor der Royal Institution in London versehentlich ein Reagenzglas mit Radium um. Noch 50 Jahre später wird man feststellen, dass der Saal nach wie vor radioaktiv ist und man ein Dekontaminationsteam rufen muss.

In England hat Pierre einen schönen Vortrag gehalten. Er hat gezeigt, wie die Strahlen des Radiums Fotoplatten schwärzen, auch wenn diese in ein schwarzes Tuch eingewickelt sind. Er zeigte das bläuliche Licht, das erst im Dunkeln sichtbar wird, und die Verletzungen auf seiner Haut. Apropos – gesundheitlich geht es Pierre nicht gut. Schuld daran sind die Strahlungen, wie man später herausfindet.

Wir haben interessante neue Bekannte: Unser neuer Nachbar ist Jean Perrin, ebenfalls ein Physiker. Er kann mit seiner neuen Erfindung ganz genaue Messungen der Ladung von Elektronen machen, das sind negativ geladene Teilchen eines Atoms, die um den Atomkern kreisen.

Bei meiner Promotionsfeier habe ich den berühmten Ernest Rutherford kennengelernt. Er hat die Strahlen, die Radium aussendet, »Alphastrahlen« genannt. Von ihm stammen auch die Namen für die anderen Arten radioaktiver Strahlung, die Beta- und Gammastrahlen. Er hält sich für den Shakespeare auf dem Gebiet der Physik, für den Besten. Aber ich merke, dass er insgeheim großen Respekt vor mir hat.

Der Ruhm des Radiums reicht inzwischen weit über die Fachwelt hinaus. Die Flammentänzerin Loïe Fuller, die unter anderem in der berühmten Pariser Tanztruppe Les Folies Bergère aufgetreten ist, will ihr Kostüm mit Radium präparieren, um auf der Bühne im Dunkeln zu leuchten. Sie wendet sich an das Ehepaar Curie, um von ihm etwas Radium zu bekommen.

Natürlich böte sie so ein Spektakel, das bisher noch niemand gesehen hat. Pierre und Marie Curie erklären ihr, dass mit der Radioaktivität nicht zu spaßen ist. Die Curies freunden sich mit der Dame an, die der »ehrenwerten« Gesellschaft jener Zeit als »unehrenwert« gilt, da sie Tänzerin ist.

11. EIN SCHRECKLICHER UNFALL

Es ist unglaublich, wie berühmt Pierre und ich geworden sind. Wir werden auf der Straße erkannt und angesprochen, weil die Leute unbedingt mehr über die wundersamen Eigenschaften des neuen Elements wissen wollen. Manchmal werden wir sogar von ganzen Scharen belagert. Ehrlich gesagt gefällt mir der ganze Rummel nicht, weil wir Tag für Tag von Neugierigen, Verrückten und Schnorrern belästigt werden.

Dabei sind Pierre und ich sehr bescheidene Leute, die gern zurückgezogen leben. Ich verbringe meine wenige Freizeit viel lieber mit meinen beiden Töchtern. Nach Irène bekamen wir 1904 noch eine zweite Tochter, Eve.

Inzwischen ist Pierre Professor für Physik an der Sorbonne. Ich unterrichte an einer Mädchenschule und setze meine Forschungen fort. Finanzielle Hilfe und Anerkennung bekomme ich genügend. Ich habe Spaß an meiner Arbeit und an meiner Familie. Und was dann passiert, habe ich wirklich nicht verdient …

Ein regnerischer Apriltag im Jahr 1906 verändert mein ganzes Leben.

Die Seine droht, über die Ufer zu treten, und man steht kurz davor, den Notstand auszurufen. Doch das kümmert die Pariser wenig. Auch Pierre offenbar nicht. Nach einem Essen im Gebäude der Gesellschaft für Exakte Wissenschaften macht er sich auf, um etwas zu erledigen. Auf dem Weg in Richtung des Flusses war er vielleicht in Gedanken versunken, vielleicht aber erschrak er auch nur, als er plötzlich vor zwei riesigen belgischen Pferden stand. Jedenfalls ist er gestolpert … geriet unter die Räder einer Kutsche und erlitt einen Schädelbruch.

Ich kann nicht glauben, was passiert ist.

Ich bin wie gelähmt.

Wie schrecklich! Pierre war mein Leben, mein Arbeitskollege, einfach alles. Und nun ist er tot, nur wegen eines dummen Unfalls.

Pierre Curie war ein ausgezeichneter Wissenschaftler, selbstlos und kreativ, davon überzeugt, dass die Wissenschaft dazu dienen müsste, das Leben aller zu verbessern. Er war noch keine 47 Jahre alt, als der Unfall ihn mitten aus dem Leben riss. Als er im Juni 1905 seinen Nobelvortrag in Stockholm hielt, machte er eine prophetische Aussage: »Es steht zu befürchten, dass Radium in den Händen von Kriminellen sehr gefährlich werden könnte … Und man muss sich fragen, ob es für die Menschheit von Vorteil ist, die Geheimnisse der Natur zu erkennen, ob sie schon reif genug ist, um mit diesen neuen Erkenntnissen umgehen zu können.« Er fügte auch noch hinzu: »Doch wie Alfred Nobel bin auch ich der Meinung, dass die Menschheit mehr Nutzen als Schaden aus den neuen Entdeckungen ziehen kann.«

12. ICH MACHE ALLEIN WEITER

Ich habe Tausende von Beileidsbezeugungen erhalten. Man bietet mir eine kleine Rente an und es soll auch eine landesweite Kollekte für mich durchgeführt werden. Ich lehne natürlich ab. Ich will lieber weiterarbeiten.
Am Ende geschieht das Richtige: Man bietet mir Pierres Lehrstuhl für Physik an der Sorbonne an. Es ist das erste Mal, dass eine Frau in Frankreich an der Universität unterrichten darf. Aber es wäre mir lieber gewesen, wenn ich diese Stelle aufgrund meiner Fähigkeiten und nicht wegen Pierres Unfall erhalten hätte. Aber natürlich sage ich zu. Am 5. November 1906 halte ich die erste Vorlesung. Doch es erscheinen nicht nur Studenten; die Leute drängeln sich bis unter die Tür – ein Publikum wie bei einer Premiere im Theater: Halb Paris ist gekommen, Journalisten, Fotografen, Künstler, polnische Asylanten …
Zu Beginn und am Ende meiner Vorlesung ertönt donnernder Applaus.

So beginnt für mich ein neuer Lebensabschnitt, in dem ich mich als alleinstehende Frau in der Männerwelt der Wissenschaft behaupten muss. Das ist alles andere als leicht. Viele meiner Kollegen neiden mir den Erfolg. Sie behaupten, ich hätte ihn eher meiner Ehe mit Pierre als meinen Fähigkeiten zu verdanken. Lord Kelvin bezweifelt inzwischen sogar, dass es Radium überhaupt gibt.

Ich arbeite bis zum Umfallen, um dieses Element endlich in Reinform zu isolieren. Ein amerikanischer Stahlmagnat kommt mir zu Hilfe, Andrew Carnegie. Er ist eigentlich eher altmodisch und nicht gerade ein Kämpfer für mehr Frauenrechte, aber er wird meine Forschungen finanzieren. Er gründet die Curies-Stiftung, die er großzügig mit Finanzmitteln bedenkt.
André Debierne, ein ausgezeichneter Chemiker, wird das Labor leiten. Und ein junges Forscherteam, Männer und Frauen, wird mir zur Seite stehen.

Schließlich habe ich so viel Radium gewonnen, dass Lord Kelvin endlich still sein muss. Ich kann das Atomgewicht dieses neuen Elements mit absoluter Präzision messen. So mancher Kollege platzt fast vor Neid.

Andere dagegen sagen, ich sei schrecklich, würde jeden Vergleich mit anderen Forschern ablehnen, die sich außerhalb meines Labors mit Radioaktivität beschäftigen. Nun ja, da ist etwas dran. Aber wenn eine Probe gebraucht wird, um sie dem Internationalen Büro für Maß und Gewicht in Sèvres vorzulegen und dort aufzubewahren, von wem soll dann diese Probe sein?

Ich kann durchsetzen, dass Radioaktivität fortan mit »Curie« gemessen wird. Diese Einheit legt einen internationalen Standard fest.

1 Curie = Anzahl der Kernzerfälle, die in einem Gramm Radium innerhalb einer Sekunde stattfinden.

Übrigens: Ich bin zum zweiten Mal für den Nobelpreis vorgeschlagen worden, nunmehr auf dem Gebiet der Chemie. Diesmal gehört er nur mir.

Das sind die beiden Töchter von Madame Curie, Irène als Achtjährige und Eve als Einjährige. Werden sie ebenfalls in die Forschung gehen? Die eine ja, die andere nicht. Marie hat sehr genaue Vorstellungen von der Schulbildung ihrer Töchter: Sie werden einige Jahre lang in sehr zwanglosem Rahmen von berühmten Wissenschaftlern unterrichtet. Sie lernen auch viele praktische Dinge: chemische und physikalische Experimente, Gartenpflege, Skilaufen, Reiten, Klavierspielen und Nähen. Fremdsprachen lernen die Mädchen fast nebenbei; Marie spricht Polnisch, Französisch, Deutsch und Englisch, außerdem hat sie oft ausländische Gäste.
Marie hat ihren Töchtern schon früh zu verstehen gegeben, dass sie sich im Leben notfalls allein zurechtfinden müssen. Genau wie sie, die der Welt ständig beweist, dass man es als Frau durchaus auch mit einem Heer von Männern aufnehmen kann. Doch so viel Selbstbewusstsein kommt nicht bei allen gut an …

13. STAATSFEIND NR. 1: ICH, MARIE

Über meinem Haupt sammeln sich dicke schwarze Wolken. Ich hätte es merken müssen, als meine Kandidatur bei der Akademie der Wissenschaften abgelehnt wurde, der angesehensten wissenschaftlichen Institution in Frankreich. Noch nie wurde eine Frau in diese Akademie aufgenommen.
Ich wurde von einer großen liberalen Tageszeitung, *Le Figaro,* und einflussreichen Wissenschaftlern wie Henri Poincaré unterstützt. Meine Aufnahme wäre für die weitere Erforschung der Radioaktivität von großem Nutzen gewesen.
Aber es hat nichts genützt, meine Kandidatur wurde abgelehnt und es wird noch viele Jahre dauern, bis endlich die erste Frau aufgenommen wird. Noch schlimmer für mich ist, dass ich mich plötzlich einer Front von Gegnern gegenübersehe, die behaupten, ich würde gegen die Traditionen verstoßen und der französischen Nation schaden.

Ich habe die Nase voll von der Akademie und ihren Mitgliedern. Statt meiner haben sie lieber einen Mann aufgenommen. Ich würde diese ganze Sache am liebsten vergessen, aber dann passiert etwas noch Schlimmeres.

Der Sturm bricht los, als ich in Brüssel bin, beim internationalen Physikerkongress, organisiert von Ernest Solvay, einem belgischen Industriellen. Anwesend sind alle Größen der Physik der damaligen Zeit, darunter Max Planck, Albert Einstein, Henri Poincaré und der nette Ernest Rutherford. Ich bin die einzige Frau.

Während wir über Atome und Elektronen, über Zeit und Raum diskutieren, startet ein Skandalblatt in Paris eine widerliche Hetzkampagne gegen mich.

Marie wird beschuldigt, ein Verhältnis mit einem verheirateten Kollegen, Professor Paul Langevin (1872–1946), zu haben. Ausgerechnet Anfang November 1911, als sie offiziell erfährt, dass ihr zum zweiten Mal der Nobelpreis verliehen wird, startet in Frankreich eine Pressekampagne, mit der ihr Ruf in den Schmutz gezogen werden soll. Sie wird angegriffen … als Frau und Ausländerin, als Person mit angeblich »lasterhaftem Lebenswandel« und weil sie »anders« ist, es wagt, ein Leben nach ihren Vorstellungen zu führen.

SKANDAL AN DER SORBONNE!

WIRD MADAME CURIE WEITERHIN LEHREN DÜRFEN?

AUSLÄNDISCHE UNTERWANDERUNG!

DIE SORBONNE:
VERWÜSTUNG MIT FEUER UND SCHWERT

Doch es gibt auch Zeitungen, die Marie in Schutz nehmen. Die Meinungsverschiedenheiten spitzen sich so weit zu, dass einige Journalisten ihre Kollegen aus dem gegnerischen Lager zum Duell heraus-fordern.

14. EIN ECHTER WAHNSINN

Was ist nur in die Menschen gefahren? An dieser Geschichte ist nichts Wahres! Professor Langevin wird natürlich ebenfalls in den Skandal hineingezogen. Er fühlt sich so beleidigt und verleumdet, dass er einen der Journalisten, der über unsere angebliche Beziehung hergezogen hat, zum Duell fordert. Er will sich diese Behauptungen nicht gefallen lassen.

Etliche Journalisten, vier Sekundanten und zwei Ärzte finden sich im Parc des Princes ein.
Doch der Herausgeforderte weigert sich zu schießen. Es wird beschlossen, dass beide in die Luft schießen.

Am meisten leide jedoch ich unter dieser Geschichte. Ich hätte nie gedacht, dass die Leute so gemein sein können.

Jemand wirft die Fenster meines Hauses ein. Da nehme ich meine zwei Töchter und verlasse die Stadt. Es geht mir nicht gut, auch meine Gesundheit ist angegriffen. Ich muss mich schließlich sogar operieren lassen.

Mein einziger Trost ist der Zuspruch meiner Freunde, die weiterhin zu mir halten, darunter auch Albert Einstein.

Auch Ernest Rutherford entpuppt sich als wichtiger Verbündeter, der die Anschuldigungen herunterspielt.

Doch mein größter Trost ist die Verleihung des Nobelpreises in Stockholm im Dezember 1911.
Im Kreise so vieler Freunde fühle ich mich fast wie zu Hause.
Der Sturm zieht langsam vorüber.

Für Madame Curie persönlich ist das Schlimmste überstanden. Die Wogen der Affäre um sie und Paul Langevin glätten sich. Doch es folgt eine weitere entsetzliche Katastrophe, unter der die Menschen in 27 Ländern leiden müssen: der Erste Weltkrieg! In den Geschichtsbüchern ist zu lesen, der Auslöser für diesen Krieg sei die Erschießung des österreichisch-ungarischen Thronfolgers im serbischen Sarajevo gewesen. Die Gefahr eines Krieges lag jedoch schon länger in der Luft und tatsächlich wurde der Krieg von einigen Ländern von langer Hand vorbereitet. Andere machten bereitwillig mit und viele Soldaten zogen voller Begeisterung ins Feld. Keiner rechnete damit, dass dieser schreckliche Krieg vier Jahre lang dauern, Millionen von Menschenleben kosten und die politische Ordnung Europas über den Haufen werfen würde.

15. DER GROSSE KRIEG

Das von mir angestrebte Institut, ein Forschungszentrum für Radioaktivität, ist fast fertig. Ich habe alle Arbeiten persönlich verfolgt, Tag für Tag.

Aber nun hat die Welt ganz andere Sorgen. Wegen seines Bündnisses mit Österreich-Ungarn erklärt Deutschland am 1. August 1914 Frankreich den Krieg. Es soll ein langer Krieg werden, in dem ganz neue, tödliche Waffen zum Einsatz kommen.

An den Kriegsfronten finden täglich Massaker statt. Und die Daheimgebliebenen sind bestrebt, etwas für die Soldaten an der Front zu tun. Auch ich habe eine Idee: Mit Röntgenstrahlen kann man Granatsplitter und Gewehrkugeln im Körper von Verletzten leicht finden.

Ich stelle einen Wagenkonvoi mit Röntgengeräten zusammen, der in die Kriegsgebiete fahren soll. Ich selbst bin mit meiner Tochter Irène im Einsatz. Am 1. November 1914 erleben wir das erste Mal das schreckliche Geschehen an der Front.

Über 300.000 französische Soldaten sind bereits gefallen. Irène und ich sehen schreckliche Wunden und großes Blutvergießen. Die Bilanz des großen Kriegs fällt für alle Beteiligten schlimm aus, denn am Ende zählt man fast zehn Millionen Tote.

An der Kriegsfront im belgischen Ypern kommt 1915 zum ersten Mal Giftgas »erfolgreich« zum Einsatz – eine entsetzliche Waffe! Nach diesem Vorfall werden die Forscher aller kriegsbeteiligten Länder aufgerufen, neue chemische Angriffs- und Verteidigungswaffen zu entwickeln. Doch daran werde ich mich niemals beteiligen! Noch ahne ich nicht, dass meine Entdeckungen über die Radioaktivität eines Tages zum Bau der schrecklichsten und tödlichsten aller Waffen führen werden, die es jemals auf diesem Planeten gab.

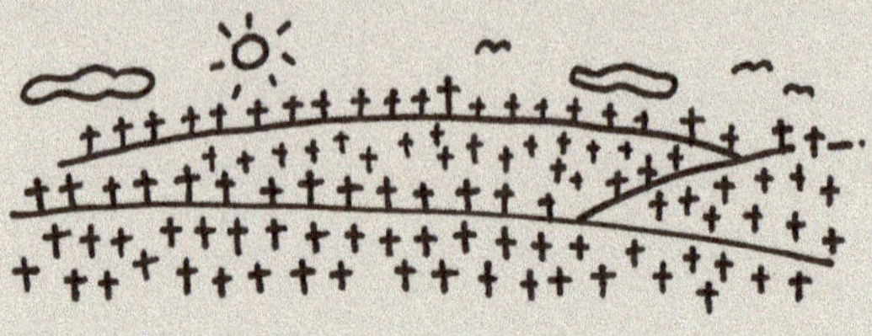

Der Erste Weltkrieg hat die Grenzen vieler europäischer und anderer Nationen neu gezogen und Marie könnte sich freuen: Frankreich und seine Alliierten haben gewonnen und »ihr« Polen wird nach über 100-jähriger Fremdherrschaft wieder unabhängig. Doch die Nachkriegszeit wird schlimm für alle, Sieger und Besiegte.

Die Hälfte der jungen Männer zwischen 18 und 21 ist tot oder verwundet. Es fehlt an Arbeitskräften und an Geld, die Wirtschaft muss neu aufgebaut werden. Marie hat ihr Vermögen während der Kriegsjahre eingebüßt. Ihr Institut hat nicht einmal das Geld, grundlegendste Materialien zu kaufen, ganz zu schweigen von den Rohstoffen, die nötig wären, um die Forschungen über die Radioaktivität fortzusetzen.

16. REISE NACH AMERIKA

Ich habe eine entzückende Person kennengelernt, Mrs Marie Mattingley Meloney – Missy für ihre Freunde. Sie ist eine amerikanische Journalistin. Im Moment macht sie eine Untersuchung über die Hilfsmaßnahmen für Kriegsopfer.

Sie bittet mehrmals um ein Interview, und als ich sie dann kennenlerne, freunden wir uns spontan an. Im Laufe des Interviews fragt sie mich, was mein größter Wunsch sei.

Meine Methode der Radiumgewinnung habe ich absichtlich nie patentieren lassen. Doch inzwischen ist der Preis von Pechblende enorm gestiegen und ein Gramm Radium kostet 100.000 Dollar … eine gewaltige Summe im Jahr 1920. Da hat Missy eine Idee.

Sobald sie wieder in New York ist, ruft sie eine Spendenaktion ins Leben. Sie kontaktiert Industrielle, Zeitungen und Verbände und startet eine der grandiosesten Werbe-Aktionen in der Geschichte Amerikas. Sie bekommt tatsächlich die Summe zusammen, die nötig ist, um ein Gramm Radium zu kaufen. Als Gegenleistung verlangt sie nur, dass ich es persönlich abhole. Mit meinen Töchtern mache ich mich auf die lange Seereise. Bei unserer Ankunft in New York werden wir von Hunderten von Menschen empfangen, einem Heer von Journalisten, Fotografen und Empfangskomitees. Ich bin überwältigt.

Ich habe eine Verpflichtung nach der anderen, bis hin zu einer Feier im Weißen Haus, wo mir Präsident Harding einen goldenen Schlüssel überreicht.
Dieser Schlüssel passt in ein schweres Mahagonikästchen, das innen mit Blei ausgelegt ist. Es enthält das, was ich mir so sehr wünsche: ein Gramm Radium! Nun kann ich meine Forschungen fortsetzen.

Es soll nicht das einzige Geschenk bleiben, das ich in den Staaten bekomme. Ich erhalte weitere Gelder für meine Forschungen, Auszeichnungen und Ehrentitel in Anerkennung meiner Verdienste und auch 50.000 Dollar Honorar für meine Autobiographie. Außerdem besuche ich mehrere Labors und Universitäten. Dieses große Land investiert viel in Bildung und wissenschaftliche Forschungen.

Durch die Radioaktivität werden ständig neue Erkenntnisse gewonnen. Die aufsehenerregendste Entdeckung macht Ernest Rutherford im Jahr 1919. Er hat den Kern eines Stickstoffatoms mit Alphastrahlen beschossen und es entstand ein Sauerstoffatom!

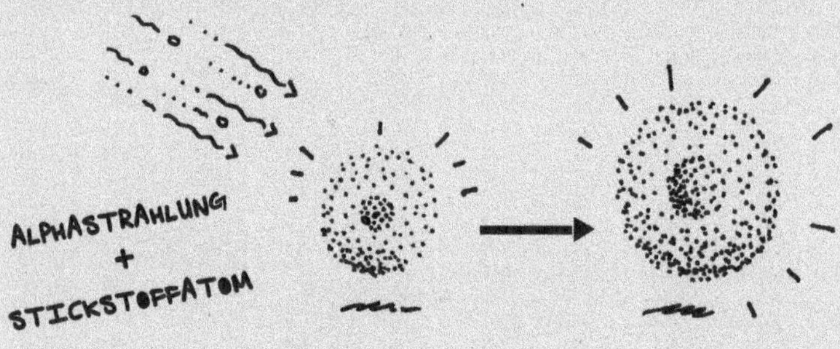

Auf diese Weise hat er den uralten Traum der Alchimisten wahr gemacht: die künstliche Umwandlung eines Elements in ein anderes!

In der Zwischenzeit arbeitet ein guter Bekannter von Marie an einer Theorie, die noch revolutionärere Folgen haben wird.

17. EINSTEIN TRITT AUF DEN PLAN

1922 kommt mein guter Freund Albert Einstein nach Paris. Ihm wurde letztes Jahr ebenfalls ein Nobelpreis verliehen. Nun macht er eine Vortragsreise durch Frankreich. Seine Theorien über Raum, Zeit und die Materie faszinieren mich. Außerdem ist er auch ein liebenswerter Mensch.

Nach Meinung Einsteins ist Materie nichts anderes als konzentrierte Energie. Wenn man also mittels Bestrahlung Atome aufspalten könne, so behauptet er, würde Energie freigesetzt werden. Und die bei der Spaltung freigesetzten Teilchen würden eine Kettenreaktion in Gang setzen, bei der im Endeffekt enorme Energiemengen entstehen würden. Dann hätte man so etwas wie atomare Energie zur Verfügung.

Auch privat gibt es Neuigkeiten: Meine Tochter Irène erlangt im Jahr 1925 die Doktorwürde. Ein Jahr später heiratet sie. Sie arbeitet seit Jahren mit mir im Radium-Institut und hat sich in einen meiner besten Mitarbeiter verliebt: Frédéric Joliot.
Bei Strahlenexperimenten haben sie erstaunliche Erfolge erzielt.

Sie werden radioaktive Elemente, die in der Natur nicht vorkommen, künstlich herstellen und somit einen Weg einschlagen, der zu noch sensationelleren atomaren Reaktionen führen wird.

Im Jahre 1929 reise ich erneut in die Vereinigten Staaten, um noch einmal Gelder aufzutreiben.

In diesem Land sind die Möglichkeiten für Wissenschaftler ganz andere. Seit meinem letzten Besuch hat sich hier viel entwickelt; die Wissenschaft wird von der Industrie unterstützt. Dagegen sind unsere finanziellen Mittel in Frankreich gar nichts. Ich kann mit etwas Radium, Spendengeldern für mein Institut und Stipendien für meine Studenten zurückkehren. Henry Ford macht mir ebenfalls ein Geschenk: eines seiner Automobile.

Eine weitere Gewitterfront nähert sich Europa.

Nationalsozialistische Parteien und Kriegstreiber sind auf dem Vormarsch. In Italien ist der Diktator Benito Mussolini (1883–1945) an die Macht gekommen, in Deutschland haben die Nationalsozialisten immer größeren Zulauf. 1933 wird Adolf Hitler (1889–1945) Reichskanzler und errichtet eine Diktatur. 1939 beginnt Deutschland den Zweiten Weltkrieg, der noch katastrophalere Folgen haben wird als der Erste. Er wird über 60 Millionen Menschen das Leben kosten.

18. EIN SCHÖNER SONNENUNTERGANG IN DEN ALPEN

Ich reise viel, trotz immer größerer Mattigkeit. Brasilien habe ich kennengelernt – ein herrliches, blühendes Land. Außerdem war ich in Spanien und Belgien, wo ich Gast der leutseligen Königin Elisabeth war, die mir fast so etwas wie eine Freundin wird.

Bin ich schon alt? Ich weiß nicht – ja und nein. Beim Urlaub in Savoyen steige ich allein bis zur höchsten Berghütte hinauf, nur um zu sehen, wie die Sonne hinter den Alpen versinkt.

Die anderen machen sich Sorgen um mich. Erst spät am Abend kehre ich ins Tal zurück, todmüde, aber glücklich, dass ich diesen wunderschönen Sonnenuntergang genießen konnte.

Mein Sehvermögen hat stark nachgelassen, doch mit einer dicken Brille kann ich noch Auto fahren, das schöne Automobil, das mir Henry Ford geschenkt hat. Es fährt wahnsinnig schnell, über 70 km/h.

Ich habe ein Haus, das steil über dem Meer liegt, in Cavalaire. Und ich schwimme, wann immer es geht.

Ich denke oft über mein Leben nach. Ich habe Ziele erreicht, die vor mir keine andere Frau erreicht hat, bilde mir aber nichts darauf ein. Meinen Töchtern und allen anderen Frauen der Welt wünsche ich, dass sie ein harmonisches Familienleben haben und eine Arbeit, die ihnen gefällt.

Ich fahre oft nach Genf, wo ich an Versammlungen der Internationalen Kommission für geistige Zusammenarbeit teilnehme.

Mit Polen, meinem Heimatland, unterhalte ich ausgezeichnete Beziehungen. Ich habe mitgeholfen, in Warschau ein Institut für Radium zu gründen. Auf meiner letzten Reise dorthin 1932 kann ich bei der Einweihung dabei sein.
Ich verbringe nach wie vor einen Großteil meiner Zeit in meinem Labor, zusammen mit meiner Tochter Irène und ihrem Ehemann Frédéric Joliot.
Aber gesundheitlich geht es mir immer schlechter.
Dabei wollte ich nie glauben, dass »meine« Radioaktivität schädlich sein könnte. Ich muss mir eingestehen, dass sie, wie alle großen Entdeckungen, gute und schlechte Seiten hat. Es liegt an uns, ihre guten Seiten weise zu nutzen.

Eines Abends im Mai 1934 verlässt Marie Curie zum letzten Mal ihr Labor und trägt dem Gärtner noch auf, sich um die Rosenbeete zu kümmern. Sie wird nie mehr dorthin zurückkehren. Am 4. Juli stirbt sie im Sanatorium von Sancellemoz (Haute-Savoie). Todesursache war eine durch fortgesetzte Strahlenbelastung hervorgerufene Anämie, ein Mangel an dem roten Blutfarbstoff Hämoglobin.
1935, im Jahr darauf, erhalten Irène und ihr Gatte Frédéric Joliot gemeinsam den Nobelpreis in Chemie für die Erschaffung künstlicher, radioaktiver Elemente. Im Jahr 1939 liefern Joliot und zwei seiner Kollegen den Nachweis für die Freisetzung mehrerer Neutronen (Bausteine im Atomkern) bei der Kernspaltung, was die Grundlage von nuklearen Kettenreaktionen ist. Wenig später gelingt dem in den Vereinigten Staaten lebenden Italiener Enrico Fermi die erste kontrollierte nukleare Kettenreaktion.

Am 6. August 1945 wird die japanische Stadt Hiroshima durch die erste amerikanische Atombombe weitgehend zerstört – eine Kernexplosion, hervorgerufen durch eine atomare Kettenreaktion.

Weitere Forschungen über Radioaktivität führen schließlich zum Bau der ersten Kernkraftwerke, zur Nuklearmedizin und zu anderen aufsehenerregenden Anwendungen.

Im Jahr 1995 werden die sterblichen Überreste von Madame Curie im Pantheon von Paris beigesetzt – als erste Frau in der Geschichte wird ihr diese Ehre zuteil.

Ihre Tochter Eve wird keine Naturwissenschaftlerin, sondern Kriegsberichterstatterin, Autorin und Beraterin des Generalsekretärs der NATO. Sie heiratet den amerikanischen Diplomaten Henri Labouisse, den späteren Direktor von UNICEF (Kinderhilfswerk der Vereinten Nationen). Sie ist an seiner Seite, als er 1965 den Friedensnobelpreis in Empfang nimmt. Madame Curie wäre sicher auch gern dabei gewesen.

RADIOAKTIVES WÖRTERBUCH

ALCHEMIE

(auch Alchimie) Vorläuferdisziplin der modernen Chemie. Die Alchemisten wollten unter anderem den Stein der Weisen entdecken, der wertlose Metalle in Gold umwandeln würde. Eine solche Substanz gibt es aber nicht.

ALPHASTRAHLEN

Es handelt sich um die »dichtesten« Strahlen, die von radioaktiven Atomkernen mit geringer Geschwindigkeit ausgestrahlt werden. Das Alphateilchen besteht aus zwei Protonen und zwei Neutronen. Das entspricht dem Kern des kleinsten Elements, Helium.

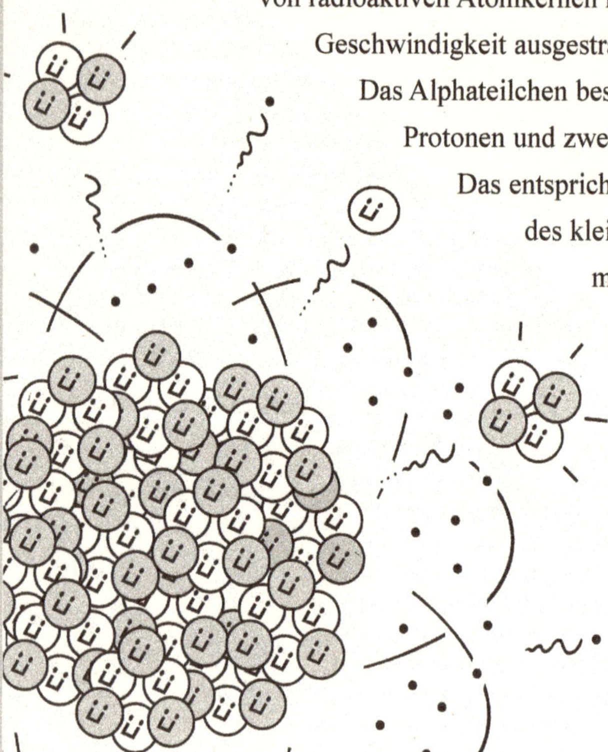

ATOM

Das Atom galt lange Zeit als kleinstes, unteilbares Teil eines Elements. Erst nach der Entdeckung der Radioaktivität begriff man, dass Atome aus noch kleineren Teilchen bestehen, nämlich Protonen, Neutronen und Elektronen, die von einer ungewöhnlichen Form von Energie zusammengehalten werden.

ATOMARE UMWANDLUNG

Umwandlung eines Elements in ein anderes. Das ist auf chemischem Weg nicht möglich, sehr wohl aber mit einer nuklearen Reaktion, indem man dem zu verwandelnden Atomkern Protonen hinzufügt oder wegnimmt.

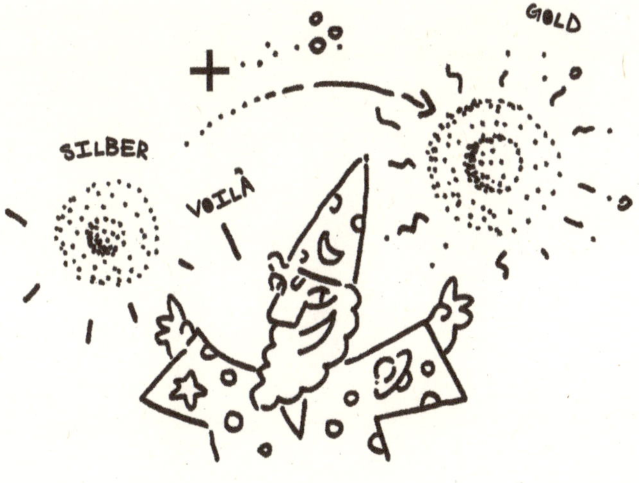

ATOMBOMBEN (NUKLEARBOMBEN)

Es gibt zwei Arten: jene, die auf nuklearer Kernspaltung (Kernspaltungsbombe), und andere, die auf Kernverschmelzung bzw. Kernfusion beruhen (Wasser-stoff-bombe).

ATOMKERN

Enthält fast die ganze Masse des Atoms und besteht aus Neutronen und Protonen. Diese werden bei instabilen Kernen in Form von Strahlen abgegeben.

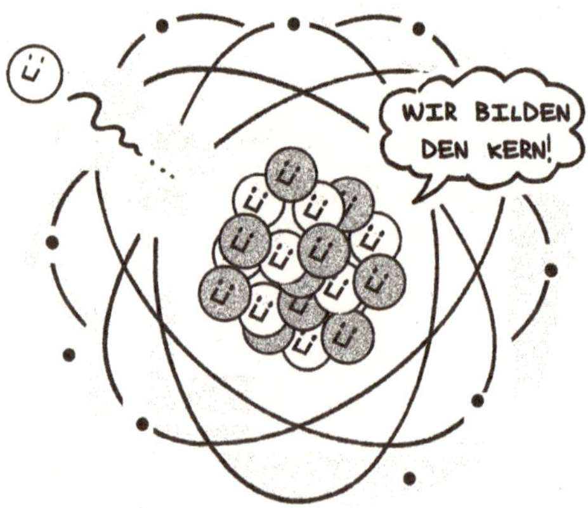

ATOMKRAFTWERK

Arbeitet mit kontrollierten nuklearen Reaktionen. Die kontrollierte Kernspaltung erzeugt Wärme, die Wasser so lange erhitzt, bis Dampf entsteht, der Turbinen antreibt. Die Turbinen ihrerseits bewegen die Dynamos, die Elektrizität erzeugen. Unsere heutigen Kernkraftwerke produzieren unerwünschte radioaktive Abfälle, deren sichere Endlagerung ein großes Problem darstellt. Kraftwerke der Zukunft, die vielleicht mit Kernverschmelzung arbeiten könnten, müssten dieses Problem lösen können.

BECQUEREL, HENRI (1852–1908)

Er entdeckte, dass einige Mineralien, z. B. Uranerze, Strahlen aussenden, die Röntgenstrahlen sehr ähnlich sind. Ursprünglich »Becquerel-Strahlen« genannt, standen sie am Beginn einer Vielzahl von Experimenten. »Becquerel« ist heute eine Einheit zur Messung von Radioaktivität.

CHEMIE

Naturwissenschaft, die sich mit dem Aufbau und der Umwandlung von Stoffen – organischer oder anorganischer Art – beschäftigt. Gegenstand der Chemie sind unzählige Kombinationen und Reaktionen zwischen den Atomen der 92 natürlich vorkommenden Elemente, aus denen sich alle Materie zusammensetzt, vom leichtesten (Wasserstoff) bis zum schwersten (Uran). Dazu kommt eine Reihe künstlich im Labor hergestellter neuer Elemente. Bei chemischen Reaktionen bleibt die Anzahl der Atome unverändert und es entsteht keine Radioaktivität.

CURIE (ZEICHEN: CI)

Maßeinheit der Radioaktivität, benannt nach Pierre und Marie Curie. Eine Einheit entspricht der Anzahl der Kernzerfälle, die in einem Gramm Radium 226 innerhalb einer Sekunde stattfinden. Die sehr viel kleinere und inzwischen gebräuchlichere Maßeinheit der Radioaktivität ist Becquerel, benannt nach Henri Becquerel. 1 Curie entspricht $3{,}7 \times 10^{10}$ Becquerel. Das bedeutet, dass in einem Gramm Radium ungefähr $3{,}7 \times 10^{10}$ Kernzerfälle pro Sekunde stattfinden.

CURIE, IRÈNE

Älteste Tochter von Marie Curie, die zusammen mit ihrem Ehemann einen Nobelpreis für die Herstellung künstlicher radioaktiver Elemente erhielt.
Sie starb im Jahr 1956 an Leukämie, vermutlich infolge zu intensiver radioaktiver Bestrahlung.

EINSTEIN, ALBERT (1879–1955)

Mit seiner Relativitätstheorie revolutionierte er die bis dahin gültigen Vorstellungen von Raum und Zeit. Die bekannteste Formel seiner Theorie ist:
$E = mc^2$. E steht für Energie, m für Masse und c für Lichtgeschwindigkeit. Diese Gleichung besagt, dass Energie und Materie in Beziehung zueinander stehen und Materie in Energie umgewandelt werden kann und umgekehrt.

ELEMENTE, CHEMISCHE

Heutzutage bezeichnet man als »Element« eine einfache Substanz, die aus Atomen mit gleicher Kernladungszahl (gleicher Anzahl an Protonen im Kern) besteht. Diese können durch kein chemisches Verfahren in einfachere Bestandteile zerlegt werden. In der Natur gibt es 92 Elemente und folglich 92 Atomarten mit unterschiedlichen Eigenschaften, vom leichtesten, dem Wasserstoff, zum schwersten, dem Uran. Sämtliche Materie des Universums setzt sich aus diesen Elementen zusammen. Außerdem hat man bis heute 21 neue Elemente künstlich im Labor hergestellt. Die Elemente kommen je nach Temperatur und Umgebung in gasförmiger, flüssiger oder fester Form vor.

ELEKTRONEN

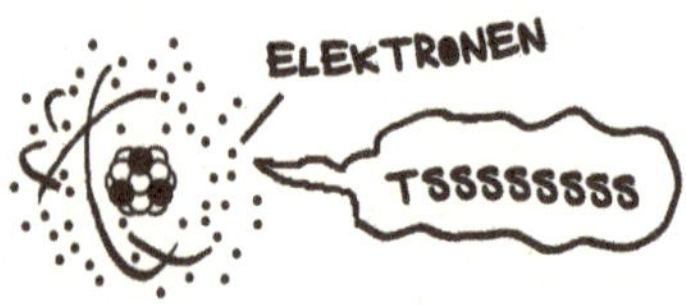

Elektrisch negativ geladene Teilchen, die um den Atomkern kreisen. Das kann man sich vorstellen wie einen Bienenschwarm, der einen Stock umschwirrt.

ELEMENTARTEILCHEN

Kleinste, nach heutigen Erkenntnissen nicht weiter teilbare Bestandteile der Materie. Zu ihnen gehören das Elektron und die noch winzigeren Quarks, aus denen die Protonen und Neutronen bestehen.

ENERGIE, ATOMARE

Die einem Atom innewohnende Energie. Sie kann freigesetzt werden, indem man das Atom einer Strahlung aussetzt, was dank einer Kettenreaktion weitere Strahlungen, Teilchen und Energie freisetzt. Am »leichtesten« lassen sich die Atome von Uran und Plutonium aufspalten.

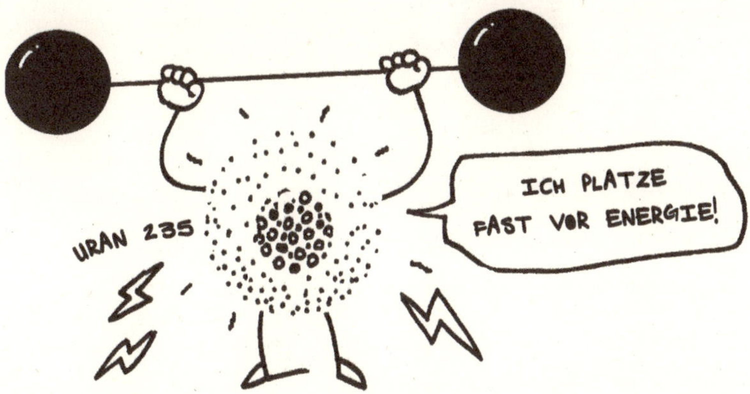

FERMI, ENRICO (1901–1954)

Italienischer Physiker, Nobelpreisträger von 1938. Infolge der Rassengesetze flüchtete er in die Vereinigten Staaten, wo er mit seinem Forschungsteam 1942 die erste kontrollierte Kernspaltung durchführte. Er war in Los Alamos am Bau der ersten Atombombe beteiligt.

GEIGERZÄHLER

(eigentlich Geiger-Müller-Zählrohr) Gerät zum Nachweis und zur Messung von ionisierenden Teilchen und Strahlen wie z. B. Alphastrahlen. Benannt nach seinen Erfindern, den deutschen Physikern Hans Geiger (1882–1945) und Walther Müller (1905–1979).

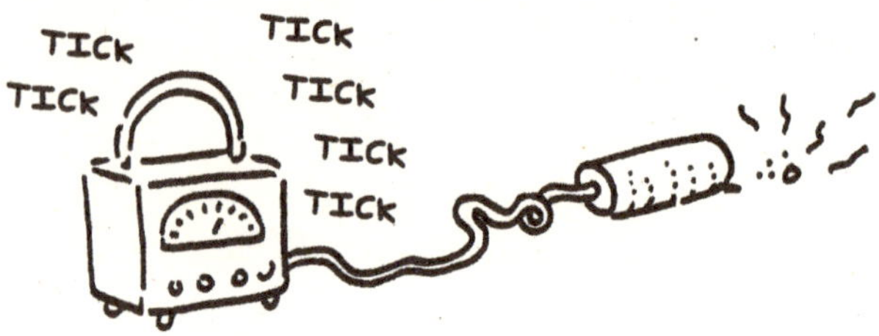

HALBWERTSZEIT

Zeitraum, den es dauert, bis die Hälfte der Atome eines radioaktiven Elements zerfallen ist. Die Zerfallsprodukte können selbst radioaktiv sein und weiterzerfallen

oder es kann sich bei dem entstandenen Element um ein stabiles, nicht mehr radioaktives Element handeln.

ISOTOPE

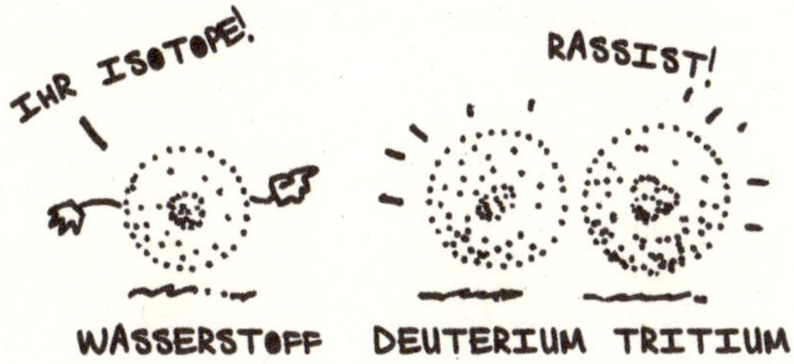

Es handelt sich um Atome desselben Elements, jedoch mit einer unterschiedlichen Anzahl von Neutronen im Atomkern. In der Natur wurden bisher über 300 gefunden, bei allen Elementen. Sie können stabil sein, instabil, natürlichen Ursprungs oder künstlich hergestellt. Die instabilen Isotope gehen durch radioaktiven Zerfall in einen stabilen Zustand über.

KERNFUSION

Nukleare Reaktion, bei der zwei Atome verschmelzen. Dadurch werden Elementarteilchen, Strahlen und eine große Energiemenge freigesetzt und es entsteht ein neues Element. Auf der Sonne passiert das andauernd, auf der Erde braucht man hierfür extrem hohe Temperaturen und Drücke sowie zwei Wasserstoff-Isotope: Deuterium und Tritium.

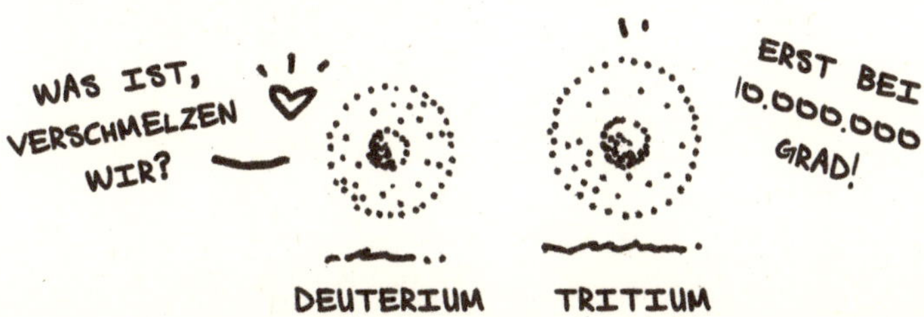

KERNREAKTION

Spaltung oder Verschmelzung von Atomen, wodurch Atome anderer Elemente entstehen. Bei nuklearen Reaktionen werden Strahlen und enorme Energiemengen freigesetzt.

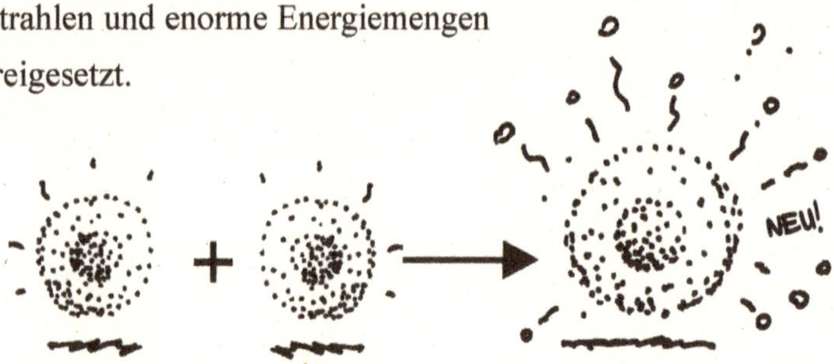

KERNSPALTUNG

Nukleare Reaktion, die beim Beschuss von Atomkernen von Uran oder Plutonium eintritt. Bei der Spaltung entstehen kleinere Atome und weitere Strahlungen, die wiederum die in der

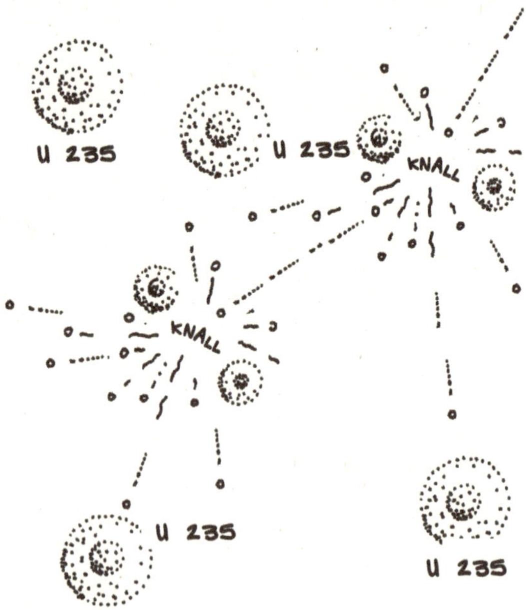

Nähe befindlichen Atomkerne treffen, was zu einer Kettenreaktion führt. Die auf diese Weise freigesetzte Energie führt zu einer Kernexplosion oder wird in einem Kernkraftwerk zur Energieerzeugung genutzt.

KERNSPALTUNGSBOMBE

Atombombe, deren vernichtende Kraft auf dem plötzlichen Freiwerden von Atomenergie durch Kernspaltungen beruht. Die Folge sind sehr hohe Temperaturen, starke Druckwellen und eine intensive radioaktive Strahlung. Spaltbar sind besonders das Uran-Isotop 235, Plutonium und die Transurane, bei denen freigesetzte Neuronen zu den Kettenreaktionen führen.
Werden die Atome des Urans 235 mit Neutronen beschossen, spalten sie sich in leichtere Atome, die weniger Energie brauchen, um zusammenzuhalten. Die überschüssige Energie wird in Form von Hitze, Druck und Strahlung freigesetzt. Außerdem entstehen neue freie Neutronen, die die übrigen schweren Uranatome beschießen. So läuft die Kettenreaktion weiter.

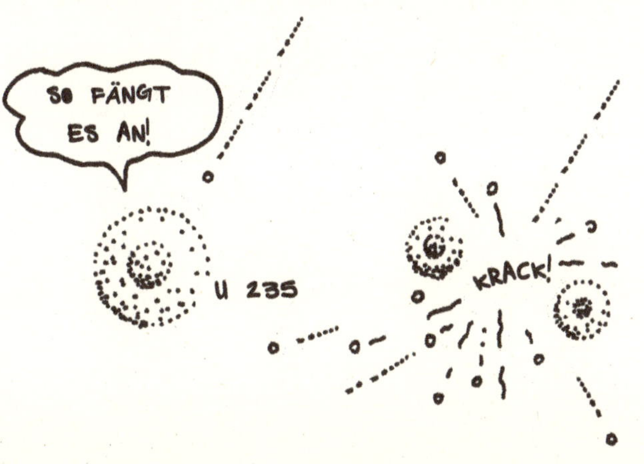

METALLOIDE/NICHTMETALLE

Chemische Elemente (zum Beispiel Arsen oder Polonium), die im Reinzustand ähnliche Eigenschaften wie ein Metall haben, aber kein Metall sind.

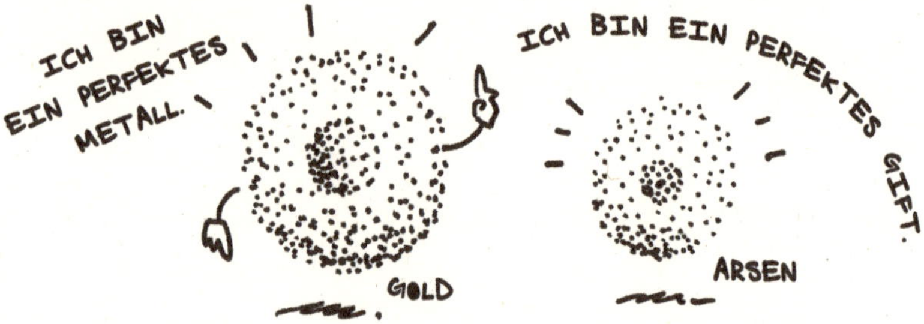

NEUTRONEN

Elektrisch ungeladene Elementarteilchen in einem Atomkern. Ist der Kern instabil oder wird er aufgespalten, werden die Neutronen in Form von Strahlen freigesetzt. Werden damit die Kerne von Uranatomen beschossen, kommt es zu einer nuklearen Reaktion. Freie Neutronen zerfallen in Protone und Elektrone. Neutronen entstehen auch bei der Kernspaltung in Kernreaktoren.

ORDNUNGSZAHL EINES ATOMS/ATOMNUMMER

Die Anzahl der Protonen, die in einem Atomkern enthalten sind und die der Zahl der Elektronen in der Hülle entspricht, ergibt die Ordnungszahl (OZ) eines Atoms. Aus ihr ergeben sich die Gesetzmäßigkeiten der Eigenschaften des Atoms und sein Platz im Periodensystem der Elemente.

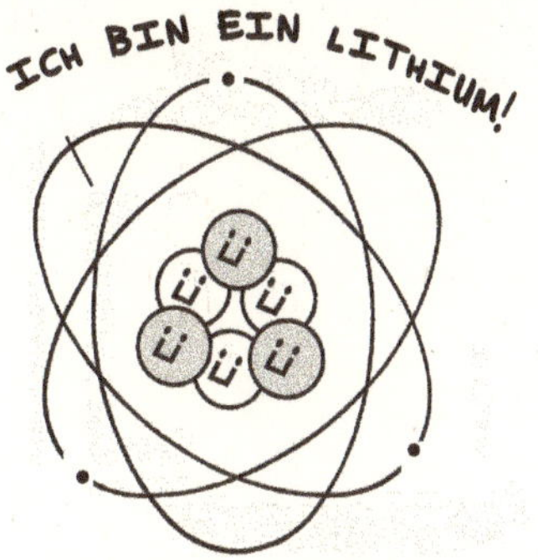

ORDNUNGSZAHL 3

ORDNUNGSZAHL 6

OPPENHEIMER, ROBERT (1904–1967)

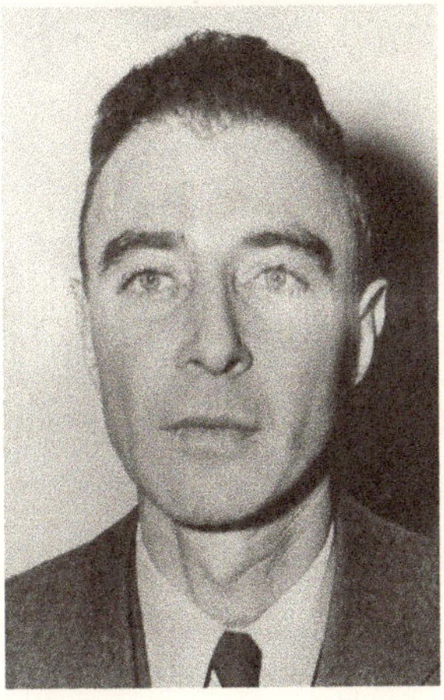

Amerikanischer Physiker, Leiter des Manhattan-Projekts, war führend an der Entwicklung der Atombombe beteiligt. Im Jahr 1954 wurde er vor Gericht gestellt und beschuldigt, die atomaren Geheimnisse an die Sowjetunion verraten zu haben. 1963 wurde er jedoch rehabilitiert.

PERIODENSYSTEM DER ELEMENTE

Enthält alle in der Natur vorkommenden und künstlichen Elemente, vom kleinsten, dem Wasserstoff (H) bis zu den größten (Transurane), und stellt sie mit steigender Ordnungszahl und entsprechend ihrer chemischen Eigenschaften eingeteilt dar.

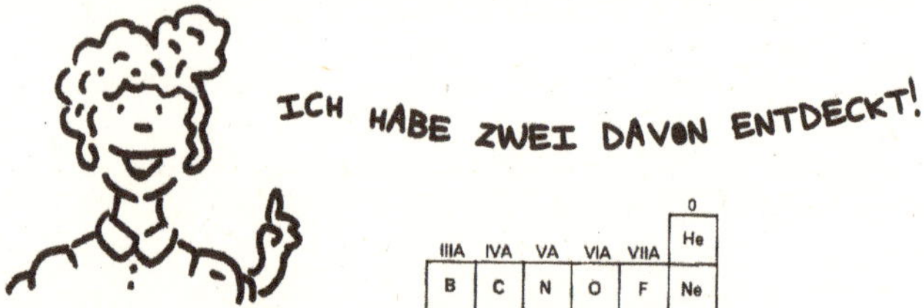

IA	IIA	IIIB	IVB	VB	VIB	VIIB	VIIIB			IB	IIB	IIIA	IVA	VA	VIA	VIIA	0
H																	He
Li	Be											B	C	N	O	F	Ne
Na	Mg											Al	Si	P	S	Cl	Ar
K	Ca	Sc	Ti	V	Cr	Mn	Fe	Co	Ni	Cu	Zn	Ga	Ge	As	Se	Br	Kr
Rb	Sr	Y	Zr	Nb	Mo	Tc	Ru	Rh	Pd	Ag	Cd	In	Sn	Sb	Te	I	Xe
Cs	Ba	*La	Hf	Ta	W	Re	Os	Ir	Pt	Au	Hg	Tl	Pb	Bi	Po	At	Rn
Fr	Ra	**Ac															

*Ce	Pr	Nd	Pm	Sm	Eu	G	Tb	Dy	Ho	Er	Tm	Yb	Lu
**Th	Pa	U	Np	Pu	Am	Cm	Bk	Cf	Es	Fm	Md	No	Lr

PHYSIK

Für die alten Griechen bestand sie in der »Suche nach der wesentlichen Natur der Dinge«. Noch heute ist die Physik damit beschäftigt, den Gesetzen des Universums vom Größten (Astrophysik) zum Kleinsten (Atom- und Nuklearphysik) auf den Grund zu gehen.

PLANCK, MAX (1858–1947)

Deutscher Physiker, dessen Quantentheorie das Verhalten der Elementarteilchen, Atome und Moleküle erklärte.

PLUTONIUM

Radioaktives Element, ein Transuran mit der Ordnungszahl 94, das zum Bau von Atombomben verwendet wird. Es entsteht künstlich in Kernkraftwerken, wenn das Uran-Isotop U 238 mit Neutronen beschossen wird. Seine Entdeckung wurde viele Jahre lang geheim gehalten.

POLONIUM

Radioaktives, chemisches Element (Symbol: Po, OZ 84), 1898 von Madame Curie entdeckt. Es entsteht beim Zerfall von Uran. Seine Strahlen bestehen hauptsächlich aus Neutronen.

PROTONEN

Elektrisch positiv geladene Elementarteilchen in einem Atomkern. Von ihrer Anzahl im Atom hängen die Eigenschaften des jeweiligen Elements ab.

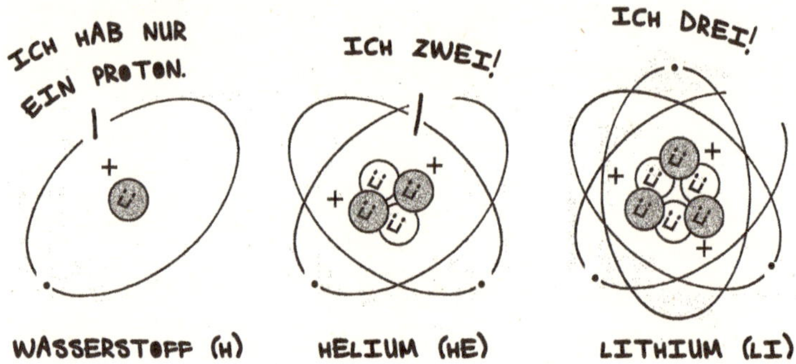

QUANTENTHEORIE

Gemäß dieser von Max Plank eingeführten Theorie sind die Elementarteilchen und -wellen Energie-»Bündel« (Quanten).

RADIOAKTIVER ABFALL

Rückstände der in den Kernkraftwerken verwendeten Brennstoffe. Sie sind normalerweise hoch radioaktiv und bleiben das auch noch Tausende von Jahrhunderten lang.

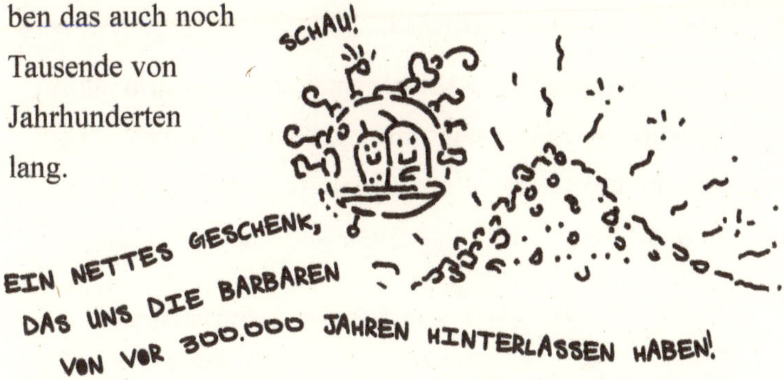

RADIOAKTIVER NIEDERSCHLAG (FALLOUT)

Niederschlag radioaktiver Teilchen, der bei einer Kernexplosion entsteht. Nach Experimenten mit immer mächtigeren Bomben haben die Länder, die im Besitz von Atomwaffen sind, im Kernwaffensperrvertrag beschlossen, auf weitere Experimente zu verzichten, da sich der radioaktive Niederschlag zerstörerisch auf den ganzen Planeten auswirkt.

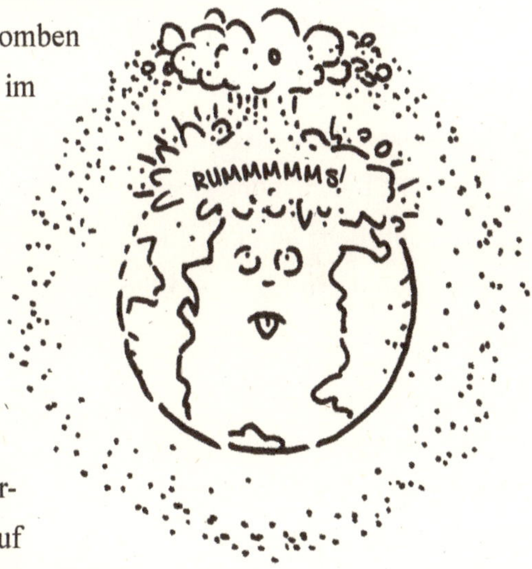

Im Jahr 1995 wurde dieser von inzwischen 178 Unterzeichnerstaaten auf unbestimmte Zeit verlängert.

RADIOAKTIVER ZERFALL

Ursache und Wirkung der Radioaktivität, die sich darin äußert, dass ein radioaktives Element (alle Elemente mit einer Ordnungszahl größer als 82 und einige Ausnahmen) so lange Teilchen und Energie verliert, bis es einen stabilen Zustand erreicht.

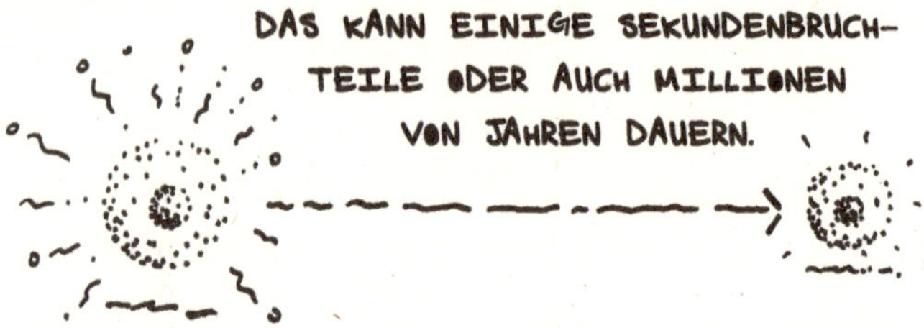

RADIOAKTIVITÄT

Auch radioaktiver Zerfall genannt; besteht in der Aussendung von Teilchen. Sie besteht darin, dass ein instabiles Atom unterschiedliche Teilchen und Energie abstrahlt.

Es gibt natürliche und künstliche Radioaktivität. Die natürliche Radioaktivität tritt bei allen Elementen mit Ordnungszahl größer als 82 auf.

Gelangt die Radioaktivität in großen Mengen oder unkontrolliert in den menschlichen Körper, zerstört sie dort die Zellen und kann so wichtige Organe beschädigen oder Tumore verursachen.

RADIOLOGIE

Teilbereich der Medizin, der mithilfe von Strahlungen in das Körperinnere blickt und Kranken durch Bestrahlung helfen kann. Heute zählt man zur Radiologie auch Methoden, die Bilder des Körperinneren ohne den Einsatz von Strahlen erzeugen können. Ein Beispiel ist die Magnetresonanztomografie.

RADIUM

Radioaktives chemisches Element mit der Ordnungszahl 88, Symbol Ra. Es hat eine Halbwertszeit von bis zu 1.602 Jahren. Es ist eines der seltensten Elemente und kommt in der Natur als Zerfallsprodukt des Urans besonders in Uranerzen vor. Nachdem Madame Curie es identifiziert hatte, konnte die Erforschung der Atome und der Atomenergie einsetzen.

REAKTION, CHEMISCHE

Jeder Vorgang, der zwischen chemischen Verbindungen oder Elementen stattfindet. Das führt zu einer stofflichen Umwandlung und es werden neue Stoffe gebildet. Die Anzahl der beteiligten Atome der Elemente bleibt dabei unverändert.

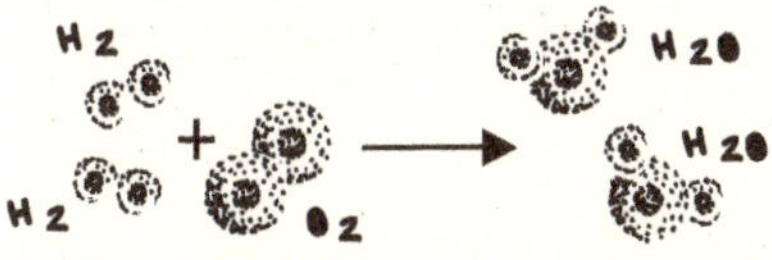

RÖNTGENSTRAHLEN

Benannt nach ihrem Entdecker, Wilhelm Conrad Röntgen. Es handelt sich um die ersten Strahlen, die erforscht und zu Diagnosen verwendet wurden. Sie entstehen, indem man eine Metallplatte in einer Vakuumglasröhre mit Elektronen beschießt.

Sie werden zu medizinischen Zwecken eingesetzt und dienen zur Erkennung krankhafter Veränderungen im Körperinneren. Sie werden in einer Röntgenröhre erzeugt, durchdringen den abzubildenden Gegenstand und fallen dann auf eine fotografische Schicht.

SCHMUTZIGE BOMBE

Eine Bombe, die mit herkömmlichen Sprengstoffen wie TNT hergestellt wird und der einige radioaktive Elemente oder Abfälle beigemischt wurden. Bei einer Explosion wird das radioaktive Material in der ganzen Umgebung verstreut.

STRAHLENTHERAPIE

Heilmaßnahmen durch Bestrahlung des Körpers oder einzelner Körperteile. Damit kann man z. B. bestimmte Krebsarten zerstören.

STRAHLUNG

Räumliche und zeitliche Ausbreitung von Energie in Form von Wellen oder Elementarteilchen. Dazu gehören auch Lichtwellen (Photonen), Radio- und Fernsehwellen, Wärme- und Röntgenstrahlung und die Teilchen, die ein radioaktives Element abstrahlt (Radioaktivität).

TRANSURANE

Damit bezeichnet man im Periodensystem der Elemente jene Elemente, deren Ordnungszahl höher als die des Urans ist. Sie müssen, wie z. B. Plutonium, künstlich hergestellt werden.

URAN, ANGEREICHERTES

Es wird als Kernbrennstoff oder zum Bau von Atomwaffen verwendet. Man erhält es, wenn man das Isotop U 235 vom weniger reaktiven U 238 trennt. Das dann verbleibende Uran 238 wird als »abgereichert« bezeichnet und in metallischen Legierungen zum Bau von Geschossen und konventionellen Waffen eingesetzt.

WASSERSTOFFBOMBE (H-BOMBE)

Basiert auf der nuklearen Reaktion der Verschmelzung von Atomkernen zweier Wasserstoff-Isotope (Deuterium und Tritium). Diese Reaktion ähnelt den Explosionen auf der Sonne, bei denen ebenfalls gewaltige Mengen an Energie und Strahlung freigesetzt werden.

Zur Zündung der eigentlichen Wasserstoffexplosion wird zuerst eine Kernspaltungsbombe zur Explosion gebracht, die die gewaltigen Temperaturen entstehen lässt, die nötig sind, um die atomaren Reaktionen der Kernfusion in Gang zu setzen.

INHALTSANGABE

LUCA NOVELLI,

Autor und Illustrator, ist der Verfasser zahlreicher Bücher über Naturwissenschaften und Natur, die in viele Sprachen übersetzt wurden. Er arbeitet als wissenschaftlicher Berater für die RAI, das staatliche italienische Fernsehen, und leitete zehn Jahre lang eine Zeitschrift für Grafik und Design. Für die Reihe »Lebendige Biographien« erhielt er 2004 den italienischen Andersen-Preis als bester populärwissenschaftlicher Autor.

Einstein und die Zeitmaschinen

LUCA NOVELLI

Aus dem Italienischen von Anne Braun

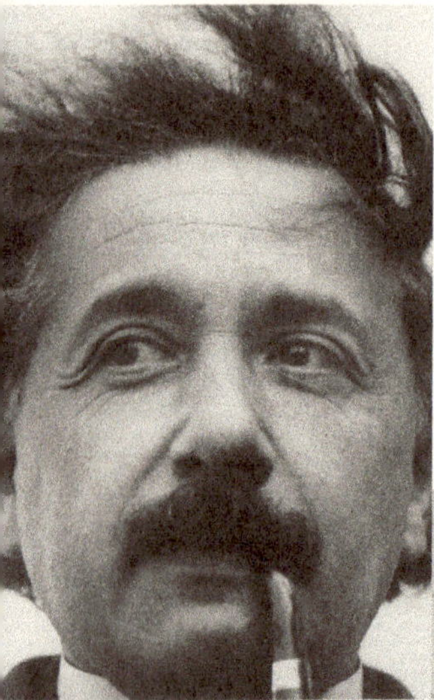

Albert Einstein

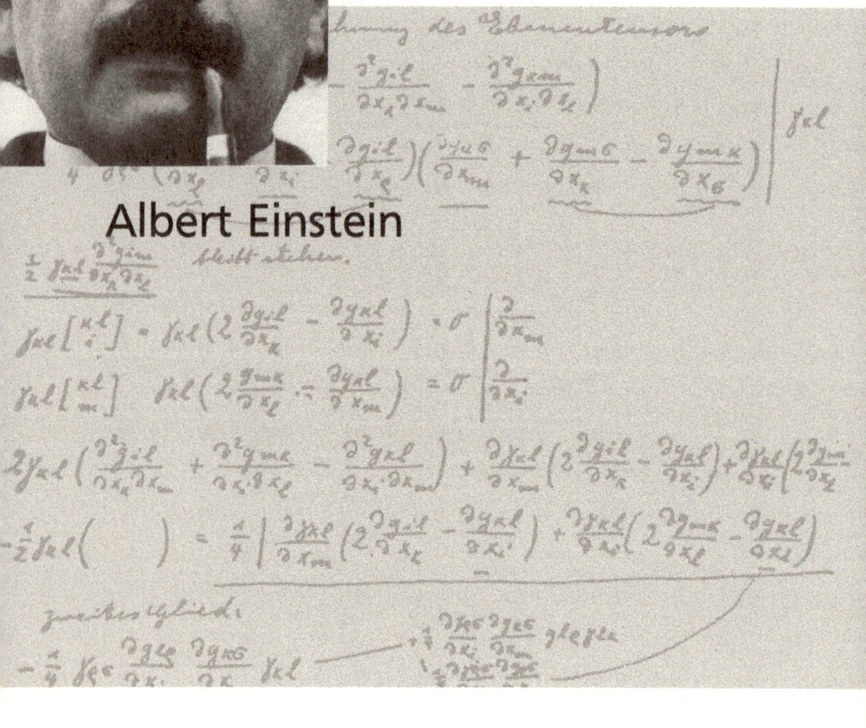

Albert Einstein war einer der bedeutendsten Wissenschaftler des 20. Jahrhunderts. Seine Forschungen veränderten die moderne Physik von Grund auf. Doch wer war dieses weltberühmte Genie eigentlich?

Uns sind hunderte von Albert Einsteins Briefen, Schriftstücken und Reden erhalten. Wenn er schrieb, drückte er sich sehr klar, knapp und spannend aus. Diese Dokumente erzählen uns viel über den Menschen Albert Einstein. Er war ein geradliniger, sympathischer Mann, der sich viele Gedanken über die Welt und das Wohl anderer machte.

Dieses Buch gibt Albert Einsteins Leben wieder, seine Gedanken und was ihn bewegte. Es erklärt, wie seine Theorien unsere Auffassung von Zeit, Raum und Universum revolutioniert haben.

Die folgenden Seiten sind so geschrieben, als erzähle der große Einstein selbst. Sie schildern die Phasen seines Lebens vom Kind bis zum weisen, alten Mann, der über die Relativität nachgrübelt und dabei seiner Tigerkatze den Rücken krault.

DIESES BUCH HANDELT VON ...

mir, Albert Einstein. Und auch von meiner geliebten Geige.

Es erzählt meine Lebensgeschichte von meinen Kindertagen bis ins hohe Alter.

Natürlich erzählt es auch von meiner Theorie über die Relativität der Zeit.

Ich beschreibe meine
Entdeckungen in Sachen Materie
und Energie.

Es geht auch um
meine Erfolge und
meine Ansichten.

Außerdem spreche ich
von Zeitmaschinen: echten,
falschen, möglichen und
unmöglichen. Alle ein-
steigen, bitte! Die
Reise beginnt!

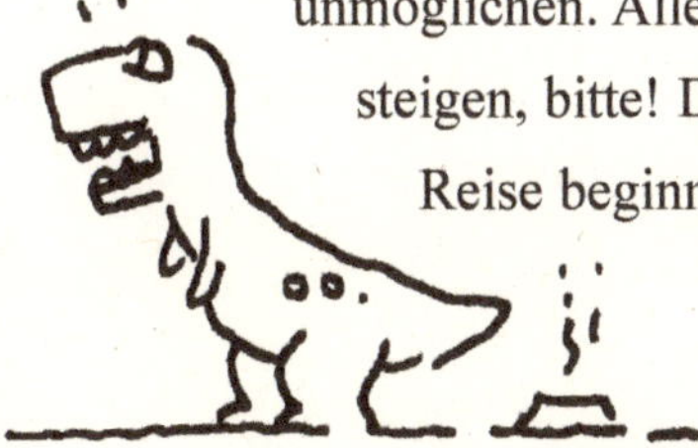

URKNALL!

Unser Universum entstand durch eine gewaltige Explosion, Urknall genannt. Mit dieser Explosion begann alles, was existiert und jemals existieren wird: auch die Materie, aus der dieses Buch besteht, sowie die Zeit, die du brauchst, um es zu lesen oder durchzublättern.

Zeitmaschinen sind Geräte, mit denen man in die Zukunft oder in die Vergangenheit reisen kann. Wir kennen sie aus Romanen, Abenteuerfilmen, Comics oder Donald-Duck-Geschichten. Die erste Zeitmaschine hat sich der englische Schriftsteller Herbert George Wells ausgedacht, ein Lehrer und Journalist. Sein Roman (oben) war um 1900 ein Riesenerfolg. Seither haben sich die Menschen hunderte weiterer Zeitmaschinen ausgedacht und sie beschrieben. Einige davon könnten theoretisch sogar funktionieren. Auch dieses Buch hier ist in gewisser Weise eine Zeitmaschine. Es versetzt dich zurück in Albert Einsteins Tage.

1. ICH, ALBERT EINSTEIN

Bestimmt habt ihr schon mal von mir gehört.

In eurer Zeit ist der Name Albert Einstein in aller Munde. Ich höre oft, dass man mich den »größten Wissen-schaftler der Geschichte« nennt. Ehrlich, das ist mir fast etwas peinlich. Ich glaube nicht, dass ich eine besondere Begabung habe, sondern einfach nur unglaublich neugierig bin. Reichtum und Erfolg waren mir nie sehr wichtig. Beflügelt haben mich die Liebe, Schönheit und die Suche nach der Wahrheit, die mir stets Zuversicht und Freude gaben. Übermenschliche Kräfte habe ich leider nicht, und wenn es regnet, kann ich nichts dagegen tun. Das habe ich auch schon meiner Katze gesagt.

Geboren wurde ich am 14. März 1879 in Ulm an der Donau. Meine Mutter heißt Pauline, mein Vater Hermann. Zwei Jahre nach mir wird meine Schwester Maja geboren.

Mama ist eine große, kräftige Frau, die sich meist in ein Korsett mit Walfischgräten schnürt, und Papa hat einen beeindruckenden Schnauzbart.

Im Jahr meiner Geburt wird die elektrische Glühlampe erfunden. In den Vereinigten Staaten schafft Thomas Alva Edison es, sie über 40 Stunden brennen zu lassen – ein Rekord und ein bahnbrechendes Ereignis, denn bisher wurden die Häuser nur mit Gas- oder stinkenden Petroleumlampen beleuchtet.

Während ich aufwachse, setzt die Glühlampe zu ihrem Siegeszug um die Welt an, und das spielt schon in meinen ersten Lebensjahren eine große Rolle.
Mein Vater und mein Onkel Jakob besitzen eine kleine Fabrik und stellen Dynamos, elektrische Geräte und elektrische Bogenlampen her. Onkel Jakob erfindet sogar ein neues Dynamo-Modell.
Bei uns zu Hause wird viel über Physik, alle möglichen Geräte und Elektrizität geredet. Solche Themen sind sehr beliebt, so ähnlich wie bei euch im 21. Jahrhundert Computer und Informatik. Papa will, dass ich später Elektroingenieur werde. Und tatsächlich interessiere ich mich schon sehr früh für Physik, Geometrie und Mathematik. Doch als ich mich mit sechzehn Jahren am Polytechnikum in Zürich bewerbe, einer Fachhochschule für Ingenieure, werde ich – Albert Einstein – abgelehnt.

Mechanische Uhren, die Vorgänger unserer heutigen Armbanduhren, sind eine relativ neue Erfindung in der langen Geschichte der Menschheit. Die ersten hießen »Klosterwecker«, weil sie ursprünglich in den mittelalterlichen Klöstern verwendet wurden. Es waren mit einem Glöckchen versehene Geräte, von denen sich der Mönch wecken ließ, der dann die große Glocke läuten musste. Manche dieser »Wecker« machten noch kürzeren Prozess: Sie setzten einen Mechanismus in Gang, der dem Unglückseligen einen Kübel eiskalten Wassers auf den Kopf schüttete.
Mechanische Uhren wurden im Laufe der Jahrhunderte weiterentwickelt und folglich immer genauer. Doch um die Zeit im Weltall zu messen, brauchte man noch wesentlich genauere Uhren. Seit 1946 gibt es Atomuhren.

2. KINDHEIT EINES GENIES

In meinen ersten Lebensjahren ist von meiner Begabung noch nichts zu merken.

Ob ihr es glaubt oder nicht: Ich, einer der Väter der modernen Physik, werde sogar für etwas zurückgeblieben gehalten. Und zwar deshalb, weil ich erst mit vier Jahren anfange zu sprechen und noch mit neun Jahren Mühe habe, lange Sätze zu bilden.

Allerdings kann ich schon mit fünf Jahren recht gut Geige spielen, und zwar Stücke von Mozart, Bach und Schubert.

Ich denke in Bildern, wie eure Psychologen sagen würden. Außerdem finde ich mich hervorragend im Gewirr der Gassen von München zurecht, wo meine Familie inzwischen wohnt. Ich kann auch ganz tolle Sachen mit meinen farbigen Holzklötzchen bauen, den Vorgängern eurer Legosteine. Diese Bauklötze und die Geige sind mein Hobby. Fernseher gibt es noch nicht, auch keine Radios, Comichefte oder Videospiele.

Bei uns zu Hause gibt es nur ein paar von Hand illustrierte Bücher. Onkel Jakob erzählt mir Geschichten und hilft mir bei den Hausaufgaben. »Algebra«, sagt er, »ist eine fröhliche Wissenschaft, bei der man Jagd auf ein geheimnisvolles Tier namens X macht.«

Doch Onkel Jakob ist nicht der Einzige, der mich auf die Wissenschaften neugierig macht. Zu uns kommt regelmäßig ein gewisser Max Talmey, ein armer jüdischer Medizinstudent. Meine Familie ist zwar nicht direkt reich, doch wie es unter den wohlhabenderen Juden von München üblich ist, laden wir jeden Freitag einen armen Studenten zum Essen ein, nämlich Max. Er bringt mir oft ein Buch zum Lesen oder Anschauen mit. Es sind auch wissenschaftliche Bücher dabei. Und bei der Lektüre dieser Bücher beginne ich mich zum ersten Mal zu fragen, wie unser Universum wohl genau aussieht.

Es gibt unterschiedliche Meinungen darüber, wann unser Universum genau entstanden ist. Heutzutage gehen wir davon aus, dass es 15 bis 20 Milliarden Jahre alt ist.
Bis ins 19. Jahrhundert glaubte man dem englischen Erzbischof Ussher, der im 17. Jahrhundert lebte. Auf Grund der Zeitangaben im Alten Testament rechnete er aus, dass Gott die Erde am 23. Oktober 4004 vor Christi erschaffen hat, um neun Uhr morgens.
Um das Alter unseres Universums zu berechnen, griffen die modernen Wissenschaftler zu verschiedenen Methoden. Sie studierten zum Beispiel die Ausdehnung des Weltalls und versuchten daraus den Zeitpunkt seiner Entstehung abzuleiten. Oder sie untersuchten die Meteoriten und die darin enthaltenen Grundstoffe sowie die Sternbilder, die sich kurz nach Entstehung des Weltalls gebildet haben. All diese Methoden führten zu ähnlichen Ergebnissen.
Auch das Weltraumteleskop Hubble, *das 1990 in die Erdumlaufbahn geschickt wurde, soll das Alter des Universums berechnen.*

3. EIN KLEINER FREIDENKER

In meiner Kindheit lese ich mit großer Begeisterung die Bibel. Ich finde, sie ist ein wunderbares Werk, das die Geschichte meines Volkes und seine Beziehung zu Gott schildert. Sie erzählt in großartigen Bildern: vom verlorenen Paradies, von Meeren, die sich teilen, von Engeln, die auf die Erde herabsteigen, Menschen, die sich in Salzsäulen verwandeln, und Städten, die von einem Feuerregen zerstört werden.

Ich besuche eine katholische Schule und bin der einzige Jude in meiner Klasse. Unterricht über den jüdischen Glauben erteilt mir ein Verwandter zu Hause.

Das Alte Testament fasziniert mich so sehr, dass ich schließlich religiöser bin als meine Eltern, die keineswegs strenggläubig sind.

Doch seit ich die Bücher lese,
die mein großer Freund Max mir mitbringt, betrachte ich die Geschichten in der Bibel auf einmal etwas kritischer. Und ich stelle fest, dass man sie nicht für bare Münze nehmen kann! Auf diese Weise werde ich zu einem Freidenker und komme zu dem Schluss, dass man die Jugend absichtlich und mit Lügengeschichten dumm hält.

Als ich zwölf bin, liege ich im Streit mit allem – den Vorschriften, den Autoritäten und vor allem mit der Schule und einigen Lehrern. Ich hasse es, eine Uniform anziehen und Paraden machen zu müssen, was von uns Schülern jedes Wochenende erwartet wird. Und ich hasse es, Dinge auswendig lernen zu müssen. Das Ergebnis ist, dass mein Griechischlehrer zu mir sagt, ich würde es im Leben nicht weit bringen.

Auch meine Familie ist nicht sehr begeistert von mir. Als Papa beschließt nach Italien zu ziehen, um dort eine neue Fabrik zu eröffnen, lässt er mich in München in einem Internat. Ich bin fünfzehn Jahre alt. Mal ehrlich – was hättet ihr da an meiner Stelle gemacht?

Die Galaxien und die Sterne am Himmel sind in Wirklichkeit vielleicht längst nicht mehr da, wo wir sie sehen. Was wir sehen, sind Sterne und galaktische Nebel, wie sie vor Millionen oder Milliarden von Jahren waren. Denn so lange hat ihr Licht gebraucht, um bis zu uns zu gelangen.
Wenn wir in den Nachthimmel blicken, blicken wir in eine sehr ferne Vergangenheit, vielleicht in die Zeit, in der es auf der Erde noch Dinosaurier gab, Urkrebse und andere längst ausgestorbene Kreaturen.

4. DIE FLUCHT

In München, ganz allein und ohne Familie, soll ich eigentlich das Gymnasium abschließen und danach meinen Militärdienst antreten. Ich sehe mich im Geiste schon marschieren, zuerst vor dem Luitpold-Gymnasium zusammen mit meinen Klassenkameraden, dann für Bismarck und das große Deutschland. Das deprimiert mich so sehr, dass ich mir wegen eines Nervenzusammenbruchs ein ärztliches Attest besorge. Das lege ich dem Direktor vor, der mich nur anschaut und dann von der Schule verweist – das heißt, »er stellt es mir frei, die Schule zu verlassen«.

Ich packe meine Sachen, nehme meine Geige und gehe über die Alpen nach Italien – zu Mama, Papa, Schwester Maja und Onkel Jakob.

In München hält mich nichts. Immer häufiger marschieren Soldaten durch die Stadt. Unser Haus wurde an einen Bauunternehmer verkauft, der all die schönen, alten Bäume im Garten gefällt und ein großes Mietshaus errichtet hat.

Meine Klassenkameraden sind mir immer fremder geworden; sogar mein Griechischlehrer meint, es sei besser, wenn ich gehe. Seiner Meinung nach bin ich ein respektloser Störenfried. Außerdem bin ich sehr neugierig auf Italien, denn meine Vettern, die in Genua leben, haben mir erzählt, dass Italien das reinste Paradies auf Erden ist.
Ich freue mich darauf, das Meer zu sehen, die Sonne und natürlich auch meine Familie.

BERLIN
ULM
MÜNCHEN
PRAG
BERN
AARAU
ZÜRICH
MAILAND
PAVIA
MITTELMEER

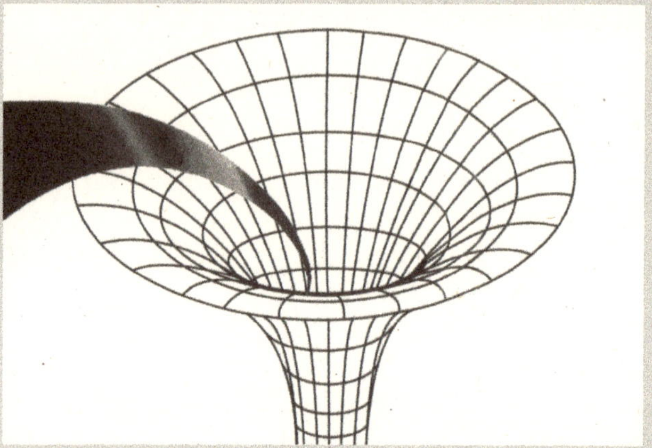

Auch Mark Twain (Autor von Tom Sawyer*) hat 1889 in einem seiner Romane eine Zeitreise beschrieben. Hierfür dachte er sich keine ausgefallene Maschine aus, sondern ließ einen seiner Zeitgenossen unversehens am Hof von König Artus landen, was natürlich zu etlichen Verwicklungen führte.*

Die Idee von Portalen, Löchern oder Tunneln, die in die Vergangenheit oder in die Zukunft führen, ist gar nicht so weit hergeholt. Die moderne Physik schließt eine solche Möglichkeit theoretisch nicht aus und bezeichnet Verbindungen zwischen zwei Raumzeitbereichen als »Wurmlöcher«. Schon 1935 haben Albert Einstein und Nathan Rosen darüber geschrieben, weshalb man sie anfangs als »Einstein-Rosen-Brücken« bezeichnete.

5. URLAUB IN ITALIEN

So komme ich nach Pavia, eine kleine Stadt am Ufer des Flusses Tessin, wo es eine herrliche Piazza und schöne mittelalterliche Häuser gibt.
Der Tessin ist kein großer Fluss, aber doch groß genug, um mit kleinen Booten befahren zu werden. Auf dem Kanal, der Pavia mit Mailand verbindet, können sogar Schleppkähne fahren. Wasser mochte ich schon immer. Schon als Kind habe ich in der Badewanne gern mit Papierbooten gespielt. Als Erwachsener wird Segeln mein einziges Hobby sein: Ich werde mir ein kleines Boot kaufen und häufig segeln gehen. Das Schöne am Segeln ist, dass es körperlich nicht so anstrengend ist.

In Pavia wohnt meine Familie in einem Haus, in dem früher der bekannte Dichter Ugo Foscolo lebte.

Es ist Sommer, das Klima ist angenehm, doch die Leute, die zu uns zu Besuch kommen, mag ich nicht. Besonders die Damen: Sie sind so steif, als hätten sie einen Besenstiel verschluckt, und wollen ständig, dass ich ihnen auf der Geige Stücke vorspiele, die ihnen gefallen, aber nicht mir. Na ja, dann spiele ich eben und halte den Mund. Das ist für einen Musiker sowieso das Beste!

Papa ist ziemlich sauer, weil ich ohne seine Erlaubnis aus München weggegangen bin. Er besteht darauf, dass ich eine technische Hochschule besuche, und in Italien gibt es keine geeigneten Schulen für mich, sagt er. Ich merke, dass ich hier in Pavia alles andere als willkommen bin.
Außerdem hat Papa schon genügend andere Sorgen am Hals, weil er mit Onkel Jakob und anderen Gesellschaftern zusammen ein Elektrizitätswerk aufbaut, das erste in Pavia.

Kurz und gut, Papa will mich aus dem Weg haben. Deshalb schickt er mich nach Zürich, wo ich mich am Polytechnikum bewerben soll. Er besorgt mir sogar ein Empfehlungsschreiben. Allerdings befürchte ich, dass ich mit meinen sechzehn Jahren noch viel zu jung bin. Und das Abitur habe ich auch nicht!

Welches Jahr haben wir? Und welchen Tag? Wie viel Uhr ist es? Das weiß jeder: Er braucht nur einen Blick auf die Uhr und auf den Kalender zu werfen. Es ist wesentlich schwieriger, zu sagen, was Zeit überhaupt ist. Man könnte Zeit als einen Begriff bezeichnen, mit dem man den Abstand zwischen Ereignissen misst, die am selben Ort stattfinden.

Auch wir selbst sind der Zeit unterworfen. Zuerst sind wir Kinder, dann Erwachsene und schließlich alt. Doch man kann auch sagen, dass die Zeit »mit uns reist« und sich durch den Raum bewegt. Wenn wir eine Zugreise machen und uns also durch den Raum bewegen, bewegen wir uns auch durch die Zeit. Nach dieser Reise sind wir ein wenig älter geworden. Zeit und Raum sind also zwei Begriffe, die eng zusammenhängen.

6. DURCHGEFALLEN!

Ich heiße zwar Albert Einstein, doch ich bin alles andere als aus Stein. Ich bin sehr geknickt, als ich erfahre, dass ich bei der Aufnahmeprüfung am Polytechnikum durchgefallen bin!
Der Direktor bezeichnet mich zwar als »Wunderkind« in Sachen Mathematik, aber das ist mir kein Trost. Denn in allen anderen Fächern habe ich große Lücken.

Auf Papas Wunsch hin melde ich mich in der Kantonalschule von Aarau in der Schweiz an, um mich in den nächsten zwei Jahren auf das Polytechnikum vorzubereiten.

Ich habe zwar etwas Heimweh nach meiner Mutter und meiner Schwester Maja, doch insgesamt geht es mir recht gut. Ich wohne bei der netten Familie Winteler.
Herr Winteler ist Griechischlehrer, doch in seiner Freizeit ist er ein begeisterter Vogelkundler. Er weiß eine Menge über Vögel und unterhält sich sogar mit ihnen.

Frau Winteler ist eine begnadete Köchin und immer sehr nett zu mir.

Marie, die hübscheste ihrer drei Töchter, ist nur wenig älter als ich. Wir sitzen oft zusammen am Klavier und spielen vierhändige Stücke, was uns beiden Spaß macht.

Wenn ich mit ihr zusammen bin, vergeht die Zeit immer wie im Flug. Gestern fiel ein Sonnenstrahl auf ihre Haare – ein wunderschöner Anblick.

Eine rätselhafte Sache, das Licht! Mindestens ebenso rätselhaft wie die Zeit!

Die Schweiz ist das Land der Uhren und die Schweizer sind sehr stolz auf ihre Genauigkeit, ihre Präzision. Uhren sind, im Grunde genommen, Zeitmaschinen. Sie können die Zeit zwar nicht anhalten und auch nicht vorwärts oder rückwärts laufen lassen, doch sie messen sie sehr genau. Und doch würden zwei gleiche Uhren, egal, wie genau sie auch gehen, an zwei verschiedenen Punkten des Universums nach einer Weile unterschiedliche Zeiten anzeigen.

Alle Uhren haben gemeinsam, dass sie mit Schwingungen arbeiten, die der Zeit einen Rhythmus geben. Bei Pendeluhren schwingt ein Pendel, bei anderen eine Unruh. Die Präzision einer Uhr hängt von der Regelmäßigkeit dieser Schwingungen ab. Bei den modernen Atomuhren schwingen Atome. Solche Atomuhren sind so genau, dass sie in drei Millionen Jahren nur um eine einzige Sekunde abweichen! Erst mit diesen Uhren wurde es möglich, Albert Einsteins Theorien experimentell nachzuweisen.

7. ICH LEGE DEN GRUNDSTEIN

Aarau ist eine ruhige Schweizer Stadt. Man kann durch die nahe Bergwelt wandern und der Blick auf die Alpen ist atemberaubend. Ich fühle mich richtig wohl hier. Ich mag meine Gastfamilie, die Wintelers, und bei Tisch geht es immer sehr fröhlich zu. Außerdem merke ich, dass mich die Tochter Marie sehr gern mag, was mir natürlich schmeichelt.

Meine neue Schule gefällt mir auch sehr gut: Hier gibt es ein hervorragendes, neues Physiklabor. Und irgendwann kommt mir der Gedanke, wie es wohl wäre, wenn man auf einem Sonnenstrahl durch das Weltall reisen würde.

Nun wohne ich mutterseelenallein in Zürich. Seit Oktober 1896 besuche ich das Polytechnikum. Diesmal habe ich die Aufnahmeprüfung bestanden. Außerdem habe ich die deutsche Staatsbürgerschaft abgelegt und bin im Moment staatenlos, das heißt ohne Heimat. Mein Vater ist entsetzt. Für ihn ist sein staatenloser Sohn fast eine persönliche Beleidigung.

Wie schon damals in Aarau gehe ich in den Ferien öfter nach Mailand, wo meine Familie inzwischen wohnt, in einem alten Palazzo, der einer Gräfin gehört. Er liegt nicht weit weg vom Dom und der Piazza della Scala. Es macht mir großen Spaß, durch die Stadt oder die Galleria zu bummeln, wo man deutsche Zeitungen kaufen kann.

Einmal besuche ich meine Verwandten in Genua. Es ist eine herrliche Tour: Zu Fuß überquere ich den Apennin und gehe dann weiter bis zum Mittelmeer. Die lange Wanderung hat sich wirklich gelohnt: hübsche bunte Häuschen inmitten üppiger Pflanzen am Rande einer Wasserfläche, die grenzenlos scheint. Und dazu Licht, ein herrliches Licht … in einer Intensität, wie ich sie noch niemals gesehen habe!

Nur dank des Lichts können wir überhaupt etwas sehen. Seine mysteriöse Natur hat die Menschen schon immer fasziniert. Auch Albert Einstein fragt sich als Sechzehnjähriger: »Was würde ich sehen, wenn ich auf einem Lichtstrahl reisen könnte?«

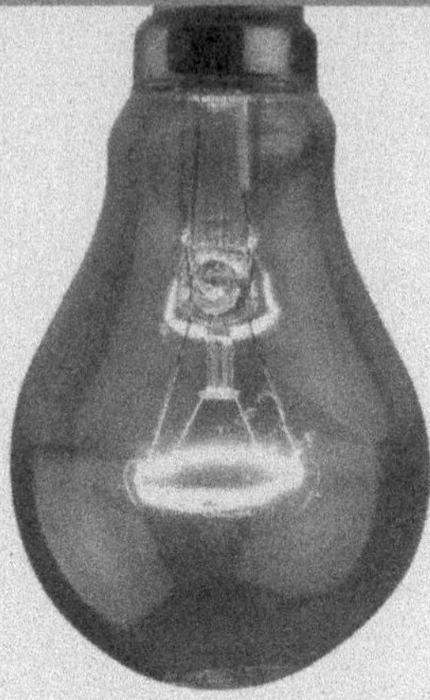

Zu Albert Einsteins Zeiten glauben manche Wissenschaftler, dass das Licht aus winzigen Teilchen (Korpuskeln) besteht, während andere der Meinung sind, dass es sich wie elektromagnetische Wellen verhält. Diese Frage kann auch Albert Einstein nicht endgültig beantworten, doch zumindest beweist er, dass das Licht sowohl die Eigenschaften von Teilchen als auch von Wellen aufweist. Wenn sich am Himmel zum Beispiel ein Regenbogen bildet, verhält sich das Licht wie eine Welle, die sich gleichmäßig im Raum ausbreitet, während es sich wie einzelne Energieteilchen verhält, wenn man eine Glühlampe anschaltet. Eines ändert sich jedoch nie: Die Lichtgeschwindigkeit ist an jedem Punkt des Universums gleich, nämlich 300.000 Kilometer pro Sekunde.

8. VERLIEBT!

Inzwischen bin ich ein junger Mann, studiere am Züricher Polytechnikum und lasse mir den ersten Schnurrbart wachsen.

Ich habe eine junge Frau namens Mileva kennen gelernt, die ebenfalls hier studiert. Sie ist dreieinhalb Jahre älter als ich und stammt aus Serbien. Auch sie ist weit weg von ihrer Familie und wohnt in einem Wohnheim für Studentinnen. Sie ist ehrgeizig und lernbegierig. Wir lernen zusammen Mathematik, Geometrie und Mechanik und futtern dabei kiloweise Würstchen und trinken literweise Kaffee.

Wann immer ich in den Ferien bei meinen Eltern in Mailand bin, schreibe ich Mileva innige Briefe, aber natürlich geht es darin auch um Moleküle und Gase. Mileva hilft mir beim Schreiben meines ersten wissenschaftlichen Aufsatzes. Ich würde sie gern heiraten, aber leider bin ich arm wie eine Kirchenmaus. Wir können uns nicht einmal zwei Fahrräder kaufen, um damit über Land zu fahren.
Außerdem sind auch meine Eltern gegen eine Ehe, doch das ist mir egal: Ich werde Mileva heiraten!
Wir machen unseren ersten gemeinsamen Urlaub in Como. Wir fahren Boot, besichtigen die Villa Carlotta und spazieren durch den Park.

Hurra – ich habe die Abschlussprüfung bestanden und bin nun Lehrer für Physik und Mathematik. Ich muss dringend Arbeit finden, um Mileva heiraten zu können.

Voller Elan bewerbe ich mich an den Universitäten von halb Europa, von Stuttgart bis Pisa, auch bei einem Internat und bei einer Versicherungsgesellschaft. Nichts als Absagen!

Ich selbst sehe mich als jungen, viel versprechenden Physiker, der schon eine interessante Theorie über die Elektronen ausgearbeitet hat.

Doch leider bin ich arbeitslos und fast bettelarm. Ich versuche mich mit Nachhilfestunden über Wasser zu halten, aber wahrscheinlich würde ich mehr verdienen, wenn ich auf der Straße Geige spielte!

Na ja, diese Möglichkeit steht mir immer noch offen!

In Sciencefiction-Büchern und -Filmen kommen immer wieder Reisen im Weltraum vor, die mit einer Überraschung enden. Die Astronauten in diesen Geschichten reisen mit Geschwindigkeiten, die der Lichtgeschwindigkeit sehr nahe kommen (300.000 km pro Sekunde) oder sogar noch größer sind. Doch im Weltraum verläuft die Zeit bei hohen Reisegeschwindigkeiten langsamer. Wenn der Weltraumreisende auf unseren Planeten zurückkehrt, sind für ihn nur Wochen oder Monate vergangen, während auf der Erde Jahrhunderte ins Land gingen. Seine Lieben von einst sind längst zu Asche und Staub zerfallen. Der Astronaut hat einen Zeitsprung gemacht und sein Raumschiff war eine Zeitmaschine. Das alles ist allerdings nicht nur Sciencefiction, sondern tatsächlich eine Auswirkung der Relativität.

9. ICH BIN ERFINDER

Ich bin in Bern gelandet. Seit Juni 1902 arbeite ich im Patentamt als technischer Experte dritter Klasse in einem befristeten Arbeitsverhältnis und zur Probe. Es ist keine anstrengende Arbeit.

Die sonderbarsten Menschen kommen in mein Büro und legen mir die sonderbarsten Erfindungen vor. Jedes Projekt muss auf Neuheit und Anwendungsmöglichkeiten überprüft werden.

Ich reiche selbst ein paar Patente unter meinem Namen ein: Einmal geht es um ein Hörgerät, ein andermal um einen Kühlschrank, der recht leise arbeitet.

Bern ist eine schöne Stadt und ich fühle mich wohl. Ich habe die Schweizer Staatsbürgerschaft angenommen und sollte nun Wehrdienst leisten. Doch dann stellt sich heraus, dass ich untauglich bin – ich habe Plattfüße!
Zusammen mit ein paar Freunden gründe ich die Akademie Olympia, deren Ehrenpräsident ich bin. Unser erklärtes Ziel ist es, über Physik zu reden und gut zu essen.
Mileva und ich haben inzwischen geheiratet. Wir haben eine kleine Wohnung mitten in der Altstadt.

Mileva unterstützt mich bei meinen Forschungen, hat aber auch als Mutter alle Hände voll zu tun: Hans, unser erster Sohn, wurde geboren. Nun muss Mileva auch noch Windeln waschen und Breichen kochen.

Sie schimpft, weil es bei uns immer nach meinen Zigarren stinkt, wie sie sagt. Doch trotz ihres Schimpfens, zwischen den aufgehängten Windeln, den Fläschchen und dem Geschrei des kleinen Hans fülle ich eifrig Seite um Seite mit meinen Erkenntnissen. In meinem Kopf nehmen absolut revolutionäre Ideen immer klarere Gestalt an. Sie werden die Grundlagen für meine Relativitätstheorie darstellen.

Zeit und Raum sind relativ. Stell dir vor, du sitzt in einem Zug, der sich mit 50 m pro Sekunde vorwärts bewegt. Lass im Gang des Zugs eine Murmel in Fahrtrichtung rollen. Für dich im Zug bewegt sich die Murmel um zwei Meter pro Sekunde fort. Für einen Freund, der dir von außen zuschaut, wird sich die Murmel um 52 Meter pro Sekunde vorwärts bewegen – das ist die Geschwindigkeit des Zugs plus die Geschwindigkeit der Murmel.

Gemäß der Relativitätstheorie verlangsamt sich für dich im Zug die Zeit, je schneller der Zug fährt, im Vergleich zu deinem langsameren oder stehenden Freund. Albert Einstein nennt als weiteres Beispiel einen Mann, der seinen Hund ausführt: Der Mann geht langsam, während der Hund schwanzwedelnd nach vorne und hinten rennt. Nach dem Spaziergang wird der Hund wesentlich mehr Kilometer zurückgelegt haben und auch um eine geringere Zeitspanne gealtert sein als sein Herrchen, da die Zeit für ihn langsamer vergangen ist. Und außerdem ist der wedelnde Schwanz des Hundes jünger als seine Schnauze. Natürlich geht es bei Geschwindigkeiten, die im Vergleich zur Lichtgeschwindigkeit so gering sind, nur um unmessbar kleine Sekundenbruchteile.

10. DIE (SPEZIELLE) RELATIVITÄTSTHEORIE

Wir schreiben das Jahr 1905: Ich bin 26 Jahre alt und arbeite im Patentamt, denke aber ständig über Physik nach. Und ich fülle weiterhin Heft um Heft mit Formeln.

Ich veröffentliche meine Theorien in der Fachzeitschrift »Annalen der Physik«, herausgegeben von Max Planck.
Im ersten Artikel, den ich drei Tage nach meinem Geburtstag einsende, beweise ich, dass das Licht, obwohl es die Eigenschaften von elektromagnetischen Wellen aufweist, zugleich auch aus mikroskopisch kleinen Teilchen besteht.

Im zweiten Artikel erkläre ich ein mysteriöses molekulares Phänomen, das von Robert Brown beobachtet wurde (brownsche Molekularbewegung).

Im dritten Artikel, den ich im Juni abschicke, beweise ich, dass Raum und Zeit immer vom Beobachter abhängen.

Der Raum zieht sich zusammen, wenn er sich der Lichtgeschwindigkeit annähert.

Eine Uhr in Bewegung misst die Zeit langsamer als die Uhr am Arm eines stehenden Beobachters. Dieses Phänomen wird Max Planck als »Relativitätstheorie« bezeichnen.

»Die Minute ist in Gefahr!« schreibt eine Wiener Zeitung als Kommentar auf meinen Artikel.

Im September reiche ich einen weiteren Artikel ein, der die herkömmliche Auffassung von Materie und Energie endgültig über den Haufen werfen wird.

Dies führt zu der später weltberühmten Formel: $E = mc^2$.

$E = mc^2$: Energie = Masse mal Lichtgeschwindigkeit im Quadrat. Die Lichtgeschwindigkeit c ist ein sehr großer Wert, nämlich 300.000 Kilometer pro Sekunde. Deshalb setzt schon eine geringe Masse (m), mit der enormen Lichtgeschwindigkeit (c) im Quadrat multipliziert, eine riesige Menge an Energie (E) frei. Auf diesem Konzept basiert auch die Atombombe, die Albert Einstein allerdings nie angestrebt hat.
So kann schon aus einer geringen Menge Materie eine gewaltige Menge Energie gewonnen werden. In Atomkraftwerken wird eine Masse radioaktiven Brennstoffs (Uran oder Plutonium) in Wärmeenergie umgewandelt.

11. KEINER VERSTEHT MICH!

Alles umsonst! Noch Jahre nach meiner Veröffentlichung der Relativitätstheorie (die später »speziell« genannt wird) ändert sich in meinem Leben so gut wie nichts.

Es sieht fast so aus, als würde meine Theorie keinen interessieren, nicht einmal die Physiker. Mehr noch – als ich sie zusammen mit meiner Bewerbung an der Berner Universität einreiche, bezeichnet sie der Leiter der Fakultät für theoretische Physik als »unverständlich«.

Das Schlimmste daran ist, dass sie mich nicht einstellen. So bleibt mir nichts anderes übrig, als auch weiterhin im Patentamt zu arbeiten. Alle Welt sieht mich noch immer als »Freizeitforscher«, obwohl ich 1906 an der Universität von Zürich meinen Doktor gemacht habe.

Endlich eine Neuigkeit: Das Patentamt befördert mich zum Techniker zweiter Klasse. Das hat einen riesigen Vorteil: Ich verdiene endlich ein paar Franken mehr.

Erst 1908, drei Jahre nach der Veröffentlichung meiner Theorie, werde ich endlich in die offizielle Gemeinschaft der Wissenschaftler aufgenommen. Ich werde Privatdozent, was bedeutet, dass ich an der Universität von Bern ein paar Kurse geben darf.

Als ich während meiner Tätigkeit im Patentamt wieder einmal aus dem Fenster blicke, sehe ich etwas zur Erde fallen. Da habe ich einen Geistesblitz! Ich denke mir: Ein Mensch im freien Fall spürt sein Gewicht nicht und folglich scheint er nichts zu wiegen. Seine Masse ist aber immer noch gleich, weswegen die Schwerkraft ihn zur Erde zieht.

Auch ein Astronaut in seinem Raumschiff im Weltraum scheint nichts zu wiegen, er ist wegen der fehlenden Erdanziehungskraft schwerelos. Man braucht aber immer noch Kraft, um ihn zu beschleunigen oder anzuhalten, das heißt, er ist immer noch »träge«.
Was ich daraus schließe? Nun, dass Gravitation und Beschleunigung eines Körpers gleich groß sind. Das heißt, die Schwerkraft, die einen Menschen zur Erde zieht, wenn er z. B. von einem Turm stürzt, ist physikalisch gleichwertig mit der Kraft, die man braucht, um ihn im Weltraum zu beschleunigen, wo er schwerelos ist. Ich habe das Gefühl, dass ich meine Relativitätstheorie vielleicht … na ja, noch erweitern sollte.

Die Zeit im Weltraum wird auch von der Gravitationskraft oder Schwerkraft beeinflusst, sagt Albert Einstein. Zwei Körper üben immer eine Gravitation aufeinander aus. Je stärker man von einem anderen Körper angezogen wird, desto langsamer vergeht die Zeit. Und je größer die Masse des Körpers ist, der die Anziehungskraft ausübt, desto langsamer vergeht die Zeit. Folglich vergeht die Zeit auf dem Jupiter langsamer als auf der Erde, denn seine Masse ist größer. Und auf der Oberfläche der Sonne oder eines noch größeren Sterns vergeht sie noch langsamer. Ganz zu schweigen von den Schwarzen Löchern, wo die Zeit komplett stehen bleibt.

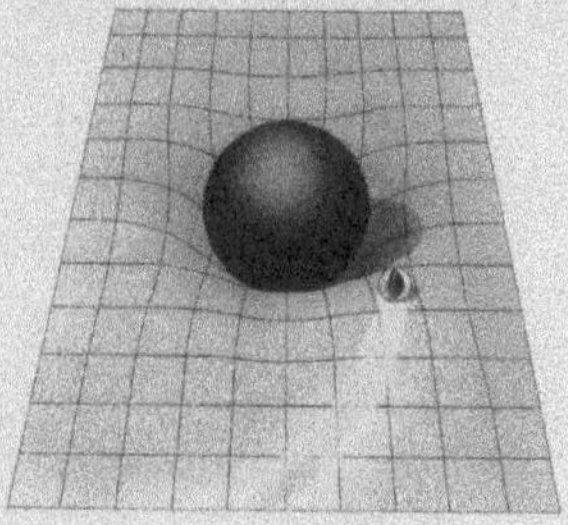

Um zu verstehen, wie Anziehungskraft und Masse im Weltraum aufeinander einwirken, stellen wir uns den Weltraum als eine sehr dünne Gummifolie vor, auf die wir einen schweren Gegenstand legen. Der Gegenstand sinkt in die Folie und drückt diese ein (er krümmt sie), und zwar umso stärker, je schwerer er ist. Eine kleine, leichte Kugel wird nun auf der Folienoberfläche in Richtung des schweren Gegenstandes rollen, wird also angezogen. Zu den Dimensionen des Weltraums zählt jedoch neben dem Raum auch die Zeit. Und folglich krümmt Masse die Raumzeit.

12. ENDLICH PROFESSOR

Beim Physikerkongress in Salzburg treffe ich 1909 die ersten richtigen Physiker. Hurra, endlich gehöre ich zu den echten Fachleuten! Im Mai desselben Jahres verleiht mir die Universität von Zürich den Titel »Außerordentlicher Professor für theoretische Physik«.
Diese neue Stelle ist mir zwar sicher, doch meine Arbeit im Patentamt kündige ich erst auf Juni. Man sollte nie vorzeitig seine Brücken abbrechen, ehe man nicht auf der anderen Seite angelangt ist.

Eduard, unser zweiter Sohn, kommt zur Welt. Als Vater von zwei Kindern sollte ich wirklich langsam Karriere machen: Das Geld reicht irgendwie nie.
Deshalb nehme ich eine Stelle an der deutschen Universität in Prag an. Das liegt zwar ziemlich weit weg, ist aber eine einmalige Gelegenheit. Und so ziehe ich mit meiner Familie nach Prag.

Prag ist eine alte Stadt, die zum österreichisch-ungarischen Kaiserreich gehört. Hier leben mehrere Volksgruppen – Deutsche, Tschechen und Juden. Diese Gruppen mögen sich nicht besonders, was nicht sehr angenehm ist. Außerdem finde ich die Stadt düster und recht schmutzig. In unserer Wohnung gibt es Flöhe!

Aber dafür kann man ausgezeichnet essen. Die Uniform der deutschen Universität steht mir gut. Ich ziehe sie nur an, wenn nötig, finde aber, dass ich darin wie ein Admiral aussehe.

An der Universität haben wir ein fantastisch eingerichtetes Labor, in dem ich experimentieren und meine Theorien überprüfen kann. Wieder beschäftigt mich ein für mich typischer Gedanke: Wenn das Licht – wie schon gesagt – Masse besitzt, müsste es von größeren Massen angezogen werden. Ich befrage die Astronomen unter meinen Bekannten. Sie geben mir Recht: Das Licht der Sterne wird von der Sonne abgelenkt.

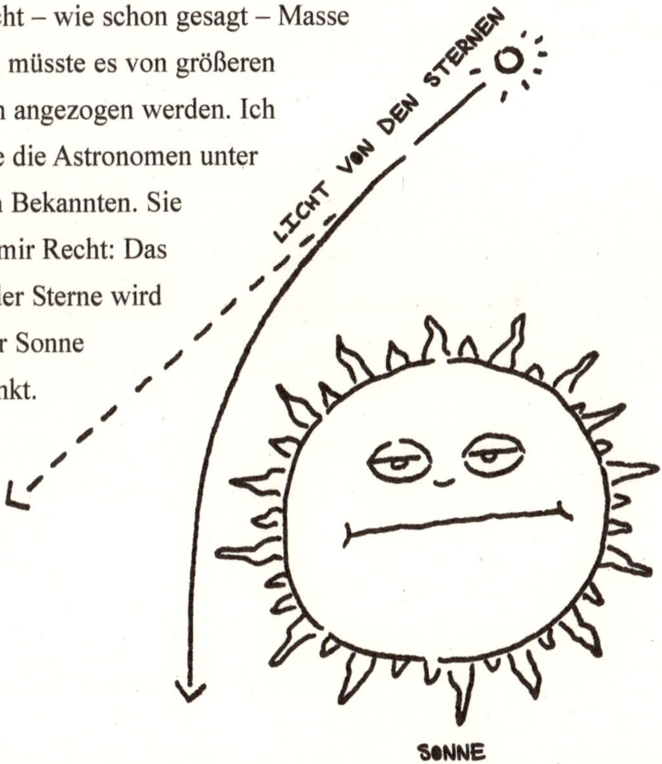

Die Schwarzen Löcher waren früher einmal Sterne wie unsere Sonne. Irgendwann sind sie explodiert und haben sich in einem sehr massereichen Kern konzentriert. Ein Teelöffel voller Atome eines Schwarzen Lochs würde der Masse eines Flugzeugträgers entsprechen.

Diese Schwarzen Löcher üben eine solche Anziehungskraft aus, dass sie sogar alles Licht verschlucken – daher ihr Name. Sie strahlen kein Licht aus und reflektieren es auch nicht, sondern ziehen es nur an. Mehr noch: Sie ziehen alles, alles an, sogar die Zeit, die in ihrer Nähe sehr viel langsamer vergeht und auf ihrer Oberfläche sogar stillsteht.

Egal, wie präzise eine Swatch-Uhr zum Beispiel auch wäre, wenn man sie in ein Schwarzes Loch werfen würde, bliebe sie für immer stehen.

Die Zeit bliebe auch für jeden Astronauten stehen, der leichtsinnigerweise in die Nähe eines Schwarzen Lochs käme.

Sowohl die Uhr als auch der Weltraumreisende würden infolge der enormen Anziehungskraft in eine sehr lange Spagettinudel verwandelt werden.

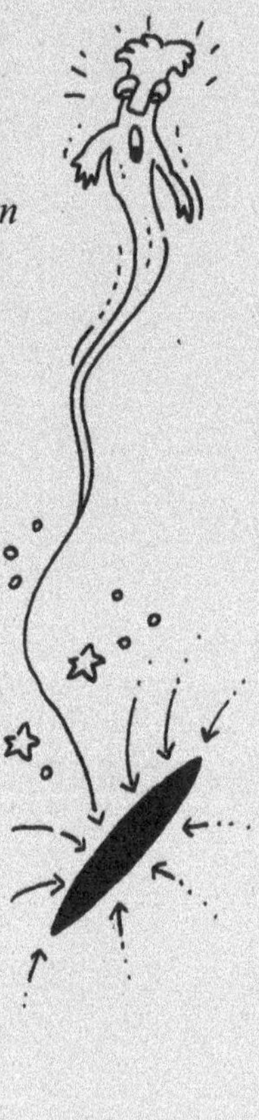

13. MAN REISST SICH UM MICH

Inzwischen hat sich für mich einiges geändert. Die Universitäten von Utrecht, Wien und Leiden wollen mich haben. Sogar das Polytechnikum in Zürich, an dem man mich bis vor kurzem noch belächelt hat, will mich einstellen. Ich entscheide mich für Zürich und ziehe mit meiner Familie wieder in die Schweiz um.
Hier lehre ich Geometrie, doch nicht die des alten Griechen Euklid, sondern die eines gewissen Doktor Riemann, der von einer Welt spricht, in der zwei Parallelen nicht immer parallel sein können und sogar die rechten Winkel eines Quadrats gekrümmt sind.

Diese Art von Geometrie lässt sich mit Winkeldreieck und Zirkel nur schwer darstellen, kann mithilfe der Mathematik jedoch erforscht werden. Das haben schon viele Mathematiker vor mir getan, allerdings ohne genaues Ziel.

Ich hingegen bin davon überzeugt, dass das Universum eine Einheit aus Raum und Zeit darstellt und dass es mit dieser Geometrie, bei der sich alles früher oder später krümmt, beschreibbar sein müsste.

Max Planck bietet mir einen Lehrstuhl für Physik an der Universität von Berlin an.
Da kann ich nicht widerstehen, weil sich dort das bedeutendste Forschungszentrum der Welt befindet.

Unglücklicherweise bricht der Erste Weltkrieg aus. Es kommt zu unglaublichen Gräueltaten im Namen einer Vaterlandsliebe, die ich nicht teilen kann.

Ich kann kaum glauben, was ich alles höre. Einer meiner Kollegen von der Universität Berlin testet den Einsatz von Giftgas an der Ostfront.

Giftgas hätte natürlich auch der Feind einsetzen können, aber das ist keine Rechtfertigung, es bleibt trotzdem falsch. Für mich ist das Töten im Krieg nichts als gewöhnlicher Mord. Aber der Krieg ist kein Gesellschaftsspiel, bei dem sich die Beteiligten brav an Regeln halten. Gegen die Kriegsgräuel hilft nur die totale Ablehnung. Ich hasse Krieg und Gewalt und all das Leid, das daraus entsteht.

Das Universum könnte man mit einer riesengroßen Wurst vergleichen, die sich ständig ausdehnt. Das Universum selbst und jedes darin befindliche Objekt besitzt drei Dimensionen: Höhe, Breite und Tiefe.

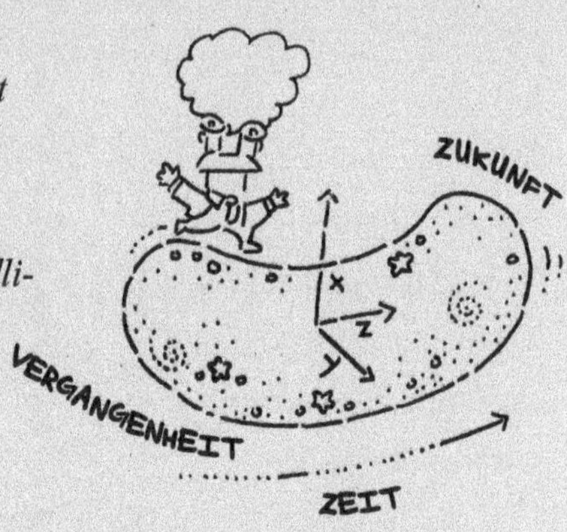

Allerdings besitzt unser Universum zusätzlich zu den drei räumlichen Dimensionen noch eine zeitliche. Es dehnt sich ständig räumlich und zeitlich aus. Deshalb sprechen die Physiker von einem »Raum-Zeit-Kontinuum«.
Gemäß der Relativitätstheorie krümmt die Gravitationskraft nicht nur dieses »Kontinuum«, sondern auch das Universum selbst.

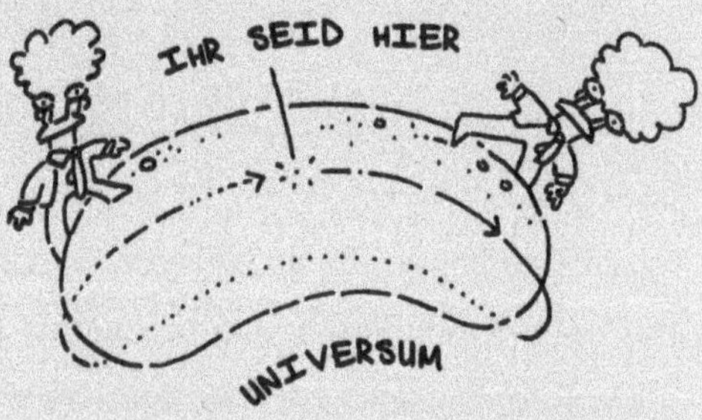

Das Universum ist dermaßen gekrümmt, dass man bei einer Reise einmal quer durch das ganze Universum wieder am Ort und Zeitpunkt der Abreise ankäme. Allerdings müsstest du hierfür möglicherweise eine Reisezeit von etlichen Milliarden Jahren einkalkulieren. Außerdem müsstest du schneller als das Licht unterwegs sein, was aber nicht möglich ist.

14. GEHEIMNISVOLLER MERKUR

Der Konflikt in Europa breitet sich aus. Der Krieg wird immer heftiger und gewalttätiger.

Ich arbeite immer noch an meiner allgemeinen Relativitätstheorie. Die Schwerkraft oder Gravitation – so behaupte ich – ist nicht nur eine einfache Kraft, die ein Körper auf einen anderen ausübt, sondern eine grundlegende Eigenschaft unseres Universums, des »Raum-Zeit-Kontinuums«.
Alle Gegenstände mit einer sehr großen Masse verursachen um sich herum Abweichungen des Raums und der Zeit.
Das kann ich mithilfe von Merkur beweisen.

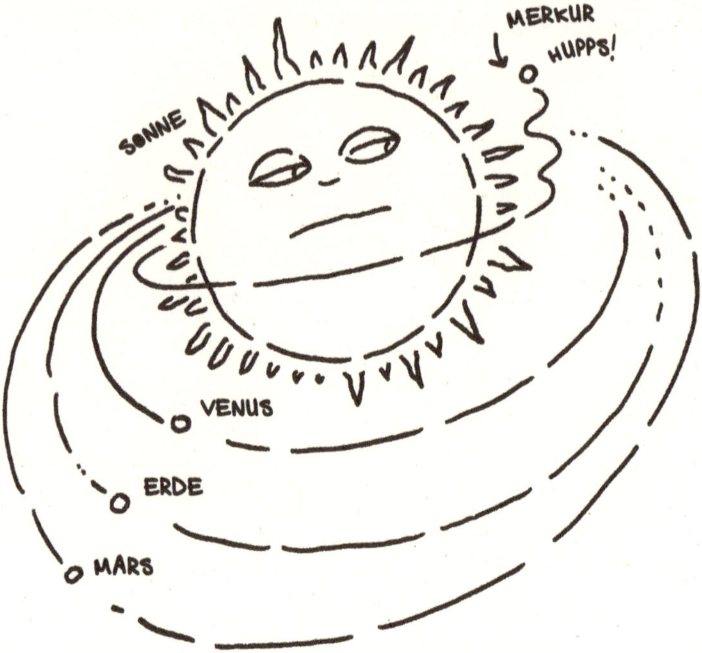

Merkur ist der Planet, der unserer Sonne am nächsten ist. Er hat schon etlichen Generationen von Astronomen Kopfzerbrechen bereitet. Seine Umlaufbahn scheint nicht immer im Einklang mit den bisherigen physikalischen Gesetzen zu sein.
Man überlegte sogar, ob es einen weiteren, unsichtbaren Planeten geben könnte: Vulkan (die Heimat von Mr Spock aus »Raumschiff Enterprise«). Ist am Ende dieser Sciencefiction-Planet an der merkwürdigen Umlaufbahn des Merkur schuld?

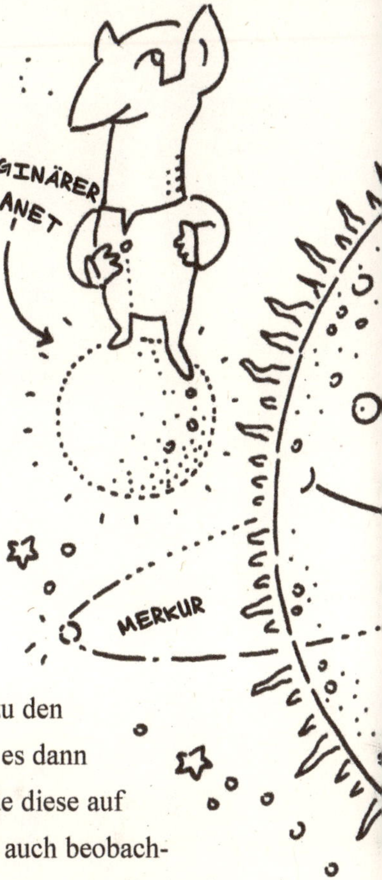

Ich untersuche das Verhalten des Merkur mit meiner allgemeinen Relativitätstheorie. Meine Gleichungen (die ich euch erspare) erklären seine Unregelmäßigkeiten und machen sie vorhersagbar.

Kurz erklärt: An gewissen Punkten seiner Umlaufbahn kommt der Merkur der Sonne mit ihrer riesigen Masse sehr nahe, was zu den besagten Abweichungen führt. Wenn es dann auf dem Merkur eine Uhr gäbe, würde diese auf einmal langsamer gehen. Man würde auch beobachten können, dass sich Gegenstände auf der Oberfläche des Merkur zur Sonne hin krümmen.

Die Zeit wird langsamer oder schneller, der Raum krümmt sich und Sterne und ganze Galaxien rücken näher oder entfernen sich … solche Phänomene kommen an vielen Stellen des Universums vor.

Gemäß der allgemeinen Relativitätstheorie ist das Universum um sich selbst gekrümmt.
In diesem Fall könnten Teile davon, nämlich einer der Vergangenheit und einer der Zukunft, miteinander in Kontakt kommen und eine raumzeitliche Abkürzung (ein Wurmloch) bilden.
Das Raumschiff Enterprise aus Star Trek – das bislang noch ins Reich der Fantasie gehört – reist manchmal durch solche Wurmlöcher.

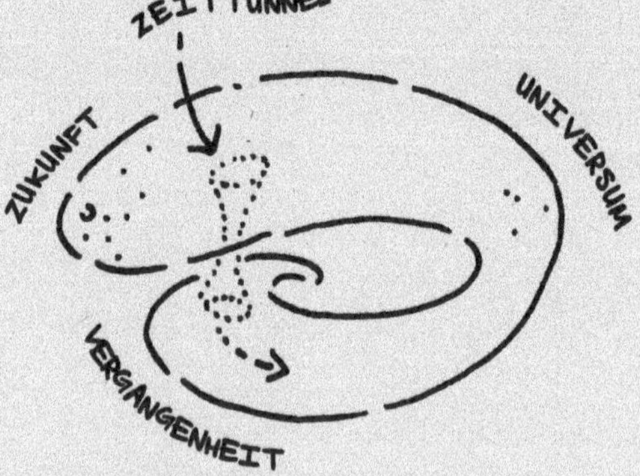

15. DER NOBELPREIS

Der große Krieg ist zu Ende und endlich sind die Kanonen verstummt. Aufbruchsstimmung liegt in der Luft. Meine Relativitätstheorie findet großen Anklang. Sie wird in der »New York Times« und in allen großen europäischen Zeitungen besprochen. Die Relativität ist plötzlich ebenso berühmt wie der Charleston, der neue Modetanz.

Mit meiner Ehe sieht es allerdings gar nicht gut aus. Der Kinder wegen tut es mir sehr Leid, doch ich lasse mich von Mileva scheiden. Mit meiner zweiten Frau Elsa Löwenthal, die zwei Töchter mit in die Ehe bringt, ziehe ich nach Berlin.

Da ich unheimlich gern esse, bin ich nicht mehr so dünn wie früher. Ich bin eine wichtige Person des öffentlichen Lebens geworden, komme mit bedeutenden Persönlichkeiten zusammen und kann mich deshalb nicht mehr so salopp kleiden. Ich freunde mich mit Charlie Chaplin an.

Im Jahre 1921 erhalte ich den Nobelpreis, merkwürdigerweise nicht für meine Relativitätstheorie, sondern für die Entdeckung des photoelektrischen Effekts. Es ist fast eine Art Trostpreis, doch immerhin bedeutet es einen Scheck über 22.000 Dollar. Diesen gebe ich an Mileva und meine Söhne weiter. Ich bin der Meinung, das steht ihnen zu.

Mein Leben könnte heiter und angenehm sein: Meine Arbeit macht mir Spaß und mit meiner Karriere geht es weiter bergauf. Ich kann mir sogar ein Häuschen an einem See in der Nähe von Berlin kaufen.

Doch dann geschehen in Deutschland schreckliche Dinge: Die Juden werden beschuldigt das deutsche Volk vernichten zu wollen. Adolf Hitler ist an die Macht gekommen. Seine Anhänger, die Nazis, verbrennen alle Bücher, deren Inhalt ihnen missfällt. Dazu gehört auch meine Relativitätstheorie.

An der Universität wird die »jüdische Physik« angegriffen (sprich: meine Theorie) und die Nazis durchsuchen und verwüsten mein Haus am See.

Zum Glück bin ich zu diesem Zeitpunkt mit meiner Frau und ihren Töchtern im Ausland auf Vortragsreise. Und nach diesem Vorfall beschließe ich lieber in Belgien zu bleiben.
Dort entscheide ich mich dafür, einen Ruf ans *Institute of Advanced Studies* in Princeton anzunehmen, und fahre in die Vereinigten Staaten von Amerika. Nach Deutschland zieht mich nichts mehr zurück.

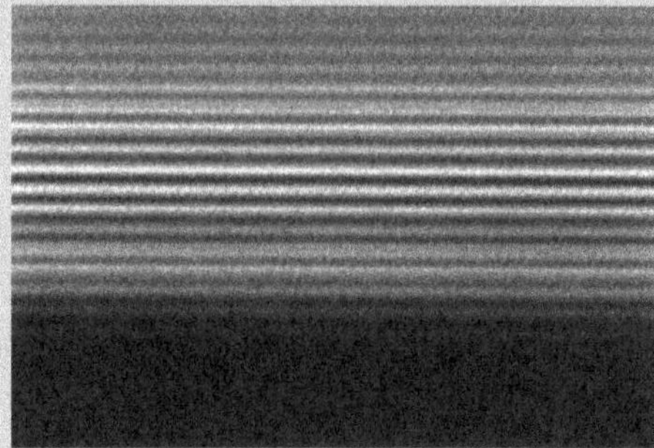

Albert Einstein hat den Begriff »Lichtquanten« (kleinste Energieteilchen mit den Eigenschaften elektromagnetischer Wellen) in die Physik eingeführt und so die Grundlagen für die Quantenphysik und Quantenmechanik gelegt.
Die Quantenmechanik hat viel mit der Wahrscheinlichkeitsrechnung zu tun. Materie soll aus Teilchen bestehen, die eigentlich zwar da sind, aber nicht unbedingt auch da sein müssen. Ein Ereignis kann zwar aller Wahrscheinlichkeit nach eintreten, muss aber nicht.
Der Physiker Erwin Schrödinger hat diesen Gedanken salopp so formuliert: Im selben Universum gibt es zur selben Zeit eine Wahrscheinlichkeit dafür, dass eine bestimme Katze lebendig ist, wie es auch eine gewisse Wahrscheinlichkeit gibt, dass dieselbe Katze tot ist.

16. ALS ASYLANT IN AMERIKA

Ich bin nicht der Einzige, der in den USA Asyl sucht. Adolf Hitler hat Gesetze gegen die Juden und andere Menschen, die nicht der deutschen Rasse angehören, erlassen. Deshalb sind um 1940 tausende von europäischen Wissenschaftlern gezwungen ihre Heimat zu verlassen.

Unter ihnen sind auch zwei Physiker-Kollegen von mir: der Italiener Enrico Fermi und der Ungar Leo Szilard. Nicht im Traum hätten sie jemals daran gedacht, dass ihre Forschungen in den USA die Geschichte unseres Planeten radikal beeinflussen würden.

In Amerika fühle ich mich sehr wohl. Stellt euch vor: Bei einer meiner ersten Reisen in diesem großen Land werde ich von einem Hopi-Indianerstamm zum Ehrenhäuptling ernannt und erhalte den Titel »Großer Verwandter« (Great Relative).

Wir beziehen ein großes Holzhaus in Princeton in der Nähe der Universität. Darin wohne ich mit meiner Frau Elsa, ihrer Tochter Margot, meiner Schwester Maja sowie Helen Dukas, meiner Sekretärin und Vertrauten, die endlich etwas Ordnung in mein Leben bringt.
Ich habe auch einen Hund und eine Katze.

Aus Europa kommen immer bestürzendere Nachrichten: Millionen von Menschen werden verfolgt, verschleppt und umgebracht – wegen ihrer Religion, ihrer Rasse oder ihren Ansichten.

Im September 1939 überfällt Hitlers Deutsches Reich Polen, und das ist der Beginn des Zweiten Weltkriegs. Innerhalb der nächsten Monate breitet sich der Krieg auf Holland, Belgien, Frankreich, den Balkan, Russland und schließlich auf die ganze Welt aus.

Gemäß der Quantenphysik besteht die Materie aus winzig kleinen Elementarteilchen mit den Eigenschaften von elektromagnetischen Wellen.
Zwischen fünfzig und zweihundert Arten davon wurden bis heute bereits identifiziert, vom Elektron bis zum Proton, vom Graviton bis zum Photon. Manche dieser Teilchen verhalten sich wirklich sehr merkwürdig.
Einige von ihnen können sogar in der Zeit rückwärts gehen …

17. DIE ATOMBOMBE

Ich hätte nicht im Traum daran gedacht, dass meine Relativitätstheorie irgendwann für militärische Zwecke genutzt werden könnte. Erst als ich 1939 ein Manuskript von Enrico Fermi und Leo Szilard lese, schwant mir, welche Gefahr droht.

Mir dämmert, dass Uran-Atome in eine wichtige Energieform verwandelt werden können, folglich auch in eine mächtige und schreckliche Waffe in den Händen der Nazis.

Obwohl ich den Krieg nach wie vor verabscheue, schreibe ich deshalb einen Brief an den amerikanischen Präsidenten Franklin D. Roosevelt. Ich bitte ihn auf der Hut zu sein und Geld und Forschungen in die Atombombe zu investieren, bevor die Nazis ihm zuvorkommen.

1940 leiste ich in Trenton in New Jersey den Treueeid auf die amerikanische Verfassung und werde amerikanischer Staatsbürger. Die Schweizer Staatsbürgerschaft kann ich beibehalten, was mir ganz recht ist.

Leider hat sich die Weltlage noch mehr verschlechtert: Japan greift die Garnison der amerikanischen Streitkräfte im Pazifik an, indem es den Militärstützpunkt Pearl Harbor auf Hawaii bombardiert. Deshalb treten 1941 auch die USA in den Krieg ein.

Enrico Fermi, Leo Szilard und andere Forscher bauen in Chicago den ersten Atomreaktor. Aus ihrer Gruppe stammt auch der Entwurf zum Bau der ersten Atombombe.

Ich schreibe den Originalartikel von 1905 über die spezielle Relativitätstheorie noch einmal von Hand ab. Das Manuskript wird versteigert und für sechs Millionen Dollar verkauft. Den Erlös spende ich als Beitrag zur Kriegsforschung in den USA. Ich arbeite aber nie aktiv an der Atombombe mit.
Ich hatte sogar geglaubt, dass es nie gelingen würde, eine Bombe zu bauen, die so klein ist, dass sie von einem Flugzeug transportiert werden könnte. Doch am 6. August 1945 höre ich im Radio, dass die erste Atombombe über der japanischen Stadt Hiroshima abgeworfen wurde.

Nehmen wir mal an, es wäre möglich, in der Zeit rückwärts zu reisen. Da käme man vermutlich sofort auf die Idee, in der Vergangenheit die großen Irrtümer der Geschichte zu korrigieren und zum Beispiel die großen Kriege zu verhindern. Somit wären auch all die damals geschehenen Gräueltaten getilgt.

Doch wenn man die Abfolge von Ereignissen löscht, gäbe es in der späteren Zukunft gar keinen Grund für diese Zeitreise und vielleicht nicht einmal den Reisenden selbst.

Denkt darüber nach, ihr Zeitreisenden, denkt gut nach …

18. ENDLICH FRIEDEN

Der Krieg ist zu Ende, doch der Frieden hat ein anderes Gesicht als früher: Fast überall auf der Welt werden jetzt Atombomben gebaut.

Ich arbeite noch immer an meiner Relativitätstheorie. Ich spüre, dass noch etwas fehlt. Doch ich weiß nicht, ob es mir noch gelingen wird, sie zu vervollständigen …

Nebenher versuche ich meine Angelegenheiten in Ordnung zu bringen, fast wie vor einer langen Reise. Ich mache auch mein Testament und verfüge, dass die Hebräische Hochschule von Jerusalem all meine Briefe und Manuskripte erhalten soll.

1952 bietet man mir an Präsident des noch jungen Staates Israel zu werden. Das ehrt mich zwar, doch ich lehne ab.

Im Laufe des letzten halben Jahrhunderts bin ich der berühmteste Wissenschaftler der Welt geworden. Ich bin alt und müde, aber ich trete noch immer gern auf, um meine Theorien zu verbreiten und auch meine Meinungen kundzutun, besonders in Bezug auf Atombomben.

Wir haben die Kräfte des Atoms entfesselt und damit vieles verändert. Doch wenn wir es nicht schaffen, unser Denken zu verändern, werden wir Katastrophen von unvorstellbarem Ausmaß entgegengehen!

Ich weiß nicht, welche Waffen im Dritten Weltkrieg eingesetzt werden, doch ich weiß, womit man im Vierten Weltkrieg kämpfen wird: mit Äxten und Stöcken.
Deshalb schreibe ich am 11. April 1955 an meinen Freund Bertrand Russell und unterzeichne ein Manifest, das alle Nationen zum Verzicht auf Atomwaffen aufruft.

Es ist mein letzter Brief.
Meine letzte wichtige
Handlung.

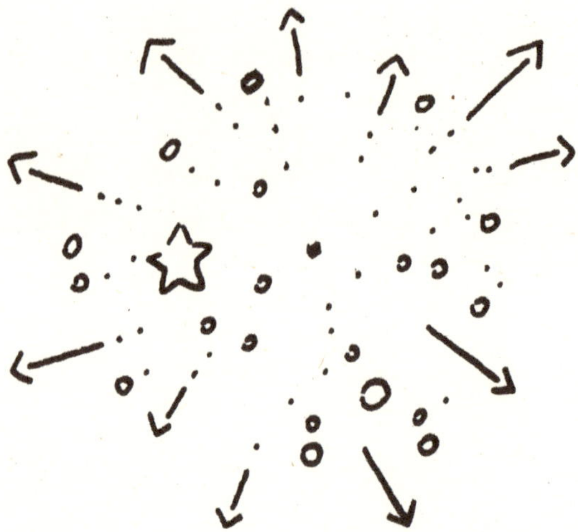

Am 18. April 1955 stirbt Albert Einstein.
Während seiner Lebenszeit hat sich das Universum noch weiter ausgedehnt, Milliarden von Sternen wurden geboren, andere sind gestorben. Auf unserem kleinen Planeten gab es seither viele neue Erkenntnisse über Materie und Energie, doch Albert Einsteins Theorien haben nach wie vor Gültigkeit. Mit ihrer Hilfe kann man auch weiterhin die geheimnisvolle Natur des Universums erforschen.

Albert Einsteins Asche wurde an einem unbekannten Ort verstreut. Seine Atome sind zur Erde und zum Kosmos zurückgekehrt. Doch zuvor wurden sein Gehirn und seine Augen entfernt, die noch heute in amerikanischen Forschungsinstituten aufbewahrt werden.

Bis zuletzt hat Albert Einstein versucht seine Theorie zu vervollständigen.
Sehr viele andere kluge Köpfe haben das auch versucht und sind zum Teil noch immer damit beschäftigt.
Albert Einstein hat eine Tür zum Weltraum und zum Wesen der Zeit aufgestoßen. Dank ihm wird uns die Zukunft noch so manche Überraschung bringen.

KLEINES WÖRTERBUCH

ATOM

Atome wurden lange Zeit für die kleinsten, nicht mehr teilbaren Teilchen der Materie gehalten. Heute wissen wir, dass auch diese noch in weitere Elementarteilchen teilbar sind. Einige von ihnen sind so klein und beweglich, dass man sie nicht mehr als »Teilchen« sondern als »Energiequanten« bezeichnet.

ATOMWAFFEN

Auch Kernwaffen genannt. Es sind Sprengkörper mit ungeheurer Zerstörungskraft. Sie funktionieren durch Nuklearkräfte und können kleine Mengen Materie in enorme Mengen an Energie verwandeln. Als »Atomwaffen« werden sowohl Uran- als auch Plutoniumbomben sowie Wasserstoffbomben bezeichnet. Erstere beruhen auf Kernspaltung, Wasserstoffbomben funktionieren durch Kernverschmelzung.

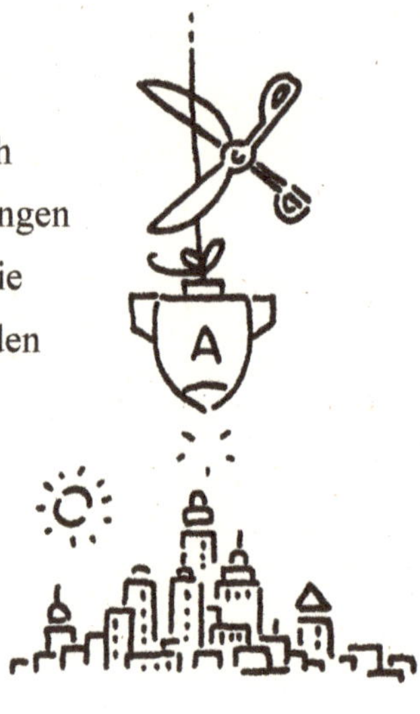

BOHR, NIELS (1885–1962)

Dänischer Physiker, einer der Väter der Quantenmechanik, der 1922 den Nobelpreis für Physik erhielt. Von 1943 bis 1945 arbeitete er in den USA an der Entwicklung der Atombombe mit, versuchte später aber seine Quantentheorien zum Wohl der Lebewesen einzusetzen.

BROWNSCHE MOLEKULARBEWEGUNG

Der schottische Naturforscher Robert Brown entdeckte 1827 das ständige Zittern kleiner, in einer Flüssigkeit aufgelöster Teilchen. Albert Einstein fand heraus, dass sie durch die Wärmebewegung der Flüssigkeitsmoleküle hervorgerufen werden, durch welche die Teilchen fortwährend unregelmäßige Stöße erhalten.

CURIE, MARIE (1867–1934)

Französische Physikerin und Chemikerin polnischer Abstammung, meist »Madame Curie« genannt. In Paris heiratete sie Pierre Curie, mit dem sie die Radioaktivität erforschte. Albert Einstein schätzte sie als Freundin und Kollegin.

Das unten abgebildete Foto, 1911 anlässlich der Tagung Solvay in Brüssel aufgenommen, zeigt Madame Curie als einzige weibliche Teilnehmerin. Rechts im Bild der junge Einstein.

EHRENHÄUPTLING

Ein Stamm der Hopi-Indianer verlieh Albert Einstein den Ehrentitel »Großer Verwandter« (Great Relative). Rechts von ihm seine zweite Frau Elsa.

EINSTEIN, ALBERT (1879–1955)

Das Genie war ein Kind wie viele andere, eher mittelmäßig in der Schule, bis er seine Liebe zu Mathematik und Physik entdeckte. Bis 1894 besuchte er das Luitpold-Gymnasium in München. Auf diesem Klassenbild ist er unten rechts zu sehen.

ENERGIE

Gibt es in vielen verschiedenen Formen (thermisch, nuklear, mechanisch, elektrisch …). Energie bedeutet gespeicherte Arbeit, die man später wieder aus der Energie gewinnen kann. Die ursprüngliche Quelle von Energie im Universum ist die Materie, die sich in Energie verwandelt, wenn sie ihre Masse verliert, wie Albert Einsteins berühmte Formel besagt. Alle weiteren Energiequellen sind auf diese primäre Energie zurückzuführen, auch die »nutzbaren« Energien wie z. B. Sonnenenergie und fossile Energie.

ERFOLG

Auf Erfolg an sich hatte es Albert Einstein nie abgesehen. Im Gegenteil, er wunderte sich immer wieder darüber, dass er ein so berühmter Mann war.

FERMI, ENRICO (1901-1954)

Italienischer Physiker, der 1938 den Nobelpreis erhielt. Er baute in Chicago den ersten Atomreaktor und bewies, dass Atome spaltbar sind. Er gehörte zu den Mitarbeitern des Projekts Manhattan und war maßgeblich an der Entwicklung der ersten Atombomben beteiligt. Eine Gruppe Elementarteilchen, die Fermionen, wurde nach ihm benannt.

FREUD, SIGMUND (1856-1939)

Österreichischer Psychiater und Philosoph. Seine Bücher wurden von den Nationalsozialisten Hitlers auf dem Scheiterhaufen verbrannt. 1933 schrieb er mit Albert Einstein zusammen das Buch *Warum Krieg?*.

GEIGE

Schon als Kind lernte Albert Einstein Klavier und Geige zu spielen. Er war sehr musikalisch. Seine Geige nannte er liebevoll »Lina«. Er hat sie seinem Neffen Bernhard vererbt.

Zeichnung von Franco Bruna

GRAVITATION

Jeder Körper, der sich in der Nähe eines Planeten oder Sterns befindet, unterliegt der Gravitation oder Schwerkraft. Gravitation bezeichnet die Eigenschaft von Massen, sich gegenseitig anzuziehen.

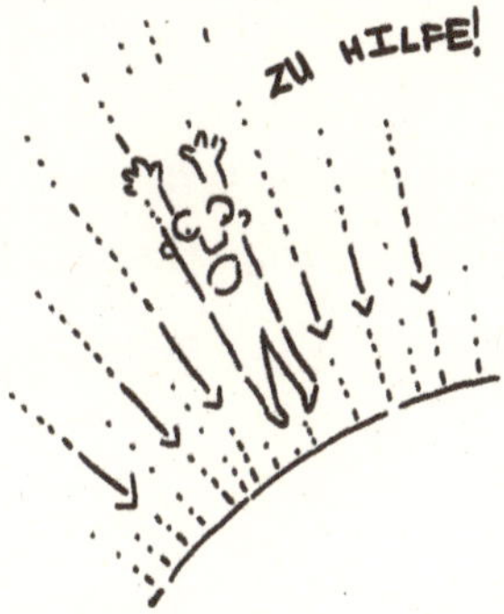

KARIKATUREN

Uns sind tausende von Zeichnungen und Karikaturen von Albert Einstein erhalten, einige ganz hübsch, andere sehr verzerrt. Auf dieser Karikatur, die 1931 auf einem Journalistenball in Wien verteilt wurde, sehen wir Einstein zusammen mit Sigmund Freud und Eugen Steinach, einem damals sehr berühmten Arzt.

KERNREAKTOR

Eine Anlage zur Erzeugung von Energie, in der eine Kettenreaktion von Kernspaltungen geregelt abläuft. Schon kleinste Mengen Materie setzen unter diesen kontrollierten Umständen enorme Energiemengen frei. Der erste Kernreaktor bestand aus Grafit- und Uranblöcken und wurde 1942 von Enrico Fermi in einem Bunker unter dem Stadion der Universität von Chicago gebaut. Kernreaktoren bilden den Hauptbestandteil von Atomkraftwerken.

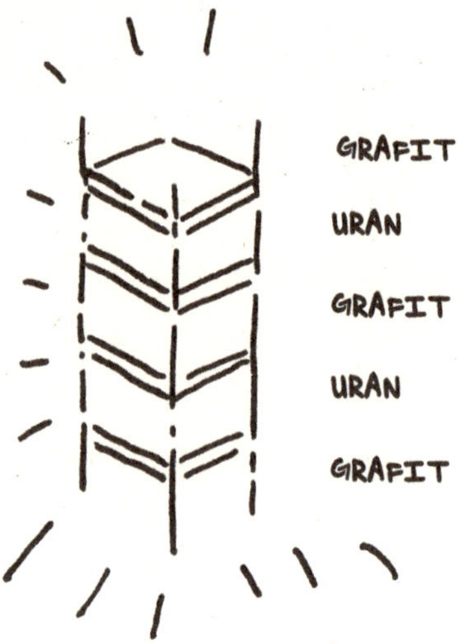

KOSMOS

Anderes Wort für das Weltall, das alle Galaxien, Sterne und Planeten umfasst. Eine weitere Bezeichnung ist »Universum«.

LICHTGESCHWINDIGKEIT

Naturkonstante des Universums. Entspricht im Vakuum der beträchtlichen Geschwindigkeit von 300.000 Kilometern pro Sekunde.

MAILAND

Die Familie Einstein lebte mehrere Jahre in Mailand in der Via Bigli, in einem Haus der Gräfin Clara Maffei.

MASSE

Eine der Grundeigenschaften der Materie. Jeder Körper setzt einer Änderung seiner Geschwindigkeit Widerstand (Trägheit genannt) entgegen. Dieser ist unabhängig davon, woraus der jeweilige Körper besteht. Masse ändert sich nicht. Ein Astronaut hat im Weltraum, wo sein Gewicht wegen der fehlenden Schwerkraft bei null ist, dieselbe Masse wie auf der Erde. Sie beträgt überall z. B. 100 kg.

MATERIE

Allgemeine Bezeichnung für alles Stoffliche, das uns umgibt und aus dem wir auch selbst bestehen.

MAXWELL, JAMES CLERK (1831–1879)

Schottischer Physiker, der die Theorie der elektromagnetischen Erscheinungen entwickelte, zu denen auch das Licht gehört. Er sprach als Erster vom elektromagnetischen Feld. Zudem vermutete er auch, dass die Zeit nicht überall gleich schnell vergeht. Auf der Grundlage von Maxwells Arbeiten und Gleichungen arbeitete Albert Einstein seine Relativitätstheorie aus.

NOBELPREIS

Angesehener Preis, der auf den schwedischen Industriellen Alfred Bernhard Nobel zurückgeht. Für die Entdeckung des photoelektrischen Effekts erhielt Albert Einstein 1921 den Nobelpreis für Physik.

PHOTOELEKTRISCHER EFFEKT

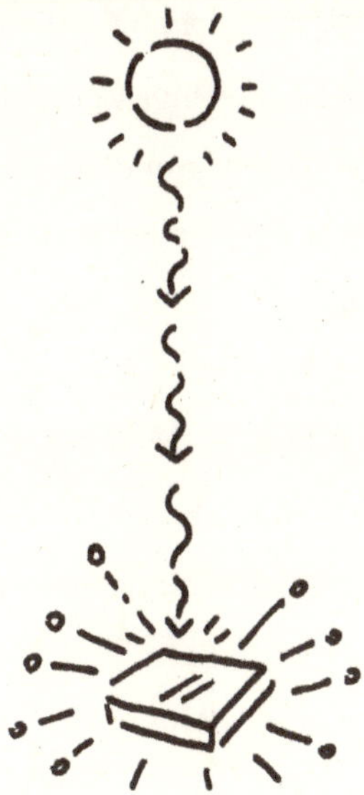

Wurde von Albert Einstein entdeckt und beruht darauf, dass sich aus einem Metall Elektronen ablösen, wenn Lichtstrahlen darauf fallen. Das bestätigte Einsteins Vermutung, dass das Licht trotz seiner Wellennatur aus Energieteilchen besteht (Photonen). Auf diesem Effekt basiert auch die Möglichkeit, Sonnenlicht in elektrische Energie umzuwandeln.

PHOTON

Kleinstes Energieteilchen einer elektromagnetischen Strahlung, aus der das Licht besteht, wie Albert Einstein schon 1905 vermutet hat.

PHYSIK

Für die alten Griechen war Physik die Wissenschaft, welche die wahre Natur der Dinge zu ergründen suchte. Heute versucht die Physik die Gesetze zu entdecken, die sowohl den Makrokosmos (das Universum) als auch den Mikrokosmos (im Inneren von Atomen) betreffen.

PLANCK, MAX (1858-1947)

Deutscher Physiker und Begründer der Quantentheorie, welche die Physik grundlegend neu gestaltet hat. Der um zwanzig Jahre jüngere Albert Einstein konnte viele seiner Ansätze aufgreifen.

PROJEKT MANHATTAN

Ziel dieses Projekts war der Bau der ersten Atombombe, die versuchsweise am 16. Juli 1945 auf dem Luftstützpunkt Alamogordo in New Mexico gezündet wurde. Am 6. August desselben Jahres wurden die japanischen Städte Hiroshima und Nagasaki das Ziel dieser neuen Waffe.

QUANTEN

Allerkleinste, unteilbare Einheiten einer bestimmten physikalischen Größe (Energie).

QUANTENMECHANIK

Teilgebiet der Physik, welches das Verhalten der Materie (Atome und Elementarteilchen) untersucht und zu erklären versucht. Hierfür greift sie auf die Wahrscheinlichkeitsrechnung zurück. Dieses Vorgehen fand nicht immer Albert Einsteins Zustimmung.

QUANTENTHEORIE

Theorie der modernen Physik, die das physikalische Verhalten von Atomen, Molekülen, Elektronen und Elementarteilchen auf mathematische Weise zu ergründen sucht. Während seiner ganzen zweiten Lebenshälfte versuchte Albert Einstein, die Verknüpfungspunkte zwischen seiner eigenen Theorie und dieser neuen Auffassung der Physik zu finden. Jede neue Entdeckung in Sachen Quanten stellt einen weiteren Schritt auf dem Weg zu einer vereinheitlichten Theorie dar, die Albert Einstein bezüglich der vier Naturkräfte entworfen hat: der Gravitationskraft, der elektromagnetischen Kraft, der starken Kernbindungskraft und der schwachen Kernbindungskraft.

RAUMZEIT

Wir bewegen uns in einem dreidimensionalen Raum. Er hat Höhe, Breite und Tiefe. Hinzu kommt die eindimensionale Zeit, die nur die Richtung vorwärts und rückwärts hat. Die Nachricht vom Vergehen der Zeit kann das Licht übertragen, indem es durch den Raum reist. Daher sind Zeit und Raum miteinander verknüpft.

RELATIVITÄTSTHEORIE

Ursprünglich wollte Albert Einstein seiner Theorie einen weniger faszinierenden Namen geben: Theorie der Invarianz. Doch Max Planck bestand auf dem Namen Relativitätstheorie. Das Relativitätsprinzip lautet, dass unter denselben Bedingungen überall dieselben Naturgesetze gelten.

RIEMANN, BERNHARD (1826–1866)

Deutscher Mathematiker. Seine Arbeiten über die Grundlagen der Geometrie waren sehr bedeutsam für Albert Einsteins

Relativitätstheorie. Riemanns geometrische Sätze umfassen Teile der nicht-euklidschen Geometrie, wie Ebenen und Linien, die sich krümmen, Winkel mit mehreren Dimensionen und Parallelen, die sich im Unendlichen treffen.

RUSSELL, BERTRAND (1872-1970)

Englischer Philosoph und Mathematiker. Er kämpfte sein Leben lang gegen jede Form von Absolutismus und später auch gegen die Atomwaffen. An ihn war Albert Einsteins letzter Brief gerichtet.

SCHWARZES LOCH

Möglicher Endzustand eines Sterns, der explodiert und in sich selbst zusammengefallen ist. Trotz des bei der Explosion weggeschleuderten Materials besitzt das schwarze Loch noch eine enorme Masse, hat aber eine sehr geringe Ausdehnung. Seine Gravitationskraft ist so hoch, dass es alles anzieht und nicht einmal Licht wieder entweichen kann. Deshalb kann man es nie direkt sehen. Auf seiner Oberfläche steht die Zeit still.

SPÄTENTWICKLER

»Ein normaler Erwachsener denkt nicht über die Probleme von Raum und Zeit nach, weil dies Fragen sind, die er sich schon als Kind gestellt hat. Da ich bekanntlich ein Spätentwickler war, begann ich mich erst als Erwachsener mit den Fragen von Raum und Zeit zu beschäftigen.«
Albert Einstein

STILFRAGEN

»Lässig« – so definierte Albert Einstein seinen Haarschnitt. Er hasste es, Socken zu tragen, und lief am liebsten in Sandalen herum. Doch wenn unbedingt nötig, zog er auch mal seinen Smoking an, der ihm gut stand, wie auf dem Foto, wo er mit Charlie Chaplin ein Theater verlässt.

SZILARD, LEO (1898–1964)

Ungarischer Atomphysiker, nahm in den USA am Projekt Manhattan teil und erlebte die erste Atombombenexplosion mit. Allerdings sprach er sich stets entschieden dagegen aus, Atomwaffen für militärische Zwecke einzusetzen.

UNIVERSUM

Heute geht man allgemein davon aus, dass das Universum mit dem Urknall entstanden ist. Allerdings sehen und kennen wir nur einen sehr kleinen Teil des Universums.

URAN

Dieses chemische Element ist sehr instabil und zu einer nuklearen Reaktion fähig, bei der sich ein Teil der Materie in Energie umwandelt. Das Isotop 235 des Urans, zusammen mit Plutonium 239, ist Hauptbestandteil von Atombomben.

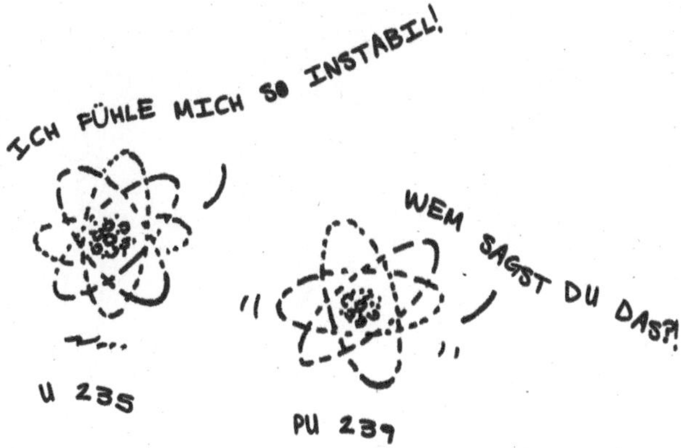

URKNALL

Eine unvorstellbar gewaltige Explosion, bei der nach dem heutigen Wissensstand das Universum entstanden ist. Bis Albert Einstein seine Theorie aufstellte, galt das Weltall als statisch und unendlich.

Mit dem Urknall entstanden erst Raum und Zeit. Deshalb kann die Frage, was vor dem Urknall war, in der Physik nicht gestellt werden.

WURMLÖCHER

Wegen der Krümmung des Raums müsste es theoretisch Verbindungen zwischen dem Universum der Vergangenheit und dem der Zukunft und umgekehrt geben, so genannte Wurmlöcher. Sie wurden 1935 von Albert Einstein und Nathan Rosen beschrieben, weshalb man sie anfangs als »Einstein-Rosen-Brücken« bezeichnete.

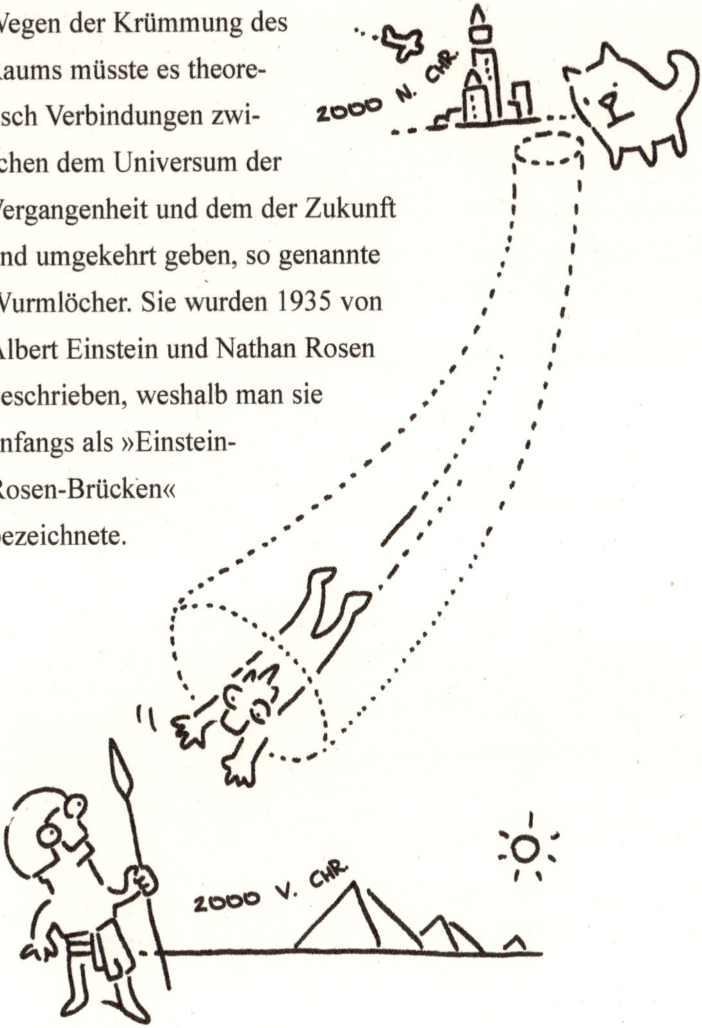

ZEITMASCHINE, DIE

Titel eines Zukunftsromans von Herbert George Wells, 1895 erschienen. Darin wird unser Jahrhundert recht negativ geschildert. Die Bevölkerung – so schrieb Wells – wird auf zwei verschiedenen Ebenen leben und in zwei Klassen gespalten sein. Unter der Erde leben abgestumpfte Arbeiter im Elend, während auf der Erdoberfläche eine Klasse dummer, manipulierbarer Marionetten lebt.

ZEITREISEN

Bewegungen in der Zeit, die vom normalen Zeitablauf abweichen. Es ist theoretisch nicht unmöglich, in die Zukunft zu reisen. Man müsste allerdings sehr schnell reisen, womöglich

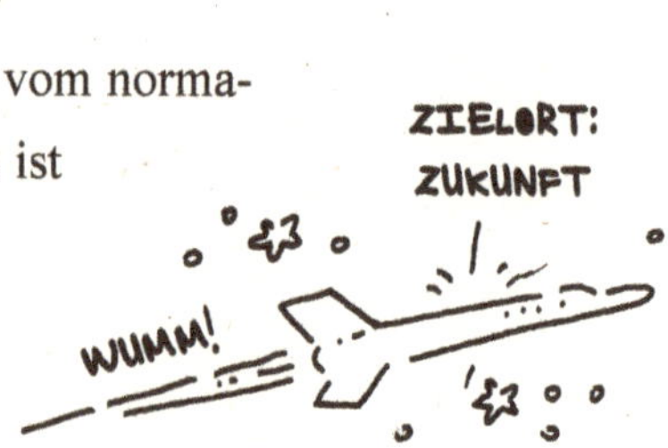

an Bord eines Raumschiffs, das mit annähernder Lichtgeschwindigkeit fliegt.

In die Vergangenheit zurückzukehren ist hingegen sehr viel unwahrscheinlicher. Die einzige theoretisch vorstellbare Möglichkeit liefert uns die Quantenmechanik. Zeitmaschinen, wie sie die Personen in Crichtons Roman *Timeline – Eine Reise in die Mitte der Zeit* benutzen, kehren in die Vergangenheit zurück, indem sie auf Wellen aus »Quantenschaum« reiten. Doch der Roman lässt auch einige Zweifel offen: Kehrt man wirklich in die Vergangenheit zurück oder wird man nicht vielmehr in ein unserer Vergangenheit ähnliches Universum transportiert, eines von unendlich vielen möglichen Universen?

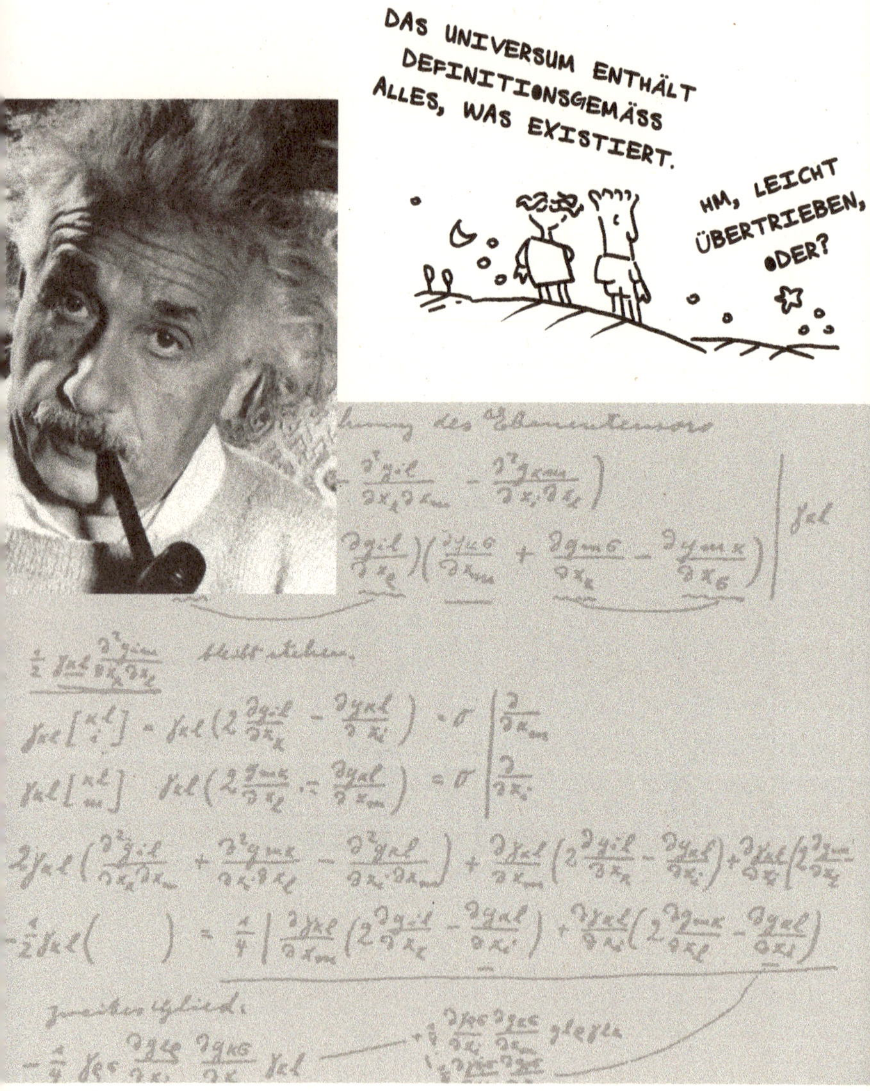
DAS UNIVERSUM ENTHÄLT DEFINITIONSGEMÄSS ALLES, WAS EXISTIERT.
HM, LEICHT ÜBERTRIEBEN, ODER?

INHALTSANGABE

LUCA NOVELLI,

Autor und Illustrator, ist der Verfasser zahlreicher Bücher über Naturwissenschaften und Natur, die in viele Sprachen übersetzt wurden. Er arbeitet als wissenschaftlicher Berater für die RAI, das staatliche italienische Fernsehen, und leitete zehn Jahre lang eine Zeitschrift für Grafik und Design. Für die Reihe „Lebendige Biographien" erhielt er 2004 den italienischen Andersen-Preis als bester populärwissenschaftlicher Autor.

Galilei und der erste Krieg der Sterne

LUCA NOVELLI

Aus dem Italienischen
von Anne Braun

Galileo Galilei

Galileo Galilei hat die Grundlagen der modernen Physik gelegt, eine Vielzahl von Geräten konstruiert und mit seinen Experimenten großes Aufsehen erregt. Er hat eine Menge Dinge entdeckt, darunter die Krater auf der Mondoberfläche, die Jupitermonde und die Sonnenflecken.
Hier erzählt Galileo Galilei sein Leben, von seiner Kindheit bis zu seinen letzten Jahren als starrköpfiger alter Mann.
Er lebte um das Jahr 1600 in Italien, in einer Welt der Kriege, Pestepidemien und des Aberglaubens.
Er hatte mächtige Freunde, aber auch Feinde.
Um ein Haar wäre er wegen Ketzerei auf dem Scheiterhaufen gelandet.
Er führte nämlich einen Krieg – einen Krieg im Namen der Sterne.

IN DIESEM BUCH GEHT ES UM ...

mich, Galileo Galilei. Ich erzähle von meiner Kindheit in der Nähe des Schiefen Turms von Pisa.

Es geht um meine Studien, meine Erfindungen, meine Liebe zur Musik und zu gutem Essen.

Es geht um mein heiß geliebtes Fernrohr.

Es geht um meine Bücher und meine Ansichten über die Erde, die Sonne und das Universum im Allgemeinen.

Es geht um die päpstliche Inquisition.

Es geht um meine Gedanken, welche die Menschen später zur Eroberung des Weltraums führen werden.

LVNA

Der Sternenhimmel um 1600

Vor etwas mehr als hundert Jahren haben die Europäer Amerika entdeckt.
Die ersten Abenteurer haben den Erdball umsegelt.
Die Erde ist rund, daran besteht kein Zweifel mehr.
Doch über die Sterne und die Planeten herrschen ganz andere Vorstellungen als heute.
Den Mond halten die damaligen Menschen zum Beispiel für eine runde, glatte Kugel.
Die Erde steht unbeweglich im Zentrum des Universums.
Die Sonne – so steht es in der Bibel und anderen Büchern geschrieben – dreht sich um sie herum.
Nur einige wenige erleuchtete Geister wagen es, das Gegenteil zu behaupten.
Zu diesen gehört auch Galileo Galilei.

Galileo Galilei wird im Jahr 1564 in Pisa geboren, einer Stadt, die zum Herzogtum Florenz gehört und von der reichen Bankiersfamilie Medici regiert wird. Damals war Italien noch in viele Kleinstaaten unterteilt.

Pisa, eine alte Stadt, war im Mittelalter eine mächtige Seerepublik gewesen. Zu Galileis Zeiten gibt es dort eine angesehene Universität, einen botanischen Garten und eine mit Zinnen bewehrte Stadtmauer. Pisa hat eine Zeit des Niedergangs hinter sich, wurde von der Pest und Hungersnöten heimgesucht.

1. ICH, GALILEI

Hallo, Leute! Ich grüße euch, meine Leser, meine Altersgenossen im Stadtviertel San Francesco und auch alle Lausbuben innerhalb der Stadtmauern.

Ich glaube, ich bin der einzige meiner Schulkameraden, der ernsthaft lesen lernt. Die anderen sind Söhne von Handwerkern und Krämern, die nur rechnen lernen wollen.

Mein Vater dagegen, Vincenzio Galilei, ist Musiker. Als Tuchhändler arbeitet er nur, um seinen Lebensunterhalt zu verdienen. Am liebsten spielt er Orgel und Laute und er kleidet sich wie ein feiner Herr.

Papa unterrichtet die Söhne der Adligen in Musik. Er kommt mit gebildeten, hoch gestellten Personen zusammen, ähnlich wie meine Mutter Giulia Ammannati, von der alle sagen, dass sie eine vornehme Frau ist.

Vielleicht schimpft sie deshalb so oft mit uns. Mich schimpft sie aus, weil ich mich davonstehle, um in den Gassen zu spielen, und meinen Papa deshalb, weil er uns in diesem Haus leben lässt, in diesem Stadtviertel, und sie seinetwegen kein Leben führen kann, das ihrem Stande entspricht.

Vielleicht hat sie ja Recht. Ich treibe mich zu häufig am Hafen herum, bei den Schiffen, die Tiere und Waren aus fernen Ländern mitgebracht haben.

Sehr oft bin ich auch unter den Fenstern des Kerkers, wo man das Wehklagen der Gefangenen und die Schmerzensschreie derjenigen hören kann, die gefoltert werden.

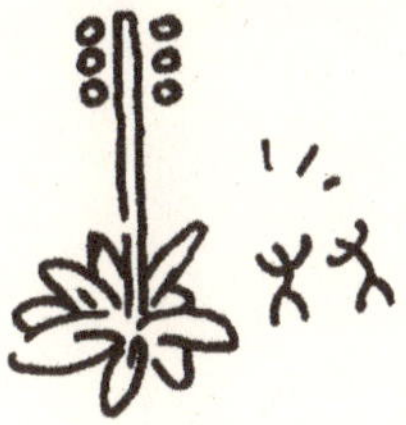

Manchmal findet Mama mich auch im botanischen Garten, wo herrliche Pflanzen aus Amerika wachsen, die ich noch nie gesehen habe. Andere Male auf der Piazza dei Cavalieri, wo die Soldaten des Ordens des heiligen Stefan exerzieren.

Aus Pisa hinaus wage ich mich nur selten. Dort ist es sehr sumpfig und viele Leute, die dort hingehen, bekommen Fieber und sterben.

In Galileo Galileis Jugendzeit gilt Mathematik ebenso wie Musik als eine Kunst. Gebildete Adlige üben sich in beidem, genau wie diese zwei französischen Adligen, die als Botschafter am englischen Hof sind. Sie haben wertvolle Geschenke für den König mitgebracht: astronomische Instrumente und eine Laute, das Musikinstrument, das Galileis Vater so geliebt hat.

(Gemälde von Holbein dem Jüngeren)

2. STÄNDIG HUNGRIG

Inzwischen sind wir nach Florenz umgezogen, in die schönste Stadt der Welt, wie mein Vater sagt, der hier geboren wurde. Allerdings wohnen wir nicht direkt in der Stadt, sondern auf einem der umliegenden Hügel.

Papa unterrichtet mich selbst. Er sagt, dass es keine Lehrer gibt, die gut genug für mich sind. Aber ich glaube eher, dass wir uns einfach keinen guten leisten können. Papa bringt mir Grammatik, Griechisch und Literatur bei, hauptsächlich aber Musik: Flöte und Orgel. Das tut er mit großem Eifer, denn die Musik ist sein Leben.

Dass er so gern musiziert, macht meine Mama Giulia wütend. Ihr wäre es lieber, er würde mehr Geld nach Hause bringen, damit sie für sich selbst schöne Kleider und für uns Kinder mehr zu essen kaufen kann.

Wenn Mama schimpft, stellt Papa sich taub. Er behauptet, die Musik verkörpere Freiheit und Wahrheit.
Er komponiert die Musik für eine schreckliche Tragödie: die Einkerkerung des Grafen Ugolino im Hungerturm. Darüber kann ich nur lachen, denn eigentlich leben wir ja selbst in einem Hungerturm.

Irgendwann kommt Papa auf die Idee, mich zur weiteren Erziehung ins Kloster Vallombrosa zu schicken. Zu eurer Zeit würde man sagen, ich komme ins Internat. Dieses Kloster hättet ihr sehen sollen!

Es liegt in tausend Metern Höhe und ist von hohen Tannen und Buchen umgeben. Hier ist es ständig kalt und feucht, besonders im Winter, wenn die Wolken fast bis in meine Zelle reichen. Fenster haben wir natürlich keine. Und draußen gibt es Eis und Schnee, Wildschweine, Wölfe, Käuze und sogar … Teufel. Das glaubt ihr nicht? Ha – ganz in der Nähe liegt eine Schlucht und es wird behauptet, hier habe ein Teufel den heiligen Johannes hinuntergestoßen. Doch dieser soll sanft wie eine Feder auf dem Erdboden gelandet sein.

Doch dafür gibt es bei den Mönchen immer reichlich zu essen: Bohnen, Gerste, Fleisch, Nüsse und Kastanien. Außerdem sind sie sehr weise. Einer der Mönche hat mir mal gesagt: Wer einem anderen nicht verzeihen kann, zerstört den Steg, über den er selbst gehen könnte. Ich weiß nicht, warum, aber ich glaube, dieser Satz wird mich mein ganzes Leben lang begleiten.

In allen Büchern, die Galileo Galilei im Laufe seiner Jugendzeit liest, steht geschrieben, dass die Erde unbeweglich im Mittelpunkt des Universums steht. Und dass die Sonne, die Sterne und die Planeten um sie herumkreisen.

Klar, wenn man in den Himmel schaut, könnte man das wirklich glauben.

Der erste Astronom, der diese Weltsicht infrage stellt, ist der ostpreußische Astronom und Domherr Nikolaus Kopernikus. Dieser behauptet, dass sich die Erde um ihre eigene Achse und gleichzeitig um die Sonne dreht. Damit hat er völlig Recht. Doch diese Erkenntnis ist so revolutionär, dass Kopernikus sie für sich behält. Erst 1543, kurz vor seinem Tod und zwanzig Jahre vor Galileis Geburt, wird Kopernikus' Buch veröffentlicht.

3. ALS STUDENT IN PISA

Das Leben oben in Vallombrosa bei den Mönchen gefällt mir ganz gut. Ich mag das Leben im Rhythmus der Glockenschläge, das Beten und den stets gedeckten Tisch. Doch nun hat Papa über meine Zukunft entschieden: Ich soll Medizin studieren und später Arzt werden.

So kommt es, dass ich schon mit fünfzehn Jahren an der Universität Pisa studiere und anatomische Vorlesungen besuchen muss.

Medizin ist zu meiner Zeit noch etwas ganz anderes als später. Es gilt mehr als künstlerisches Fach, so ähnlich wie Dichtkunst und Musik. Als Medizinstudent muss man Philosophie studieren und lernen, wie man den Patienten das Horoskop erstellt. Die Gesundheit hängt nämlich von den Sternen ab, sagen meine Dozenten.

Ich persönlich finde Mathematik viel spannender. Das wird mir klar, als ich die Vorlesungen von Ostilio Ricci an der Florentiner Kunstakademie besuche. Er berechnet, wie man Kriegsmaschi-nen und Befestigungsanlagen bauen kann. Wer das gut kann, ist sehr gesucht und wird von den Herrschenden gut bezahlt. Und Kriege gibt es zu meiner Zeit mehr als genug.

Heimlich besuche ich Riccis Vorlesungen und stelle fest, dass ich ziemlich begabt bin. Ich schreibe fleißig mit und entwerfe ein paar mechanische Geräte.

Als ich eines Tages in der Kirche eine herabhängende Öllampe schwingen sehe, kommt mir der Gedanke, dass man mit einem Pendel den Pulsschlag messen könnte. Ein Pendel schwingt nämlich immer im selben Rhythmus, deswegen kann man es gut zur Zeitmessung verwenden.
Nach kurzer Zeit übernehmen die Medizinprofessoren der Universität Pisa meine Idee.

Das Lesen und Vorlesen der Göttlichen Komödie *von Dante Alighieri ist ein sehr beliebter Zeitvertreib zu Galileo Galileis Zeiten. Man liest sie in den Häusern, in den Kirchen und auf den öffentlichen Plätzen. Dantes Verse lassen vor den Augen der Leser oder Zuhörer Bilder der Hölle, von schrecklichen Teufeln und grausamen Foltermethoden entstehen.*
In vielen Kirchen gibt es Bilder der Hölle, auf denen Satan, der oberste Dämon, abgebildet ist. Teufel sind für Galileis Zeitgenossen reale Wesen, die man mit ernsthaften wissenschaftlichen Methoden erforschen will.

4. DIE AUSMASSE DES TEUFELS

Mein Studium an der Universität hat so gut angefangen. Doch dann läuft alles schief.

Mein Antrag auf ein Stipendium wird abgelehnt und ich muss Pisa ohne Studienabschluss verlassen. Nun schlage ich mich mehr schlecht als recht in Florenz und Siena durch. Ich gebe Söhnen reicher Adelsfamilien Mathematikunterricht.
Ich lebe im überfüllten Haus meiner Eltern, die sich nicht gerade über meine Anwesenheit freuen. Ich würde gern nach Bologna gehen, wo ein Lehrstuhl für Mathematik frei ist.

Auf der Suche nach Fürsprechern reise ich nach Rom. Doch leider klappt es nicht. Ich werde noch lange ohne »richtige« Arbeit sein.

Ich konstruiere ein neues Gerät – eine hydrostatische Waage, die auf eine Idee von Archimedes zurückgeht, den größten Mathematiker der Antike.
Mit dieser Waage können Goldschmiede die verschiedenen Anteile von Gold und Silber bei einer Mischung (Legierung) messen.
Über diese Waage schreibe ich meine erste wissenschaftliche Abhandlung.

Daraufhin erhalte ich ein unerwartetes Angebot. Im Auftrag von Baccio Valori, Senator von Florenz und angesehener Präsident der Literarischen Akademie della Crusca, soll ich ausrechnen, wie groß Luzifer, der Teufel, ist.

Ich nehme diesen Auftrag sehr ernst und halte schließlich einen öffentlichen Vortrag über die Ergebnisse. Meine Berechnungen basieren auf der *Göttlichen Komödie* von Dante Alighieri.

Dank meiner Formeln kann ich berechnen, wie groß Luzifer ist und wie lang seine Arme sind. Und ich erkläre auch, wo die Hölle liegt, bezogen auf Rom und Florenz. Mein Vortrag findet großen Anklang.

Im Juli 1969 betritt der erste Mensch den Mond, der Astronaut Neil Armstrong.
Er nimmt viele Bodenproben und macht etliche Experimente. Eines davon ist ganz einfach: Armstrong lässt einen Hammer und eine Feder fallen und beweist, dass beide gleichzeitig den Boden berühren. Diese einfache Demonstration im luftleeren Raum wäre ganz nach Galileo Galileis Geschmack gewesen.

5. DIE SHOW AM SCHIEFEN TURM

Hurra! An der Universität von Pisa ist ein Lehrstuhl für Mathematik frei geworden. Ein Marchese und ein Kardinal geben mir ein Empfehlungsschreiben. Ich bekomme die Stelle! Viel Geld verdiene ich dort allerdings nicht, nur 60 Scudi im Jahr. Das reicht gerade mal für Unterkunft und Verpflegung, ist aber besser als nichts. Außerdem gelte ich nun allmählich als ernsthafter Wissenschaftler.

Ich nehme mein erstes Buch in Angriff. Es handelt von der Fallgeschwindigkeit von Gegenständen. Um meine Theorie zu beweisen, kommt mir eine geniale Idee.

Ich steige auf den Schiefen Turm und lasse, in Anwesenheit einiger weniger Zuschauer – meiner Studenten, einiger Kollegen und Menschen aus dem Volk – Kugeln von unterschiedlichem Gewicht und Material fallen: Holz, Kupfer und Gold. Alle Kugeln schlagen im selben Moment unten auf. Klar, eine Feder würde natürlich langsamer fallen. Doch das liegt nicht am Fallen an sich, sondern am größeren Luftwiderstand.

Zu meiner Zeit ist ein solches Experiment allerdings sehr gefährlich, denn es widerspricht der Lehrmeinung von Aristoteles, einem Philosophen, der vor über 2.000 Jahren gelebt hat und auf dessen Lehren sich die Macht der Kirche von Rom gründet. Meine Kollegen sind sehr irritiert. Viele von ihnen begegnen mir nun mit Feindseligkeit. Deshalb verzichte ich da-rauf, mein geplantes Buch zu veröffentlichen. Ich verlasse Pisa, weil es hier zu viele Neider gibt, und gehe nach Padua, eine Stadt in der freien und unabhängigen Republik Venedig.

Als Galileo Galilei zu unterrichten beginnt, ist das wichtigste astronomische Observatorium der Welt jenes von Tycho Brahe auf der Insel Haven in Dänemark.
Tycho Brahe ist davon überzeugt, dass die Erde zu »schwer und träge« ist, um sich im Raum zu bewegen. Doch ausgerechnet seine eigenen Beobachtungen werden das Gegenteil beweisen.

6. ANGENEHME JAHRE

Pisa und Pisaner – gehabt euch wohl! Jetzt lebe ich in Padua. Nach kürzester Zeit bin ich Professor für Mathematik und bekomme ein anständiges Gehalt. Ich finde viele neue Freunde. Ich wohne im Palazzo von Gian Vincenzio Pinelli, in der Nähe der großen Basilika des heiligen Antonius.

Meister Pinelli beherbergt Wissenschaftler und Künstler von Weltruhm. Darunter befindet sich auch der Dichter Torquato Tasso, der so berühmt ist wie bei euch ein Rockstar.

Unsere Abendessen enden übrigens oft mit Musik. Meister Pinelli spielt Leier, ich Laute.

Im Palazzo von Meister Pinelli wird offen geredet. Doch viele seiner Gäste finden ein böses Ende: Tommaso Campanella zum Beispiel landet im Kerker, Pater Giordano Bruno sogar auf dem Scheiterhaufen. Der Grund? Nun, sie haben Ansichten über die Natur und das Universum, die der Heiligen Schrift, also der Bibel, widersprechen. Das wird als Ketzerei bezeichnet. Giordano Bruno ließ sich nicht davon abbringen, zu behaupten, dass sich die Erde um die Sonne drehe und nicht umgekehrt. Meiner Meinung nach hat er Recht. Das hat auch schon Nikolaus Kopernikus behauptet, genau wie neuerdings der Deutsche Johannes Kepler. Allerdings lebt er nicht wie ich im katholischen Italien, sondern in einem protestantischen Land. Und dort gibt es keine Inquisition. Die Inquisition ist ein Kirchengericht, das Ketzerei verhindern soll.

Hier in Padua lebe ich nicht schlecht. Meine Studenten mögen mich. Mit Freunden und Kollegen besuche ich viele Feste und Feiern. Zu meinen Freunden gehört auch Fabricio Acquapendente, ein berühmter Anatom. Er hat mich schon von so mancher Krankheit und Verdauungsstörung geheilt.

Ich fahre oft nach Venedig. Dort habe ich einen teuren Freund namens Francesco Sagredo. Er wohnt in einem großen Haus, das alle Welt »Arche Noah« nennt, weil er so viele Tiere beherbergt: Hunde, Katzen, Papageien, Affen und weitere exotische Geschöpfe.

Zu Galileo Galileis Zeiten sind Rechengeräte sehr begehrt, besonders für militärische Zwecke. Galilei erfindet den vielseitig einsetzbaren geometrischen und militärischen Zirkel (»Proportionszirkel«): Er sieht wie ein flacher Zirkel aus, auf dessen Schenkeln sich etliche Linien und Zahlen befinden. Damit kann man die Flugbahn von Geschossen, die Dichte von Metallen und noch viele andere Dinge berechnen.

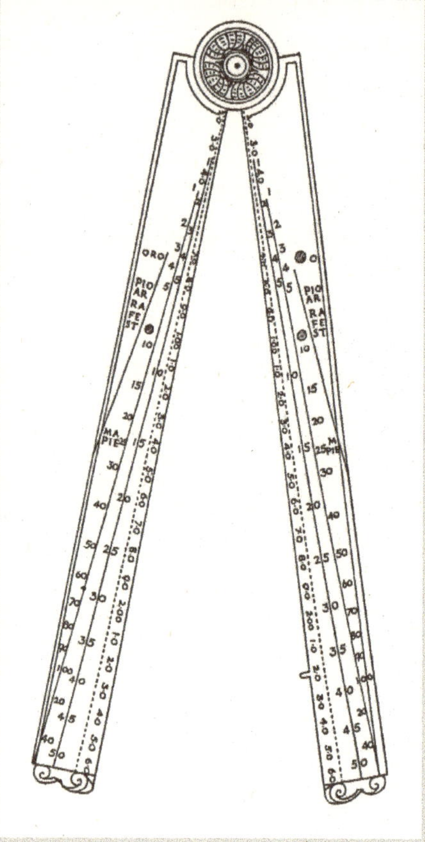

7. WILLKOMMEN IN MEINEM HEIM

Herzlich willkommen! Mein Haus in der Nähe der Basilika des heiligen Antonius ist zwar kein Palast wie jener von Meister Pinelli, doch es ist schön und gemütlich. Es hat drei Stockwerke, eine große feinmechanische Werkstatt im Erdgeschoss, einige Gästezimmer und Räume für meine Privatstudenten. Ich habe Dienstpersonal und lade oft Gäste ein, mit denen ich im Garten zu Abend speise.
Ich kann mich wirklich nicht beklagen. Meinen neuen Wohlstand verdanke ich einer meiner Erfindungen: dem geometrischen und militärischen Zirkel.

Mein Professorengehalt wird verdoppelt und ich kann es mit weiteren gut bezahlten Arbeiten aufbessern. So entwerfe ich zum Beispiel militärische Befestigungsanlagen für meinen Freund, den General Dal Monte. Und für einen seiner Kollegen habe ich eine neue Art von Öllampe entwickelt.

Außerdem habe ich ein System patentieren lassen, mit dem man Wasser aus sehr tiefen Brunnen schöpfen kann. Es funktioniert wie ein Pendel und man kann damit trockene Böden bewässern.

Meinen guten Ruf und mein Vermögen verdanke ich vor allem dem geometrischen und militärischen Zirkel.

Er ist zu meiner Zeit eine Art Computer. Mein Angestellter, ein tüchtiger Handwerker namens Marcantonio Mazzoleni, produziert in meiner Werkstatt dutzende dieser Zirkel aus Bronze. Ich verkaufe sie für fünfzig Lire pro Stück. Und ich halte Kurse, wie man sie anwendet. Wichtigen Persönlichkeiten wie dem Erzherzog Ferdinand von Österreich schenke ich ein Exemplar aus Silber.

Mein Zirkel ist ein solcher Erfolg, dass er von anderen nachgebaut wird. Ich muss vor Gericht gehen, um meine Rechte zu verteidigen.

Dies ist ein Bild von Johannes Kepler (1571-1630), einem deutschen Kollegen Galileo Galileis. Kepler ist von der kopernikanischen Theorie überzeugt, die besagt, dass sich die Erde um die Sonne dreht. Er schickt Galilei eines seiner Bücher mit Beweisen für diese Ansicht. Galilei stimmt ihm zwar zu, lässt sich aber vorläufig noch nicht zu unbedachten Äußerungen hinreißen. Zu diesem Zeitpunkt ahnt er noch nicht, dass sein Hauptinteresse bald der Astronomie gelten wird.

8. DIE STERNE NÄHERN SICH

Im Alten Testament steht, dass Himmel und Erde am Anfang aller Zeiten in ihrem jetzigen Zustand erschaffen wurden. Doch seit einiger Zeit sieht man merkwürdige Dinge am Himmel.

Ein riesiger Stern taucht auf und verschwindet wieder. Kurz darauf ein Komet, und Kometen künden stets Plagen und anderes Unheil an. Wenig später ist zwischen Mars und Jupiter ein unerklärlicher roter Fleck zu sehen.

Man fragt mich, was das bedeuten könne, woraufhin ich einige sehr gut besuchte Vorträge über Astronomie halte. Seit einiger Zeit beobachte ich den Himmel mit größerer Aufmerksamkeit, natürlich mit bloßem Auge.

Ich gelange immer mehr zu der Überzeugung, dass die Erde keineswegs im Mittelpunkt des Universums stehen kann und dass Nikolaus Kopernikus und Johannes Kepler Recht haben. In der Öffentlichkeit sage ich davon jedoch nichts.

Die Stimmung wird immer düsterer. Die Inquisition verfolgt voller Eifer all jene, die sich nicht an die Lehren der katholischen Kirche halten, auch außerhalb der Grenzen des Kirchenstaats. Pater Paolo Sarpi, ein alter Freund von mir, wird in Venedig von bezahlten Mördern des Vatikans, des katholischen Kirchenstaats in Rom, erdolcht.

Ich bin gerade in Venedig, als ich die große Neuigkeit erfahre: In Holland sollen Glasschleifer ein Rohr gebaut haben, mit dem man weit entfernte Dinge gut sehen kann.
Davon hatte mein alter Freund Paolo Sarpi schon gewusst.
Ich erfahre auch, dass ein Holländer dieses phantastische Instrument der Republik Venedig zum Kauf angeboten hat.
Ich will auch eines haben. Egal, um welchen Preis und möglichst noch vor allen anderen!

Vergrößerungsgläser gibt es schon länger. Die ersten Augengläser (für Weitsichtige) erfanden die Araber im elften Jahrhundert. Gläser für Kurzsichtige gibt es noch nicht so lange. Allerdings wäre niemand auf die Idee gekommen, dass man nur zwei schwach vergrößernde Gläser kombinieren muss, um ein stark vergrößerndes System zu erhalten: das Fernrohr!

9. ES GIBT PROBLEME

Wenn es ein Holländer geschafft hat, dann werde ich es auch schaffen! In meinem Labor habe ich massenhaft Linsen mit verschiedenen Wölbungen. Ich baue sie auf unterschiedliche Arten in ein Bleirohr und siehe da … nach zahlreichen Versuchen kann ich endlich alles aus der Nähe sehen! Mein erstes Fernrohr ist fertig!

In den darauf folgenden Tagen nehme ich weitere Verbesserungen vor. Ich überziehe mein Fernrohr mit Leder. Dann fahre ich wieder nach Venedig, wo ich beim Dogen, dem Staatschef der Republik Venedig, und beim versammelten Großen Rat vorspreche.

Alles, was in Venedig Rang und Namen hat, kommt zu meiner Vorführung. Vor allem die Kommandanten der Flotte zeigen großes Interesse.

Sie steigen mit mir auf den Glockenturm von San Marco. Von dort aus richten sie mein Gerät aufs Meer und entdecken weit entfernte Schiffe. Dann auf die Dächer von Padua, das an die vierzig Kilometer entfernt ist. Dann auf die Menschenmenge, die gerade die Kirche in Murano verlässt. Mit bloßem Auge wäre all das kaum oder gar nicht sichtbar.

Allen ist klar, welche militärischen Vorteile ihnen mein Gerät verschafft. Für mich ist das ein großer Erfolg. Und der Beginn eines großartigen Abenteuers.
Ich verliere keine Zeit. Ich eile in mein Labor in Padua zurück und mache mich mit großem Eifer an die Herstellung von Fernrohren. Ich habe schon viele Aufträge, aber sicher wird die Konkurrenz nicht lange ausbleiben. Ich muss mich beeilen.

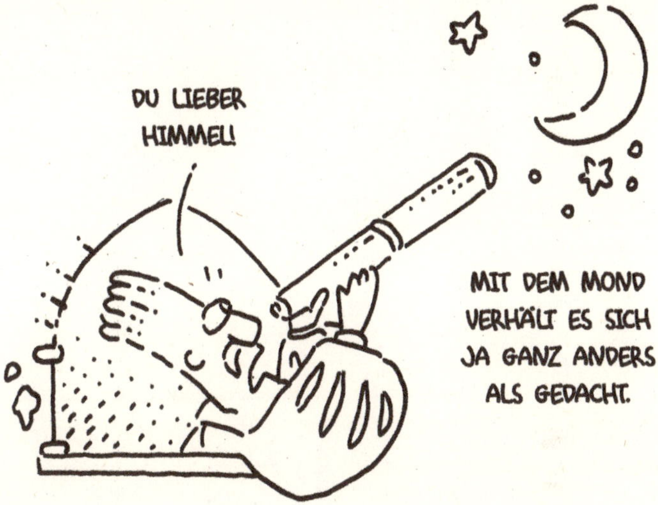

Ich bestelle neue Linsen und teste sie sofort. Auf diese Weise gelingt es mir, immer bessere Fernrohre herzustellen. Dann, in einer klaren Herbstnacht, betrachte ich den Himmel von einem Zimmer im obersten Stockwerk meines Hauses aus. Ich studiere den Mond durch das Fernglas. Diese Nacht wird für immer in die Geschichte eingehen.
Der Mond ist ganz anders, als die Menschen immer dachten.

Mit dem Fernrohr beobachtet Galileo Galilei den Mond ganz genau und zeichnet alles auf: riesige Krater und gewaltige Vertiefungen, die wie Meere aussehen.
Er stellt auch fest, dass das vorrückende Licht der Sonne Schatten von Bergen auf die Mondoberfläche wirft, die höher sein müssen als jene auf der Erde – bis zu 7.000 Metern.

10. DIE MONDBERGE

Der Mond ist ganz anders, als die Menschen ihn bisher beschrieben haben. Er ist ebenso uneben wie die Erde. Ob er wohl bewohnt ist? Diese Frage bringt mich in große Verlegenheit, mehr noch – sie ist geradezu gefährlich. Doch wohin ich mein Fernrohr am Himmel auch richte, überall entdecke ich Dinge, die noch nie ein Mensch gesehen oder auch nur geahnt hat. Die Milchstraße besteht aus Millionen von Sternen. Doch am meisten überraschen mich die Planeten. Saturn ist von etwas umgeben, etwas Merkwürdigem. Und Jupiter . . .

Ich fasse all meine Beobachtungen zu einem Buch zusammen, das ich in Venedig drucken lasse. Es heißt *Sidereus Nuncius.* Das bedeutet so viel wie »Der Sternenbote«. Ich widme es dem Herrscher des Landes, in dem ich geboren wurde, dem Erzherzog Cosimo de' Medici. Und die Jupitermonde, die ich entdeckt habe, nenne ich ihm und seiner Familie zu Ehren »Mediceische Sterne«.

Dem Herzog von Bayern und dem Herzog von Urbino, dem Kurfürsten von Köln und dem Kardinal Francesco Dal Monte, der inzwischen in Rom lebt, schenke ich jeweils ein Fernrohr. Mir liegt daran, Freunde in mächtigen Positionen zu haben.

Ein Dichter vergleicht mich mit Christoph Kolumbus, dem Entdecker Amerikas, und mit Ferdinand Magellan, der als Erster die Erde umsegelt hat. Etliche Musikanten schreiben überschwängliche Loblieder über mich und meine Entdeckungen im Weltraum.

Mein Stern geht auf, aber andererseits muss ich sehr vorsichtig sein. In Rom beginnt man über mich zu reden.

Galileo Galilei und seine Mitarbeiter bauen immer mehr und immer stärkere Fernrohre. Sie vergrößern um das Dreißig-, Fünfzig-, ja, Hundertfache. Schließlich sogar um das Vierhundertfache. Natürlich sind diese Fernrohre heiß begehrt.
Diese beiden von Galilei entworfenen Fernrohre sind heute im Museum für Geschichte der Naturwissenschaften in Florenz zu sehen.

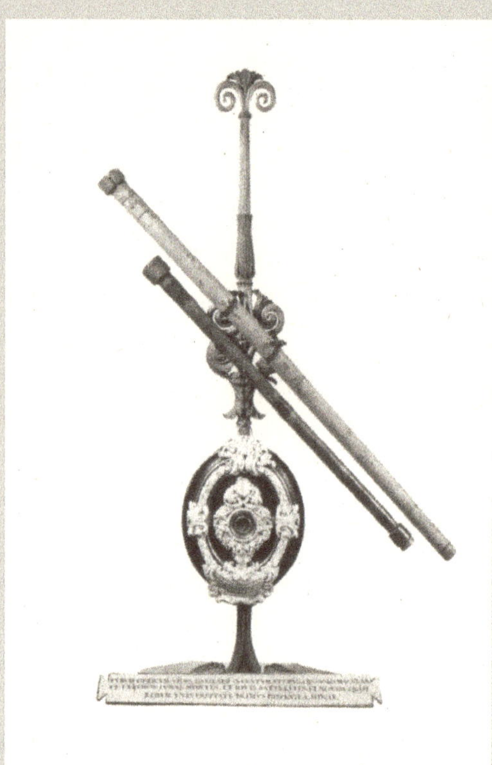

11. Es riecht nach Scheiterhaufen

Nun lebe ich wieder in Florenz, am Hof des Erzherzogs der Toskana. Es ist einer der prunkvollsten Höfe Europas. Ich werde mit allen Ehren behandelt und beziehe ein gutes Gehalt als Hofmathematiker. Und ich kann mich in aller Ruhe meinen Forschungen und Büchern widmen.

Ich kann mich auch um meine große Familie kümmern. Insbesondere um meinen Bruder, der Musiker ist und das Geld zum Fenster hinauswirft, und um zwei meiner Schwestern, die mit knauserigen, eingebildeten Edelmännern verheiratet sind. Ich selbst habe inzwischen mit der schönen Marina, mit der ich allerdings nicht verheiratet bin, zwei Töchter und einen Sohn.

Ich reise nach Rom, beladen mit Fernrohren, die ich dem Papst, dem Oberhaupt der katholischen Kirche, und den höchsten Kardinälen schenke.

Der erste Berater des Papstes Paul V. ist der Kardinal Roberto Bellarmin, der als Inquisitor Giordano Bruno zum Tod auf dem Scheiterhaufen verurteilt hat. Alles scheint bestens zu laufen: Bellarmin gefällt mein Teleskop. Und Pater Clavius, ein erfahrener Astronom, macht keine großen Einwände, obwohl er stur behauptet, auf dem Mond gäbe es keine Berge. Für ihn ist der Mond auch weiterhin so glatt und eben, wie es in den alten Büchern geschrieben steht.

Er ist nicht der Einzige, der bestreitet, was man durch das Teleskop sehen kann. Einer meiner Gegner, ein gewisser Cremonini, behauptet, ihm würde von dem Fernrohr schwindelig und ich führe sowieso nur Tricks vor.

Ich mache mir allerdings keine großen Sorgen. Ich werde in die Akademie der Luchsäugigen aufgenommen, eine Art Klub der unabhängigsten Denker der Stadt. Ihnen zeige ich mit meinem Fernrohr den Himmel über den Dächern von Rom.

Genau wie der Mond und die Planeten wird zu Galileo Galileis Zeiten auch die Sonne als glatte, perfekte Kugel angesehen. Galilei beweist das Gegenteil. Seine Beobachtungen werden nach und nach von allen führenden Astronomen Europas bestätigt. Diese Abbildung der Sonne, übersät mit dunklen Sonnenflecken, stammt von dem Jesuitenpater Scheiner. Im Jahre 1633 wird sie in Deutschland veröffentlicht, genau in jenem Jahr, in dem Galilei seine härteste Schlacht kämpfen muss.

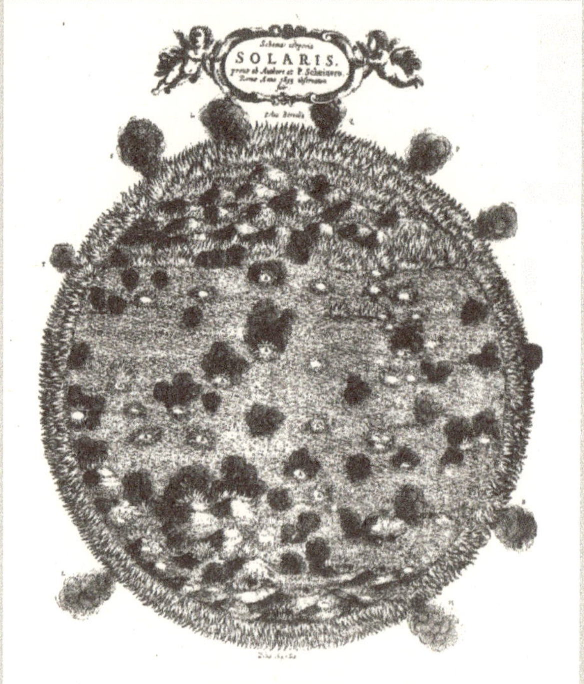

12. DIE KONFRONTATION RÜCKT NÄHER

Mein Ruhm wächst. Doch ich muss feststellen, dass mit dem Erfolg auch die Zahl der Neider steigt.

Aus diesem Grund werde ich in Florenz in einen sehr »irdischen« Wettstreit verwickelt. Einer meiner Gegner will beweisen, dass es nur von der Form eines Körpers abhängt, ob er im Wasser schwimmt oder untergeht. Ich hingegen glaube, dass es von seiner Dichte abhängt, dem Verhältnis der Masse eines Körpers zu seinem Volumen. Wir treffen uns zu einem gemeinsamen Experiment. Zum Glück ist es kalt genug, so dass ich das Experiment mit Eisblöcken durchführen kann. Ich will beweisen, dass ein Stück Eis, das weniger Dichte hat als Wasser, sich immer über Wasser hält, egal, welche Form es hat.

Meine Vorführung hat Erfolg, mein Gegner ist blamiert … und ich habe einen Feind mehr.

In Florenz habe ich einen treuen Freund und Anhänger, den jungen Filippo Salviati. Er ist ein sympathischer Edelmann, der ausgezeichnet fechten und reiten kann. Zusammen lesen wir mundartliche Gedichte und trinken köstlichen Chianti-Wein. Von seinem Haus aus beobachten wir nachts die Sterne, tagsüber die Sonne. Natürlich nicht direkt, da würde man erblinden, sondern mit Hilfe einer Leinwand. Auf diese Weise können wir die Bewegung der Sonnenflecken beobachten.

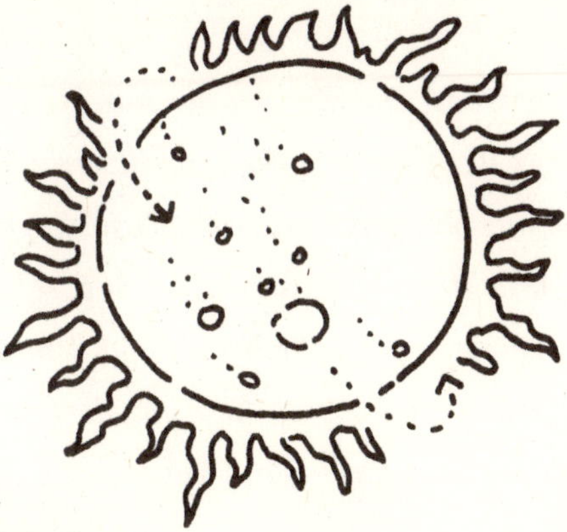

Wir stellen fest, dass sich diese Flecken bewegen, und zwar schräg. Sie verschwinden und tauchen wieder auf. Das bedeutet, dass sich die Sonne um sich selbst dreht, genau wie die Erde.

Ich beobachte auch die Venus, den »Abendstern«. Dank meines Fernrohrs stelle ich fest, dass sich die Venus der Erde mal nähert, dann wieder entfernt. Und dass sie wie der Mond »Phasen« hat.

Auf diesem Gemälde ist eine Sitzung des Konzils von Trient abgebildet, das von 1545 bis 1563 dauerte. In zahlreichen Versammlungen wurden die Grundlagen der katholischen Lehre und der katholischen Kirche ganz genau festgelegt, um den Reformen und dem ketzerischen »Unsinn« der letzten Jahrzehnte entgegenzutreten. Dieses Konzil bildete den Anfang der so genannten Gegenreformation.
Galileo Galileis Beobachtungen belegen, dass Nikolaus Kopernikus Recht hatte und die Erde sich bewegt. Diese Aussage steht im klaren Widerspruch zu den »unantastbaren« Glaubenslehren des Tridentiner Konzils.

13. OFFENER KRIEG

»Die Sonne blieb stehen über Gibeon.« So steht es im Alten Testament geschrieben. Und im Evangelium steht: »Männer von Galiläa, warum betrachtet ihr den Himmel?«

Mit derlei Aussagen konfrontieren mich Geistliche, die von meinen neidischen Gegnern aufgehetzt wurden.

Im Klartext: Sie fordern mich auf nicht länger der Heiligen Schrift zu widersprechen. Vielleicht wollen sie mich aber auch nur provozieren und in eine äußerst gefährliche theologische Streiterei hineinziehen.

Doch ich bleibe dabei:

Was in der Bibel steht, ist die eine Sache. Was ich am Himmel beobachten kann, eine andere.

Die katholische Kirche hat zu meiner Zeit noch viel mehr Macht als später. Zum Kirchenstaat gehören sehr viele Regionen Italiens. Außerdem hat der Papst das Vorrecht, Kaiser, Könige und Erzherzöge zu krönen. So bestimmt er über das Schicksal von König- und Kaiserreichen. In Deutschland, England und Frankreich hat der Papst in den letzten Jahren allerdings viel von seinem Einfluss verloren.

Aus Angst, dass ihre Macht durch die Reformation noch weiter schrumpft, holt die katholische Kirche nach dem Konzil von Trient zu einem Gegenschlag aus. Alles, was ihren Lehren widerspricht, ist Ketzerei, verboten und wird streng verfolgt.

Alle Bücher, die der katholischen Lehre widersprechen, werden verboten. Sie kommen auf den Index und werden verbrannt, zum Teil auch ihre Verfasser. Wer also der Ketzerei beschuldigt wird, hat nichts zu lachen.

Es werden immer mehr Stimmen laut, die mich vor das höchste und gefürchtetste weltliche Gericht bringen wollen, welches darüber befindet, was ketzerisch ist und was nicht: die Inquisition.

Johannes Calvin (1509-1564) rief eine neue religiöse Bewegung ins Leben. Er wollte die katholische Kirche reformieren, doch sein Versuch endete mit der Gründung einer der größten protestantischen Glaubensgemeinschaften. Er war Franzose, flüchtete zuerst nach Basel, dann nach Genf, wo er eine politisch-religiöse Gemeinschaft gründete, die sich zuerst in Europa, später in den englischen Kolonien Amerikas verbreitete.
Er galt als Ketzer, genau wie Galilei, aber aus ganz anderen Gründen.

14. DIE STERNE FALLEN MIR AUF DEN KOPF

Ich bin erneut in Rom. Hier bewohne ich zwei Stockwerke der schönen Villa Medici und habe sogar Dienstboten.

Ich wurde von der Inquisition vorgeladen. Ich versuche das Verhör hinauszuzögern, doch irgendwann geht es nicht länger. Ich betrachte mich als Vertreter aller Naturwissenschaftler. Zu sagen, dass sich die Erde um die Sonne dreht und nicht umgekehrt, kann der katholischen Kirche doch eigentlich nicht schaden, oder?

Kardinal Bellarmin ist inzwischen einer meiner erbittertsten Gegner. Damals, als er die Sterne durch mein Fernrohr betrachtet hat, schien er noch begeistert. Doch inzwischen hat er seine Meinung geändert.

Gegen mich werden mittlerweile alle möglichen Anschuldigungen erhoben.

Papst Paul V. hat elf Theologen bestimmt, die meinen Fall untersuchen sollen.

Am 26. Februar 1616 teilt Kardinal Bellarmin mir das Urteil dieser Kommission mit. Die kopernikanische Theorie gilt definitiv als ketzerisch.

Titelseite von Galileo Galileis Buch Il Saggiatore *(»Der Prüfer mit der Goldwaage«), das er nach der ersten, milden Ermahnung der Inquisition geschrieben hat. Darauf sind der Luchs, das Wappentier der Akademie der Luchsäugigen, und zwei überkreuzte Fernrohre abgebildet. Oben in der Mitte befindet sich das Wappen des Papstes, dessen Gunst Galilei nicht verlieren will. Das Buch wird 1623 in Rom gedruckt, während in ganz Europa pflichtbewusste Inquisitoren dabei sind, alle Bücher zu beschlagnahmen, in denen steht, dass sich die Erde um die Sonne dreht.*

15. Ich schreibe und erfinde weiter

Nun bin ich in Bellosguardo, einem kleinen Dorf auf einem Hügel bei Florenz. Von meiner Haustür aus kann ich den Arno sehen, der durch die Stadt fließt. Nachts studiere ich mit dem Fernrohr weiterhin den Himmel. Aber mir ist nicht wohl dabei. Soll ich wirklich darüber schweigen, dass sich die Sonne um ihre eigene Achse dreht und die Erde um sie kreist?

Über Jupiter darf ich weiterhin reden. Ich habe sogar ein »Jupilabium« gebaut, mit dem ich die Bewegungen seiner Monde vorausberechnen kann.

Ich habe auch einen sonderbaren Helm erfunden, mit dem ein Seefahrer den Himmel beobachten kann, ohne seine Hände vom Steuerruder zu nehmen. Das ist besonders während einer Schlacht sehr wichtig. In der Tat wird dieser Helm sofort als »Geheimwaffe« klassifiziert.

In Europa stehen alle Zeichen auf Krieg. In Prag haben adlige Protestanten die vom Papst gesandten Würdenträger der katholischen Kirche aus dem Fenster geworfen. Natürlich weiß ich es damals noch nicht, aber das ist der Ausgangspunkt des Dreißigjährigen Kriegs.

Es wird einer der grausamsten Religionskriege in der Geschichte werden. Und auch dort, wo kein Krieg herrscht, ist das Leben in jenen Jahren wegen der schlimmen Kälte und der Hungersnot sehr hart.

Besonders im Winter ist der Hunger groß. Meine beiden Töchter, die als Nonnen in einem Kloster unweit meines Hauses leben, sind vor Freude über ein altes Huhn ganz aus dem Häuschen.

Am Himmel ist wieder einmal ein Komet aufgetaucht. Ich beschäftige mich nach wie vor viel mit den Sternen, während die Stimmung in ganz Europa immer düsterer wird, auch in den protestantischen Ländern.
Die Mutter meines Kollegen Johannes Kepler wurde der Hexerei bezichtigt. Fast wäre sie auf dem Scheiterhaufen gelandet.

Eines der Mikroskope von Galileo Galilei. Es ist natürlich sehr primitiv, verglichen mit den hoch entwickelten Nachfolgemodellen. Und doch konnte man damit schon vieles sehen.

Genau wie auch das Fernrohr gilt das Mikroskop anfangs als Spielzeug für die Adligen und Neugierigen. Noch kann sich niemand vorstellen, dass man dank des Mikroskops die winzigen Mikroorganismen entdecken wird, die Ursache vieler Krankheiten sind.

16. DIE PEST!

Ich habe das Mikroskop erfunden. Na ja, nicht direkt erfunden, denn eigentlich wurde auch dieses Gerät ursprünglich in Holland gebaut. Ich benutze es nur, um die Leute zu beeindrucken. Ich zeige ihnen stark vergrößerte Fliegen und Käfer und natürlich auch Flöhe, von denen es in den Häusern mehr als genug gibt. Ich zeige ihnen auch stark vergrößerte Bienen – Tierchen, die der neue Papst sehr liebt, weil sie in seinem Familienwappen vorkommen. Ich habe ihn auch schon persönlich getroffen. Er scheint mich zu mögen.

Dabei ist Papst Urban VIII. alles andere als ein gutmütiger Mensch. Wer in der Kirche Tabak kaut, wird mit dem Kirchenbann belegt; er will die vatikanische Bibliothek in ein Waffenlager umwandeln, baut überall Festungen und startet einen großen bewaffneten Gegenangriff gegen die protestantischen Länder.

Zum Glück habe ich seine Erlaubnis für das neue Buch, das ich gerade schreibe. Es wird heißen: *Dialog über die wichtigsten Weltsysteme.* Eine der drei Hauptfiguren, die sich miteinander unterhalten, ist Simplicio, der glaubt, dass sich die Sonne um die Erde dreht, und so natürlich eine klägliche Figur abgibt.

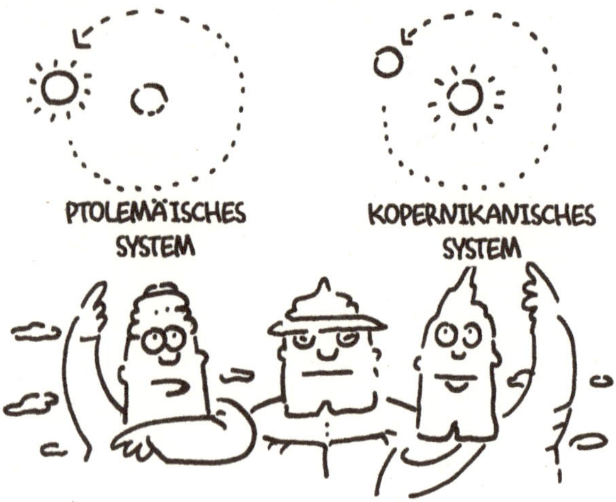

Doch als das Werk gedruckt ist, erkennt sich Papst Urban VIII. leider in der Figur des Simplicio wieder. Für mich bedeutet das Ärger.

Wieder ist in Italien die Pest ausgebrochen, diesmal die schlimmste Epidemie des ganzen Jahrhunderts. Wenn die Ärzte auf Krankenbesuch gehen, tragen sie einen langen Wachstuchkittel und sonderbare, bebrillte Masken.
Ich bin wieder in Florenz, doch die Inquisition bestellt mich erneut nach Rom. Mir bleibt keine andere Wahl, ich muss nach Rom reisen. Ich werde in einer Sänfte getragen, während um mich herum Leichen und harzige Substanzen verbrannt werden. Dies soll die Ansteckungsgefahr verringern.

Die Folter war – so unglaublich es heute klingt – zu Galileo Galileis Zeiten in Straf- und Inquisitionsprozessen üblich. Wenn jemand nur lange genug gefoltert wird, gibt er aus Angst vor weiteren Schmerzen so gut wie alles zu, nur damit die Richter zufrieden sind. Dass so auch völlig unschuldige Menschen die schlimmsten Straftaten gestanden, störte die Inquisitoren nicht groß.

17. IN GROSSEN SCHWIERIGKEITEN

Es besteht kein Zweifel mehr: Die Inquisition, die rückständigen Gelehrten und selbst der Papst sind gegen mich.

Diesmal macht die Inquisition Ernst.

Ich werde tagelang verhört, Stunde um Stunde.

Sie machen mir klar, dass mir schlimme Folterqualen und vielleicht sogar die Höchststrafe drohen.

Ich verteidige mich nach besten Kräften, vom 12. April bis zum 22. Juni 1633.

Dann sprechen meine Richter ihr Urteil. Mein Werk *Dialog über die wichtigsten Weltsysteme* kommt auf den Index der verbotenen Bücher. Doch welches Schicksal wird mir selbst blühen? Ich weiß, es ist nicht richtig, aber ich schwöre ab …

Die Treue und Zuneigung seiner Schüler und Mitarbeiter sind für Galileo Galilei während seiner letzten Lebensjahre ein großer Trost. Besonders nahe stehen ihm Vincenzo Viviani und Evangelista Torricelli, der durch die Erfindung des Barometers berühmt werden wird.

18. ICH HABE EINE SCHLACHT VERLOREN, NICHT DEN KRIEG

Ich fühle mich gedemütigt, bin traurig und deprimiert. Zu meiner Zeit nennt man das »melancholisch«. Na ja . . . Ich bin zu lebenslänglichem Hausarrest verurteilt worden.

Zuerst werde ich nach Siena verbannt, doch dann wird mir erlaubt nach Hause zurückzukehren, in meine Villa in Arcetri bei Florenz. Doch ich darf sie ohne die Erlaubnis des örtlichen Inquisitors nicht verlassen und Gäste nur in seiner Anwesenheit empfangen.

Meine Freunde sind ebenfalls in Ungnade gefallen. In allen Schulen und Universitäten ist es verboten, meine Meinung zu vertreten. Allerdings werde ich an sehr viele ausländische Höfe eingeladen, besonders an die holländischen.

Meine Bücher werden in ganz Europa veröffentlicht, aber natürlich nur in den Ländern, die nicht der katholischen Kirche unterstehen.

Ich bin erblindet, doch meine Forschungen und Streitgespräche machen mir noch immer Spaß. Mein letztes Buch, *Unterredung und mathematische Demonstrationen über zwei neue Wissenszweige, die Mechanik und die Fallgesetze betreffend,* wird auf Anhieb ein großer Erfolg. Ich weiß, dass ich Recht habe. Die Sterne haben mir längst Recht gegeben.

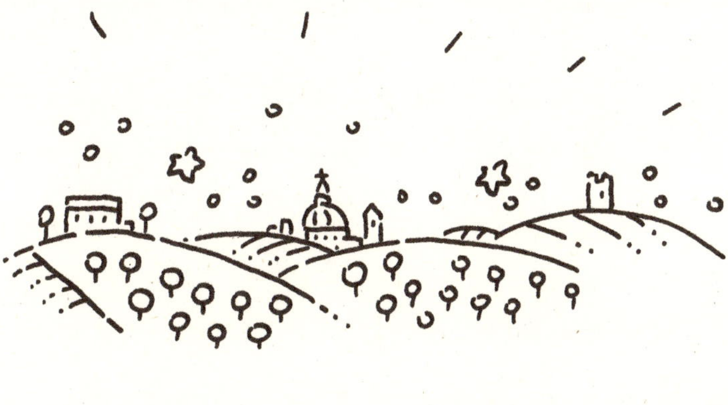

Galileo Galilei verlässt unseren Planeten am 8. Januar 1642. Sein kämpferischer Geist reist hinauf zu den Sternen, die er mit so viel Begeisterung und Neugier studiert hatte. Er verstirbt in seiner Villa in Arcetri, auf einem Hügel, auf dem sehr viele Jahre später ein modernes astronomisches Observatorium gebaut werden wird.
Erst drei Jahrhunderte später, im Jahre 1968, wird sein Fall auf Anregung von Papst Paul VI. neu aufgerollt werden.

Und im Jahr 1992, während der Amtszeit von Papst Johannes Paul II., hat die Päpstliche Akademie der Wissenschaften den Fall Galilei als »einen Irrtum« bezeichnet »den wir in aller Offenheit eingestehen«. Im selben Jahr verlässt eine Raumsonde der NASA mit dem Namen Galileo *die Erde in Richtung der Jupitermonde und verschwindet für immer in den Tiefen des Weltraums. Galilei hat seinen ersten Krieg der Sterne zwar definitiv verloren. Doch er war nur der Beginn eines gewaltigen Abenteuers.*

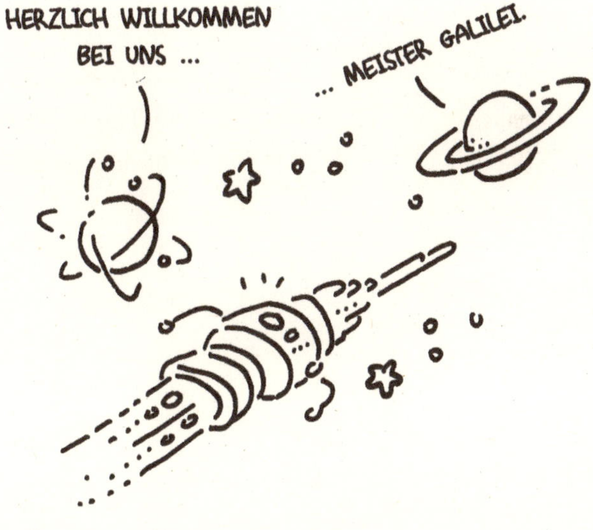

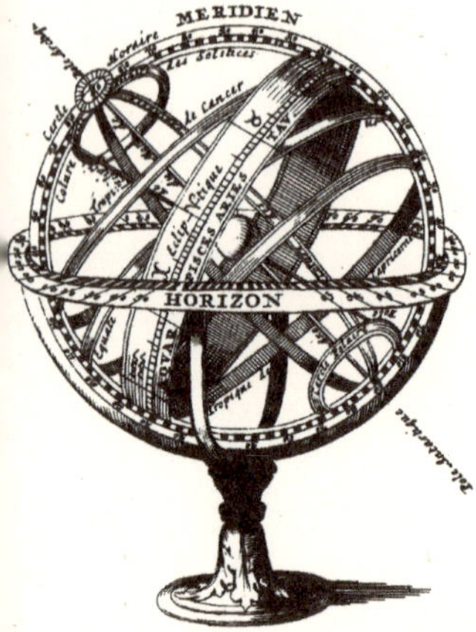
MERIDIEN
HORIZON

KLEINES WÖRTERBUCH

AKADEMIE DER LUCHSÄUGIGEN

Angesehene wissenschaftliche Akademie in Rom, gegründet im Jahre 1603 von einigen wissenschaftsbegeisterten Adeligen. Ihr Wappen zeigte einen Luchs, ein Tier, das bekanntlich sehr scharf sehen kann. Die Mitglieder dieser Akademie waren stets auf Galileo Galileis Seite.

ARCETRI

Ortschaft in der Nähe von Florenz, wo Galileo Galilei seine letzten Lebensjahre verbrachte. Im 19. Jahrhundert wurde auf einem Hügel bei Arcetri eines der ersten modernen astronomischen Observatorien gebaut.

ARISTOTELES

Philosoph des alten Griechenlands, der im vierten Jahrhundert vor unserer Zeitrechnung gelebt hat. Für ihn galt nur das als bewiesen, was auf den ersten Blick wahr schien.

ARISTOTELIKER

Anhänger von Aristoteles. Zu ihnen gehörten auch die erbittertsten Gegner Galileo Galileis. Sie lehnten es ab, mit wissenschaftlichen Geräten zu arbeiten und Dinge zu beweisen, die nicht auf Anhieb »wahr« schienen.

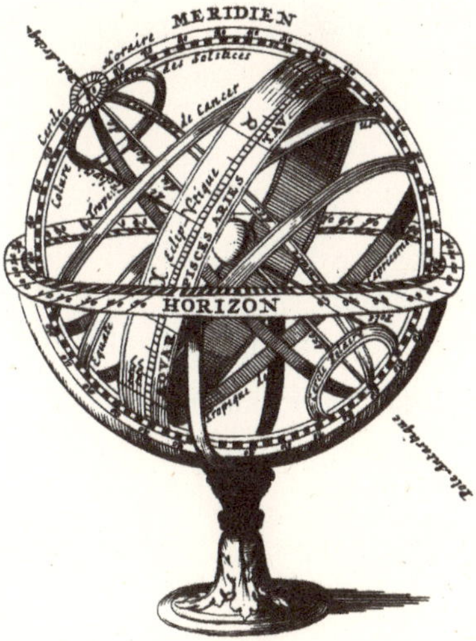

ARMILLARSPHÄRE

Astronomisches Gerät zur Darstellung der Haupthimmelskreise des ptolemäischen Weltbilds. Sie besteht aus mehreren zum Teil beweglichen Ringen, in deren Mittelpunkt die Erde steht.

ARSENAL

Werft zum Bau von Schiffen oder Kriegsmaterialien. Galileo Galilei arbeitete für die Arsenale von Venedig und von Pisa.

ASTROLABIUM

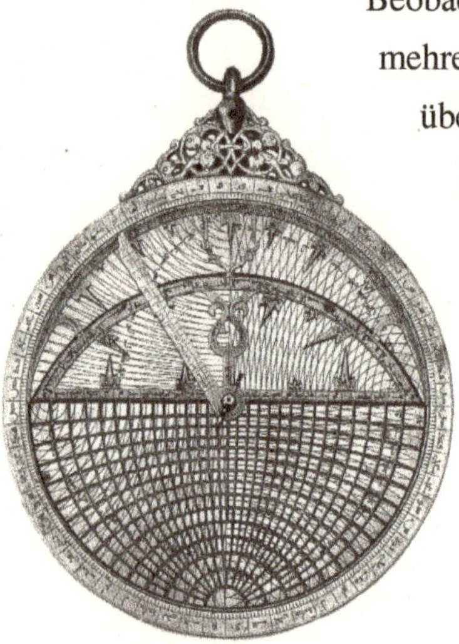

Beobachtungsgerät, bestehend aus mehreren unterschiedlich großen, übereinander liegenden Scheiben. Dieses Gerät wurde schon von den Astronomen vor Galileo Galileis Zeit verwendet. Damit konnten sie für jeden beliebigen Tag ausrechnen, wann ein Himmelskörper auf- oder untergeht.

ASTROLOGIE

Lehre, die sich mit den Gestirnen und ihrem Einfluss auf die Menschen beschäftigt. Galileo Galileis Entdeckungen trugen entscheidend dazu bei, sie von der Astronomie abzutrennen.

ATOME

Galileo Galilei erwähnt sie in seinem Buch *Il Saggiatore* (dt.: Der Prüfer mit der Goldwaage) als Elementarteilchen, aus denen die Materie besteht. Auch die Sache mit den Atomen missfiel den Herren von der Inquisition.

BRAHE, TYCHO (1546–1601)

Dänischer Astronom. Dank seiner Beobachtungen konnte Johannes Kepler, einer seiner Schüler, die Gesetze über die Planetenbahnen formulieren. Einer der größten Mondkrater ist nach ihm benannt.

DANTE ALIGHIERI (1265–1321)

Verfasser der *Göttlichen Komödie,* einem grandiosen Meisterwerk des frühen 14. Jahrhunderts. Dieses Epos fasst die Kultur und die Ideale des Mittelalters zusammen.

DER SCHIEFE TURM VON PISA

Er wurde im Mittelalter erbaut und war schon zu Galileo Galileis Zeiten eine Sehenswürdigkeit.

DREISSIGJÄHRIGER KRIEG

Religionskrieg, der von 1618 bis 1648 dauerte und mit dem Westfälischen Frieden endete. Hauptursache war der Streit zwischen den Protestanten und den Katholiken, also den reformierten und den papsttreuen Ländern. Damals wurde fast ganz Europa verwüstet.

DRUCKWERKE

Das einzige Medium, das Galileo Galilei zur Verfügung stand. Und er nutzte es rege.

FERNROHR

Gerät, mit dem man weit entfernte Gegenstände sehen kann. Galileo Galileis Fernrohr besteht aus einer konvexen »Sammellinse« (in der Mitte dicker als am Rand) und einer konkaven »Okular – oder Zerstreuungslinse« (in der Mitte dünner als am Rand)

FLUGBAHN

Verlauf eines Gegenstands in Bewegung. Galileo Galilei beschrieb und berechnete die Flugbahnen von Kanonenkugeln ganz anders als seine aristotelischen Kollegen.

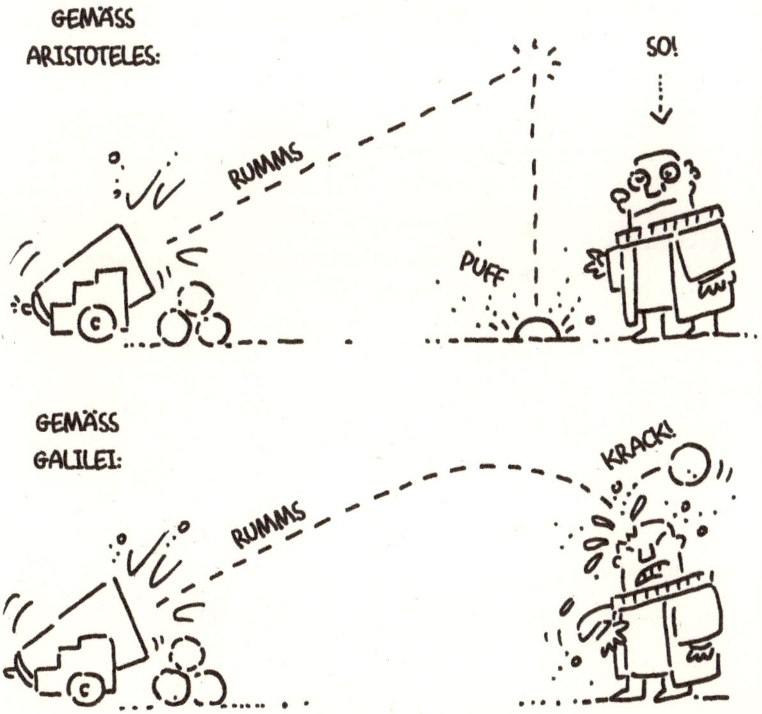

HIMMEL

Nach Meinung der alten Astronomen drehen sich mehrere Himmel um die Erde. In einem davon befindet sich der Mond, in einem anderen die Sonne und natürlich auch die damals bekannten Planeten. Und ganz am Rand befinden sich die Engel, die die Bewegung der Gestirne lenken.

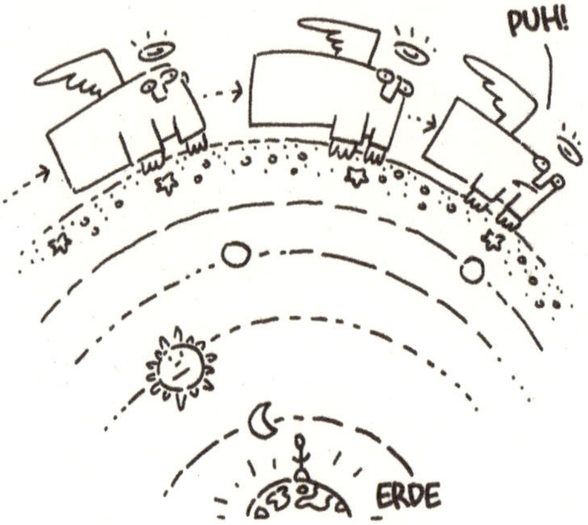

HOROSKOP

Blick in die Zukunft auf Basis der Gestirne. Galileo Galilei hat der Astrologie als Wissenschaft zwar den Garaus gemacht, doch das ändert nichts an ihrer Beliebtheit und Verbreitung.

JUPITER

Der größte Planet unseres Sonnensystems. Galileo Galilei entdeckte vier bis dahin unsichtbare Monde, die sich um Jupiter drehen. Heute kennen wir sechzehn Monde.

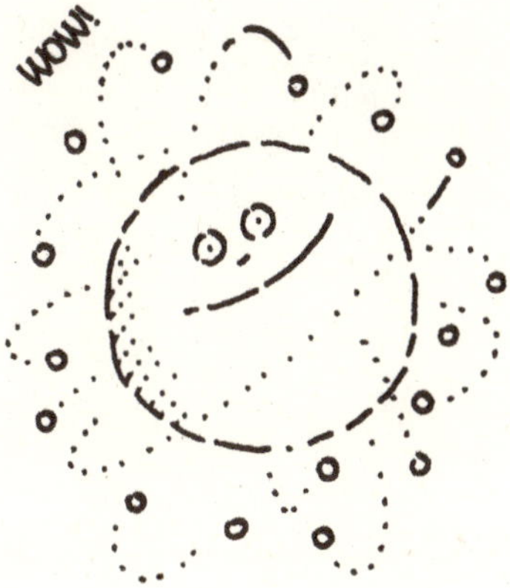

KANONEN

Als Kriegswaffen wurden sie während Galileo Galileis Zeit immer wichtiger. Im Auftrag der Herrschenden konstruierte er Geräte, mit denen man die Geschossbahnen berechnen konnte.

KEPLER, JOHANNES (1571–1630)

Deutscher Kollege von Galileo Galilei, der in Prag arbeitete. Er bestätigte die Richtigkeit der kopernikanischen Ideen und stellte fest, dass sich die Erde und die anderen Planeten nicht kreisförmig, sondern auf elliptischen (ovalen) Bahnen um die Sonne drehen.

Die von ihm entdeckten Gesetze haben bis heute Gültigkeit, wenn es um die Berechnung der Bahnen von Monden und Satelliten geht.

KETZEREI

Als Ketzerei wurde alles bezeichnet, was den Lehren der katholischen Kirche widersprach.

KOMET

Heute wissen wir, dass es sich bei einem Kometen um ein Gebilde aus Eis und Gas handelt, das auf einer elliptischen, also ovalen, Flugbahn um unsere Sonne kreist. Zu Galileo Galileis Zeiten wusste man noch nichts über Kometen, weshalb ihr Auftreten immer Angst und Schrecken verbreitete.

KONSTELLATION

Gruppe von Sternen, die, von weitem gesehen, eng beisammen stehen.

KOPERNIKUS, NIKOLAUS (1473-1543)

Ostpreußischer Astronom, der auch in Italien, in Bologna und Padua, studiert hatte. Er war der erste Astronom der Moderne, der behauptete, dass sich die Erde um die Sonne dreht und nicht umgekehrt.

LAUTE

Sehr beliebtes Musikinstrument des späten Mittelalters und der Renaissance. Auch Galileo Galilei und sein Vater liebten sie sehr. Sie ist ein Saiteninstrument, das jedoch auch bewegliche Tasten hat.

MIKROBEN

Eine Mikrobe (Pasteurella pestis) ist der eigentliche Pesterreger.

MIKROSKOP

Instrument zur Vergrößerung von Gegenständen oder kleinen Tierchen. Dank des Mikroskops – eingesetzt nach Art Galileis – kam man den wahren Verursachern der Pest und anderer Krankheiten auf die Spur.

MILITÄRISCHER UND GEOMETRISCHER ZIRKEL

Diesen hat Galileo Galilei auf der Basis von anderen Zirkeln und früheren Recheninstrumenten entwickelt. Seinen Erfolg verdankte er – unter anderem – der Tatsache, dass man damit exakt die Flugbahn von Geschossen berechnen konnte.

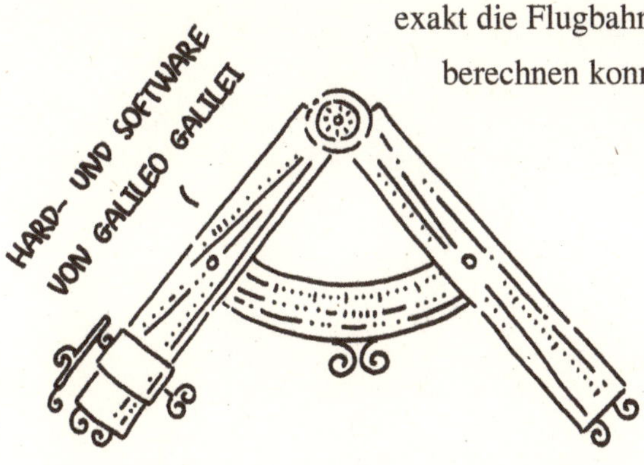

MONDBEWOHNER

Galileo Galilei glaubte nicht, dass der Mond bewohnt ist. Allerdings wäre es auch sehr gefährlich für ihn gewesen, so etwas zu äußern.

MONDKRATER

Kreisförmige Senke im Boden des Mondes. Vor Galileis Zeit hätte man nicht einmal davon zu träumen gewagt, dass es Mondkrater überhaupt gibt.

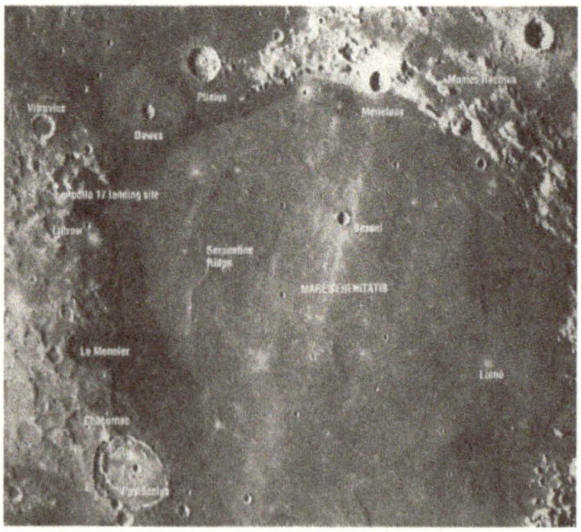

NEPTUN

Der am weitesten entfernte Planet unseres Sonnensystems. Wer weiß – vielleicht hat Galileo Galilei ihn schon 1612 beobachtet, 234 Jahre vor seiner offiziellen Entdeckung.

OFFICINE GALILEO

Eine preisgekrönte Fabrik, gegründet 1864 in Florenz, in der wissenschaftliche Geräte hergestellt werden. Hier ein altes Reklameschild.

PENDELGESETZ

Galileo Galilei hat entdeckt, dass die Schwingungsbögen eines Pendels zwar von Mal zu Mal kürzer werden, die Zeit aber während des Hin- und Herpendelns, gemessen am eigenen Herzschlag, immer dieselbe bleibt. Diese Zeit hängt von der Länge des Pendels ab. So lässt sich mit einem schwingenden Pendel auf einfachste Weise die Zeit messen.

PESTÄRZTE

Mit dem Verbrennen von Kräutern und Pflanzen versuchten sie die Epidemien zu bekämpfen, ohne jedoch deren Ursache zu kennen. Die Pest wurde durch Flöhe und Ratten verbreitet, und die schlechten hygienischen Verhältnisse trugen zu ihrer Verbreitung bei.

PHYSIK

Wissenschaft, die sich mit den Gesetzen der Materie beschäftigt. Erst durch Galileo Galilei wurde sie zu einer experimentellen Wissenschaft, welche die Naturgesetze mit Instrumenten und Experimenten erforscht.

PTOLEMÄUS

Wissenschaftler aus Alexandria in Ägypten, der im zweiten Jahrhundert unserer Zeitrechnung lebte. Er vertrat die Ansicht, dass die Erde still steht und die Sonne um sie kreist.

PULSMESSUNG

Um 1600 maßen die Ärzte den Pulsschlag ihrer Patienten mit einem Pendel. Sie stützten sich auf das Pendelgesetz, das Galileo Galilei durch eine schwingende Öllampe erkannt hatte. Sie veränderten die Länge des Pendels, bis die Pulsschläge genau mit dem Rhythmus des Pendels übereinstimmten. Dann maßen sie die Länge des Fadens.

SALBER

So wurden arme Unschuldige bezeichnet, die man der absichtlichen Verbreitung der Pest bezichtigte. Angeblich sollen sie

Salben an Haustüren geschmiert haben. Natürlich waren sie unschuldig, doch während der Pest in Mailand um 1630 gestanden sie unter der Folter alles, was ihnen zur Last gelegt wurde.

SATURN

Galileo Galilei erkannte als Erster, dass der Saturn etwas sonderbar aussieht, doch seine gewaltigen Ringe wurden erst Jahrzehnte später vom holländischen Astronomen Christian Huygens mit einem sehr viel stärkeren Fernrohr entdeckt.

SEXTANT

Gerät zur Messung von Winkeln. Es wird vor allem zum Messen des Höhenwinkels benutzt, den ein Himmelskörper (Sonne, Fixstern, Planet, Mond) mit dem Horizont bildet. Mit mehreren solcher Messwerte kann man die Position der Himmelskörper berechnen.

SIDEREUS NUNCIUS

Der Sternenbote - so der Titel des Buchs, in dem Galileo Galilei seine ersten bahnbrechenden Entdeckungen schilderte. Damit hatte er sich quasi selbst zum Botschafter des Kosmos ernannt.

SONNENFLECKEN

Riesige Flächen mit niedrigeren Temperaturen, die deshalb dunkler aussehen. Sehr große Sonnenflecken kann man in gewissen Jahren sogar mit bloßem Auge sehen. Galileo war der Erste, der ihre Bewegungen studiert und daraus geschlossen hat, dass sich nicht etwa die Flecken bewegen, sondern die Sonne sich um sich selbst dreht.

SPEZIFISCHES GEWICHT

Verhältnis der Gewichtskraft eines Körpers zu seinem Volumen. Statt vom spezifischen Gewicht spricht man in der Physik auch von »Wichte«.

STREIT UM SCHWIMMENDE KÖRPER

Wissenschaftliche Auseinandersetzung zwischen Galileo Galilei und einigen Anhängern des Aristoteles. Ihrer Meinung nach bewirken Form und Gewicht eines Körpers, ob dieser auf dem

Wasser schwimmt oder untergeht. Galilei bewies hingegen, dass es allein auf das spezifische Gewicht des Gegenstands ankommt. Je höher das spezifische Gewicht, desto eher sinkt ein Körper.

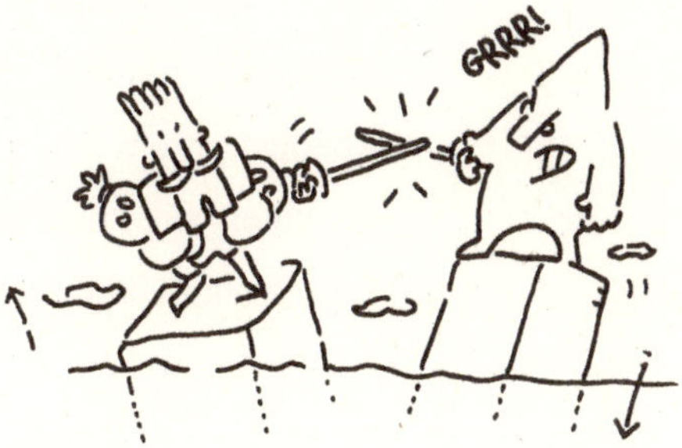

URANUS

Siebter Planet unseres Sonnensystems. Er befindet sich zwischen Saturn und Neptun und wurde erst 1781 entdeckt. Er hat fünf Monde.

VENUS

Dieser Planet ist immer zu sehen. Man nennt ihn »Morgenstern«, wenn er vor der Sonne aufgeht, »Abendstern«, wenn er gleich nach Sonnenuntergang zu sehen ist. Mit dem Fernrohr hat Galileo Galilei entdeckt, dass die Venus wie der Mond »Phasen« hat, und zwar deshalb, weil sie zwischen der Erde und der Sonne kreist.

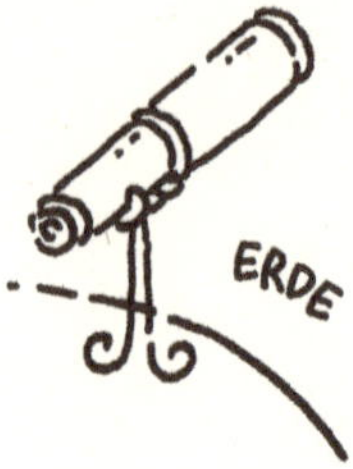

WELTBILD, KOPERNIKANISCHES

Dieses geht auf Kopernikus zurück. Im Zentrum steht die Sonne, um welche sich die Erde und die anderen Planeten drehen.

WELTBILD, PTOLEMÄISCHES

Dieses geht auf Ptolemäus zurück und wurde viele Jahrhunderte lang als zutreffend angesehen. Die Erde steht unbeweglich im Zentrum des Universums und Sonne, Mond, Planeten und Sterne kreisen um sie herum.

ZODIAKUS

Zone am Himmel, innerhalb derer sich die Sonne, der Mond und die Planeten bewegen. Hier liegen die Tierkreiszeichen – Sternenkonstellationen, die sich, von der Erde aus betrachtet, zu bewegen scheinen und nach Ansicht der Astrologen auf das Schicksal von uns Menschen einwirken.

DIE ERDE BEWEGT SICH
DOCH – UND WIE!

Inhaltsangabe

LUCA NOVELLI,

Autor und Illustrator, ist der Verfasser zahlreicher Bücher über Naturwissenschaften und Natur, die in viele Sprachen übersetzt wurden. Er arbeitet als wissenschaftlicher Berater für die RAI, das staatliche italienische Fernsehen, und leitete zehn Jahre lang eine Zeitschrift für Grafik und Design. Für die Reihe „Lebendige Biographien" erhielt er 2004 den italienischen Andersen-Preis als bester populärwissenschaftlicher Autor.

Edison und die Erfindung des Lichts

LUCA NOVELLI

Aus dem Italienischen
von Anne Braun

Thomas Alva Edison

Thomas Alva Edison wurde einmal bezeichnet als »der Mann, der die Zukunft erfand«. Er war es, der auf die Idee kam, Privathaushalte und Firmen mit elektrischem Strom zu versorgen, er erfand die Glühbirne und entdeckte, wie man die menschliche Stimme und auch Musik aufzeichnen und wiedergeben kann. Dank ihm fanden Geräte wie Telefon und Radio in vielen Haushalten Einzug und haben das Leben von uns Menschen verändert. Thomas Alva Edison reichte im Laufe seines Lebens über 1.000 Patente ein, verdiente Millionen und investierte den Großteil dieses Geldes gleich wieder in neue Erfindungen. Er war von der Idee beseelt, dass Wissenschaft und Technik die Lebensqualität aller verbessern sollten.
In diesem Buch berichtet Thomas Alva Edison von sich selbst und seinen Geistesblitzen, seiner Kindheit, seiner ungewöhnlichen Jugend, seinem Leben als Erfinder und seiner verblüffenden Arbeitsweise.

DIESES BUCH HANDELT VON ...

meiner Kindheit in der Zeit der Eroberung des »Wilden Westens« und von meinen Abenteuern in einer der ersten Eisenbahnen der Vereinigten Staaten.

Es geht um den Börsenticker, die erste Erfindung, mit der ich viel Geld verdiene und die bei den Börsianern in der Wall Street großen Anklang findet.

Ich finde ja diese Erfindung hier am tollsten: der Vorgänger der Plattenspieler und CD-Player.

Hier die wohl größte Erfindung meines Lebens: die Glühbirne, die noch zu eurer Zeit in jedem Haushalt zu finden ist.
Es geht in diesem Buch aber auch um die Liebe und um meine Familie sowie meine geniale und vielleicht auch schreckliche Arbeitsweise.

Ich erzähle von meinen Freunden und Mitarbeitern und von der ungewöhnlichsten Ideenfabrik, die die Welt je gesehen hat.

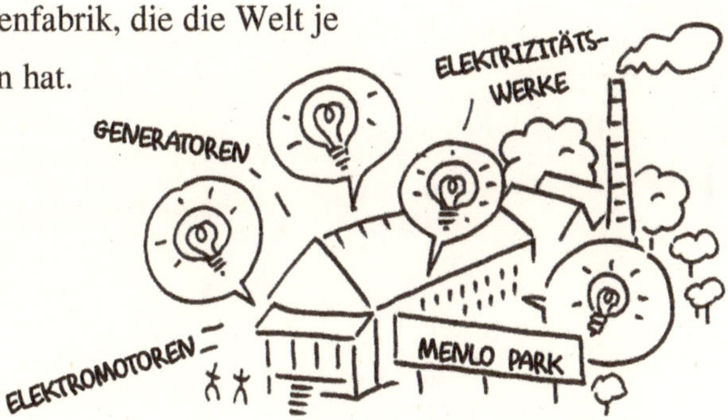

Dank meiner tausend Ideen hat sich die Welt völlig verändert.
Zum Schluss gibt es noch ein kleines Wörterbuch mit vielen nützlichen Informationen rund um Technik und Erfindungen.

DIE WELT VON THOMAS ALVA EDISON

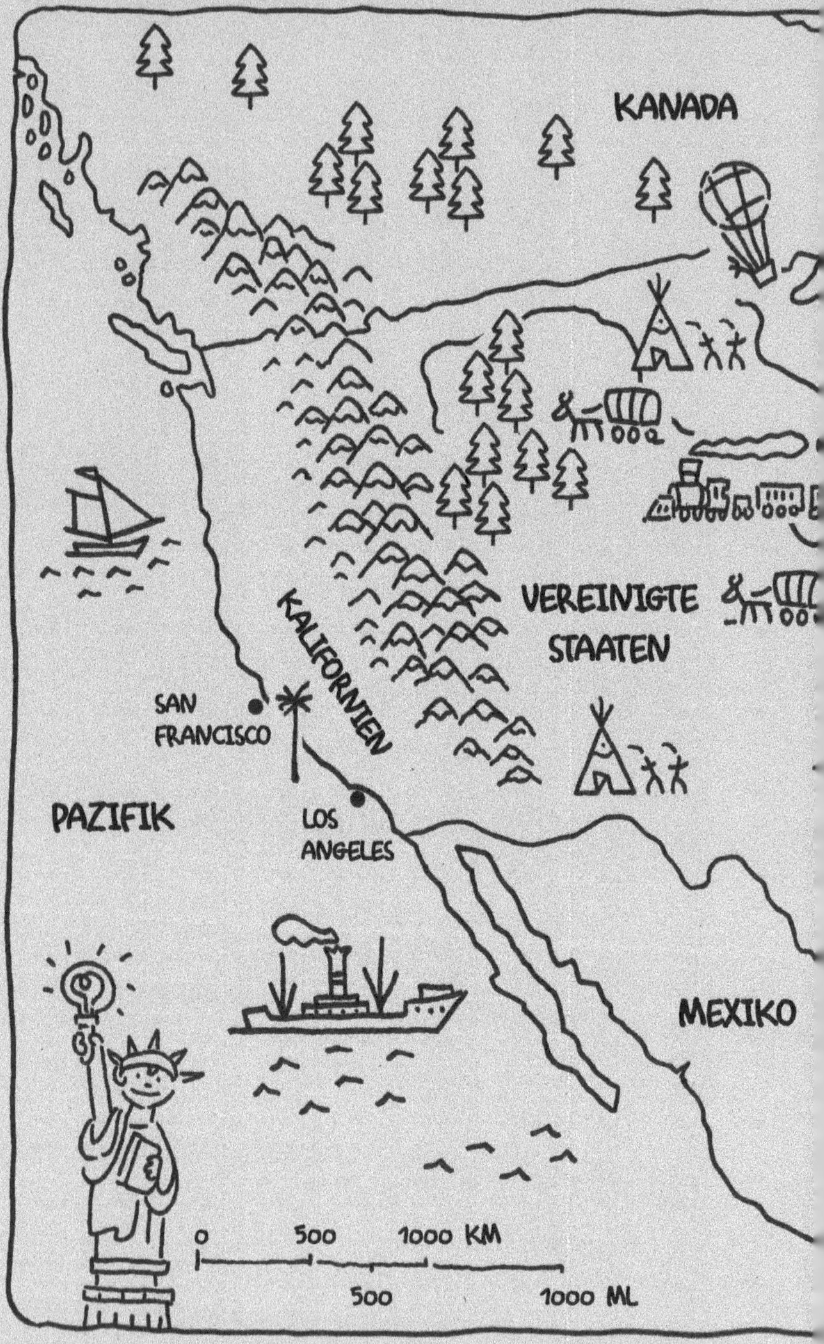

1847–1931

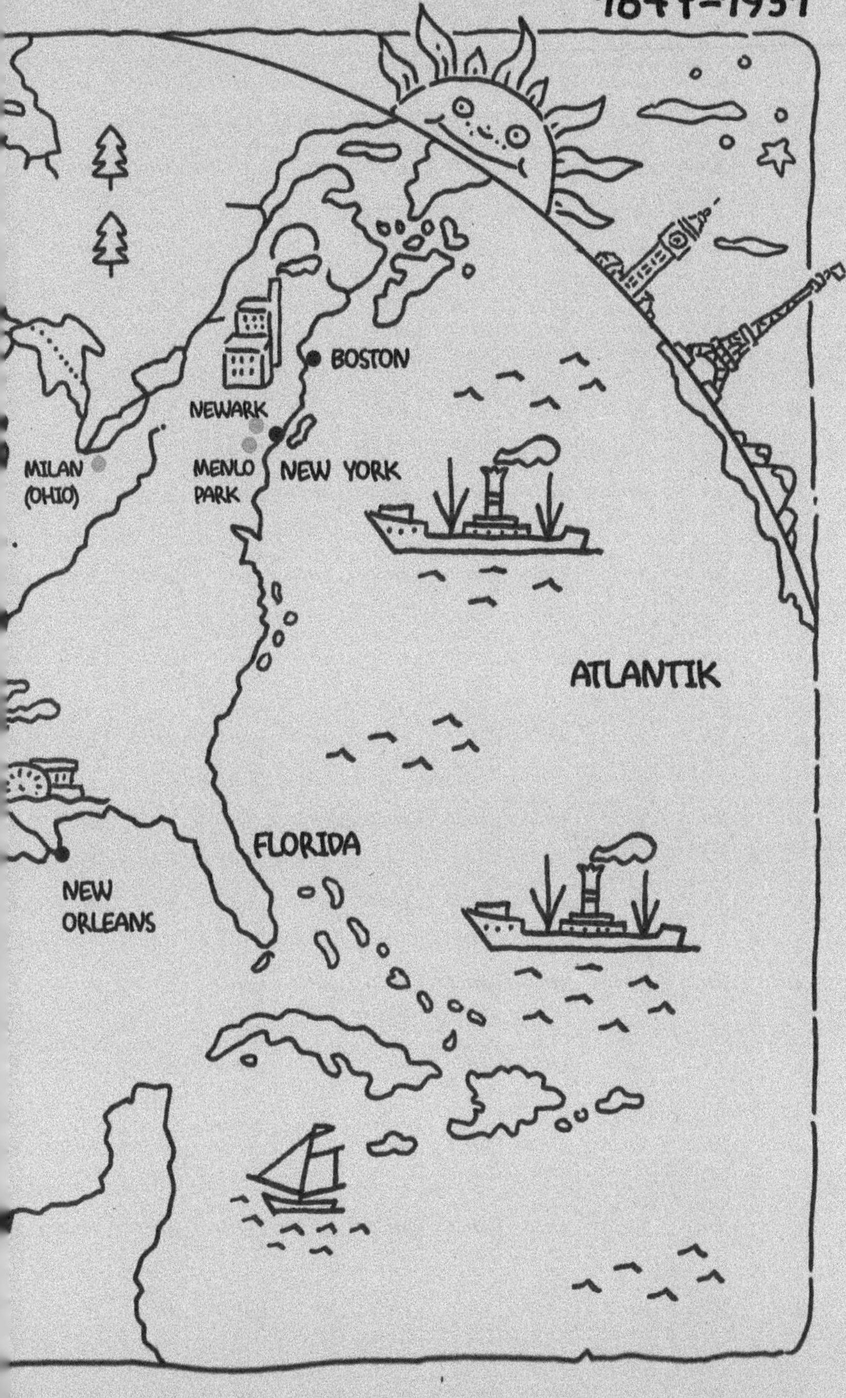
BOSTON
NEWARK
NEW YORK
MENLO PARK
MILAN (OHIO)
ATLANTIK
FLORIDA
NEW ORLEANS

Thomas Alva Edison wird am 11. Februar 1847 in der Kleinstadt Milan in Ohio im Norden der Vereinigten Staaten von Amerika geboren.
Die Vereinigten Staaten sind noch längst nicht die Supermacht von heute, sondern eine sehr junge Nation, die sich in einer spannenden wirtschaftlichen und räumlichen Expansionsphase befindet. Vor wenigen Jahren wurde Texas eingegliedert und nach einem Krieg mit dem südlichen Nachbarland Mexiko wurden vor kurzem erst die Gebiete von Kalifornien und New Mexico erobert.
Die heutigen Landesgrenzen werden errichtet. Zwischen dem Atlantischen und dem Pazifischen Ozean liegen riesige Gebiete, in die die Weißen noch nicht vorgedrungen sind: der »Wilde Westen«, in dem Indianerstämme leben und der eine Art Grenze bildet.
Die Grenzen des jungen Edison sind allerdings ganz anderer Art.

1. ICH, THOMAS ALVA EDISON

Hi, ihr jungen Leute aus dem 21. Jahrhundert. Ihr könnt mich ruhig Al nennen, genau wie meine Eltern, Samuel und Nancy Edison. Herzlich willkommen in Milan, einer florierenden Kleinstadt, die später für ihre Segelboote berühmt werden wird.

Ich bin ein waschechter Yankee: Meine Familie besteht aus Amerikanern, die von Holländern abstammen, die um 1730 hierher gekommen sind und in New Jersey eine Farm bewirtschaftet haben.

In Milan gibt es noch viele Holzhäuser, die aussehen wie jene, die ihr aus den Wildwestfilmen kennt. Wir dagegen haben ein schmuckes Häuschen aus roten Backsteinen. Es hat nur ein Stockwerk, das Dachgeschoss und jede Menge Fenster. Es ist zwar recht klein, aber sehr gemütlich.

Ich bin der Jüngste von sieben Geschwistern. Zu Hause halte ich mich nur selten auf: Wir haben keinen Fernseher, keine Videospiele, einfach nichts! Abends sitzen wir aber alle zusammen vor dem offenen Kamin und dann findet sich immer jemand, der alte Familiengeschichten erzählt.

Wann immer ich kann, gehe ich an den Kanal und zum Hafen, von wo aus Weizen, Tabak und Baumwolle verschifft werden und Waren selbst aus Europa eintreffen.
Dank dieses Kanals ist Milan ein wichtiges Handelszentrum. Von hier aus fahren Lastkähne und Boote bis zum Eriesee und weiter nach New York und zum Atlantik.

Im Sommer baden wir Kinder auch gern in diesem Kanal, obwohl es ziemlich gefährlich ist.

In der umliegenden Gegend leben Delaware-Indianer, Irokesen und Shawnees, aber man sieht sie nur selten und außerdem sind sie recht friedlich.

In den großen Prärien westlich von uns leben hingegen sehr viele Indianer: die Cheyenne, die Sioux, die Kiowa … Und diese Stämme sind wild entschlossen ihr Gebiet gegen die weißen Eindringlinge zu verteidigen.

Trotzdem verlassen immer mehr Menschen die Staaten an der Atlantikküste und ziehen landeinwärts, um bis nach Kalifornien vorzudringen, das am Pazifik liegt. Eines Abends macht eine Gruppe von Pionieren vor unserem Haus Halt. Sie sind mit drei Karren unterwegs und ich belausche ihre Gespräche und erfahre von ihren Hoffnungen und Befürchtungen. Das hinterlässt bei mir einen tiefen Eindruck.

Der kleine Al Edison lebt in einer sich rasch verändernden Welt. Die Vereinigten Staaten wachsen von 13 auf über 30 Mitgliedsstaaten an, die Bevölkerung verdoppelt sich und die Verkehrsmittel erleben eine unerwartete Revolution. Aber noch sind das Pferd, Fuhrwerke und Ochsenkarren die meistverbreiteten Fortbewegungsarten.
Bis zur Mitte des 19. Jahrhunderts reist man am schnellsten auf dem Wasserweg mit Dampfschiffen. Doch dann bietet die Eisenbahn plötzlich ungeahnte Möglichkeiten. Im ganzen Land werden Schienen gelegt und dort, wo die Dampflokomotiven ankommen, entstehen neue Städte, neue Handelszentren und neue Arbeitsmöglichkeiten.

2. MEIN LEBEN KOMMT IN FAHRT

Mein Vater ist mit der ganzen Familie nach Port Huron in Michigan umgezogen.
Auch hier hat die Eisenbahn schon Einzug gehalten und man hofft, dass sie viele Arbeitsplätze mit sich bringen wird. Mein Vater ist ein ausgezeichneter Zimmermann und er handelt zudem mit Holz und Getreide. Ihr würdet ihn als Kleinunternehmer bezeichnen. Er ist ein optimistischer Mensch voller Ideen, die manchmal auch etwas verrückt sind.

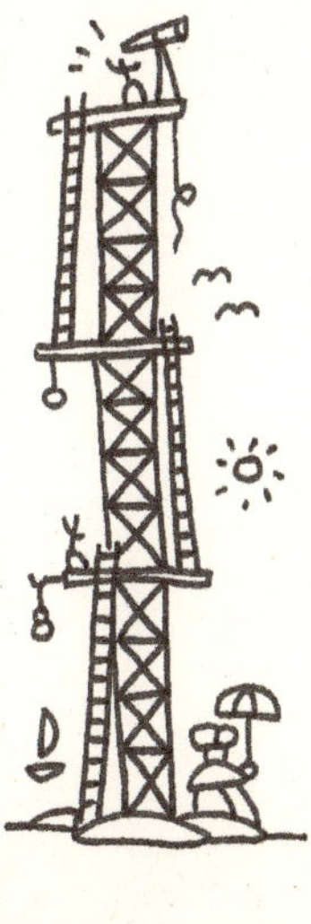

Er hat einen sehr hohen Aussichtsturm gebaut, auf dem ein Fernrohr steht. Wer hochsteigen und sich die Gegend anschauen möchte, muss einen Vierteldollar Eintritt bezahlen.

In Port Huron gibt es eine Volksschule. Mein Vater hat mich angemeldet, aber ich bin kein guter Schüler. Der Lehrer sagt, ich sei ein Hohlkopf. Nach drei Monaten meldet meine Mutter mich wieder ab. Sie ist Lehrerin und will mich lieber selbst unterrichten. Dass ich später ein weltberühmter Erfinder werde, verdanke ich nur ihr. Sie bringt mir das Lesen bei, das zeitlebens meine große Leidenschaft bleibt. Ich lese als Jugendlicher alle Bücher der öffentlichen Bücherei von Detroit, Regal um Regal, egal, welcher Art und für welches Alter sie sind.

Das erste Buch, das ich geradezu verschlinge, heißt *Schule der Naturphilosophie.* Ich lese es mit neun Jahren, aber nicht etwa weil ich ein Genie wäre, sondern weil der Autor auf sehr verständliche Weise erklärt, wie man Heißluftballons, Dampfmaschinen, Schießpulver, Batterien, Leuchtgas und andere tolle Sachen herstellt.

Die Chemie wird mein großes Hobby und ich richte mir im Keller ein Labor ein, in dem ich alle möglichen Experimente mache. Aber ich brauche auch Materialien und Apparate. Tja, woher das Geld nehmen? Ich verkaufe auf dem Markt Gemüse aus Vaters Landwirtschaft, doch das reicht nicht.

Als ich das Angebot erhalte, als Zeitungsverkäufer in der Grand-Trunk-Eisenbahn, die von Port Huron nach Detroit fährt, zu arbeiten, brauche ich nicht lange zu überlegen. Zum Glück sind meine Eltern einverstanden.

Dies ist Abraham Lincoln (1809–1865), der 16. Präsident der Vereinigten Staaten. Er sieht sich bei seinem Amtsantritt 1860 mit der schlimmsten Krise in der Geschichte seines Landes konfrontiert. Die Staaten im Norden und jene im Süden haben sehr unterschiedliche Interessen und Vorstellungen. In den landwirtschaftlich geprägten Südstaaten gibt es die Sklaverei und tausende von Schwarzen müssen auf den Baumwollfeldern schuften. Die industriellen und demokratischeren Nordstaaten wollen die Sklaverei abschaffen. Dieser Konflikt – ausgerechnet in einem Land, das sich bei seiner Gründung auf die Freiheit des Einzelnen berufen hat – führt 1861 zur Abspaltung der Südstaaten und folglich zu einem schrecklichen Bürgerkrieg zwischen Nord und Süd, dem Sezessionskrieg.

Der junge Edison lebt weit entfernt von der Kriegsfront und den Gräueln, doch in den Zeitungen, die er Tag für Tag verkauft, wird ausführlich darüber berichtet.

3. VOM ZEITUNGSVERKÄUFER ZUM REPORTER

Ich gebe zu, dass ich sehr viel arbeite, aber mein Job macht mir Spaß. Ich fahre im Zug zwischen Detroit und Port Huron hin und her. Diese Strecke ist 63 Meilen lang, also etwas mehr als 100 Kilometer. Könnt ihr euch vorstellen, dass man für diese Reise vor Erfindung der Eisenbahn zwei oder drei Tage gebraucht hat? Wir fahren am Morgen los und kommen am Abend zurück. In einem Güterwaggon liegen meine Zeitungen, die ich im Zug und an den Haltestellen verkaufe. Ich bin überglücklich, als mir der Zugführer erlaubt in diesem Waggon auch ein kleines Labor einzurichten.

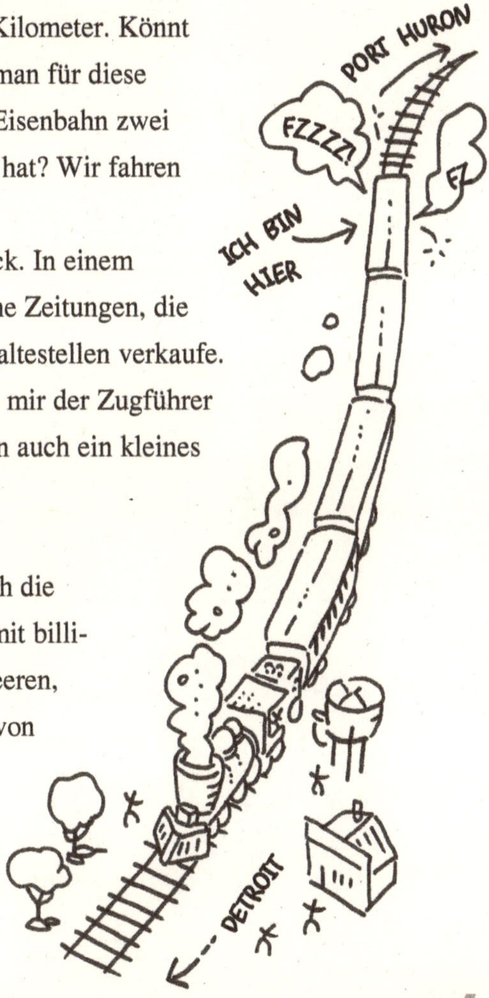

Im Gegenzug beliefere ich die Frauen der Eisenbahner mit billigem Obst, Butter oder Beeren, die ich unterwegs direkt von Bauern einkaufe. Aber all das verdiente Geld geht für die Kosten meines fahrenden Labors drauf.

Die Apparate und Chemikalien, die ich für meine Experimente brauche, verschlingen sehr viel Geld. Deshalb vergrößere ich mein Geschäft und eröffne in Port Huron zwei kleine Obst- und Gemüseläden, die ich zweien meiner Freunde anvertraue.

Als der Sezessionskrieg ausbricht, steigt der Verkauf meiner Zeitungen rapide an. Alle haben Verwandte und Freunde, die im Krieg sind, und wollen alles über der Ausgang der Schlachten erfahren.
Manchmal reichen die Zeitungen, die ich bei mir habe, nicht aus. Also erhöhe ich den Preis, verdopple und verdreifache ihn … Tja, so ist nun mal das Gesetz von Angebot und Nachfrage, oder?

Zu guter Letzt gründe ich meine eigene Zeitung, eine Wochenzeitung, den *Weekly Herald.* Die Artikel schreibe und setze ich selbst und drucke die Zeitung auch gleich im Zug, auf einer kleinen Druckerpresse.

Einmal, in Frazer, Michigan, verpasse ich den Zug. Ich renne ihm nach und klammere mich an den letzten Waggon. Ich schwebe in großer Gefahr, bis mich ein Schaffner an den Ohren packt und hochzieht. Allerdings trage ich dabei einen Hörschaden davon. Im Laufe meines Lebens wird mein Gehör immer schlechter, bis zur fast völligen Taubheit.

Eines Tages passiert mir eine Riesendummheit: Während meiner Arbeit im Labor fällt mir ein Phosphorstäbchen auf den Boden. Sofort steht der Waggon in hellen Flammen. Der Zugführer ist stinksauer und setzt mich gleich an der nächsten Haltestelle an die frische Luft, mitsamt meinen Habseligkeiten: dem Chemielabor, der Druckerpresse, allem … Auweia, ich glaube, ich muss mich nach einem neuen Job umsehen.

Dieser Schaffner schließt sein Gerät an einen Telegrafenmasten an, um Hilfe zu rufen.

Oberhalb und entlang der Schienen verlaufen die Leitungen dieses neuen Kommunikationsmittels, durch die elektrischer Strom fließt. Dank eines einfachen Codes, erfunden von Samuel F. B. Morse (1791–1872), ist der Telegraf alltagstauglich geworden. Jeder Buchstabe des Alphabets wird in eine Reihe von elektrischen Impulsen umgewandelt, kurze (Punkt) und lange (Strich). Man muss also nur eine einzige Taste drücken und kann so auch komplexe Nachrichten übermitteln. Auch auf den kleinsten Bahnhöfen Amerikas gibt es bald ein Telegrafenamt.
In einem dieser Ämter erlernt der junge Al Edison einen neuen Beruf.

4. MEIN LEBEN MIT DRÄHTEN

Es passiert im August des Jahres 1862. Am Bahnhof von Mount Clemens läuft das Kind des Bahnhofsvorstehers über die Gleise, als gerade ein Zug einläuft. Ich kann es im letzten Moment noch packen und wegreißen. Unter uns gesagt – es war eigentlich keine große Heldentat. Ich habe nur getan, was jeder getan hätte. Doch der Bahnhofsvorsteher überschlägt sich fast vor Dankbarkeit und macht mir ein großes Geschenk: Er weiht mich in die Geheimnisse der Telegrafie ein.

Kaum habe ich meinen ersten Arbeitsplatz bei der Eisenbahn verloren, schon habe ich einen neuen Job.

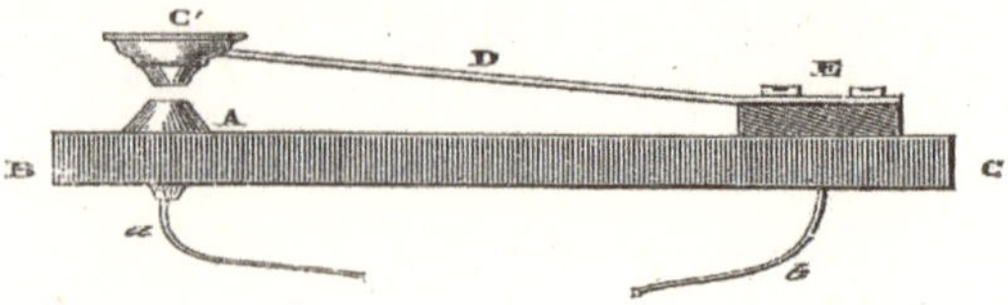

Mit erst sechzehn Jahren bin ich schon ein Experte in dieser neuen Technologie: Ich habe sogar eine Telegrafenlinie zwischen meinem Haus und dem meines besten Freundes gelegt. Und ich beschließe meine Fähigkeiten denen anzubieten, die am meisten bezahlen: Zeitungen, Firmen, Handelsunternehmen … eben überall dort, wo man einen guten Telegrafen braucht, einen Fachmann für Hard- und Software, wie ihr sagen würdet. Ich arbeite auf eigene Faust und reise überallhin, wo ich gebraucht werde. Gute Telegrafen sind sehr gesucht. Ich arbeite hauptsächlich im Süden und im Mittleren Westen der USA. Ich kann unheimlich schnell morsen und Nachrichten entschlüsseln. Nicht selten geht es um Ereignisse, die in die Geschichte eingehen. Sehr viele Nachrichten betreffen den Kongress, die Regierung der Vereinigten Staaten. Als ich die Verhandlungsberichte verfolge, kommt mir eine Idee, wie man die Dauer der endlosen Abstimmungen verkürzen könnte.

Als ich gerade in Boston bin und für die *Western Union Telegraph Company* arbeite, reiche ich das erste meiner insgesamt 1.093 Patente ein: den elektrischen Stimmenzähler.

Mein Stimmenzähler ist ganz einfach und sehr praktisch: Jeder Abgeordnete hat zwei Schalter vor sich, mit denen er abstimmen kann: Ja oder Nein. Ein elektrischer Draht übermittelt das Signal an ein Gerät, das – auf einem chemisch bearbeiteten Papier – den Namen des Wählers und seine Entscheidung ausdruckt. Ich finde meine Idee sehr gut, doch als ich sie präsentiere, kommt es fast zu einem Skandal. Später sind diese elektrischen Zähler aus den Parlamenten nicht mehr wegzudenken.

Ich bin 20 und etwas frustriert. Aber die Lust am Erfinden ist mir noch lange nicht vergangen!

Pah, ich werde meine Erfindungen dort verkaufen, wo die Entwicklung am schnellsten voranschreitet und wo die aufgeklärtesten Köpfe sitzen. Ich ziehe nach New York!

So sieht New York, der so genannte »Big Apple«, zu Zeiten des jungen Edison aus. Es gibt noch keine Wolkenkratzer, kein einziges Auto! Pferdekutschen und -karren prägen das Straßenbild, selbst die öffentlichen Straßenbahnen werden von Pferden gezogen. Die Häuser sind niedrig und fast überall gibt es noch Grünflächen und Felder. In dieser aufstrebenden Stadt prallen großer Reichtum und erschreckende Armut aufeinander.

Innerhalb der nächsten Jahrzehnte werden große Umwälzungen stattfinden. Und das liegt unter anderem auch an Edisons Erfindungen.

5. DIE GROSSE CHANCE

Ich habe Hunger und keinen Cent in der Tasche. Ich weiß nicht einmal, wo ich heute Nacht schlafen werde. Das Wasser läuft mir im Mund zusammen, als ich die Schaufenster der Geschäfte betrachte. Unter diesen Umständen macht New York keinen Spaß.

In meiner Not wende ich mich an zwei befreundete Telegrafen, die hier in New York arbeiten. In unserer Branche kennt man sich und hilft sich auch mal gegenseitig, wenn möglich.

Der erste leiht mir einen Dollar, mit dem ich mir sofort etwas zu essen kaufe. Der zweite, Franklin L. Pope, arbeitet als Ingenieur in der Broad Street, bei der *Gold Indicator Company.* Er lässt mich in seinem Büro übernachten. Es ist nicht das erste und gewiss auch nicht das letzte Mal, dass ich auf einem Schreibtisch schlafe.

Franklin ist ein wahrer Freund. Er bietet mir ein paar Gelegenheitsarbeiten an, die ich gerne annehme. Das ist zumindest ein Anfang.

Ich stelle fest, dass ich der richtige Mann am richtigen Ort bin. Die *Gold Indicator Company* ist der finanzielle Nabel der Nation. Jede Minute veröffentlicht sie die aktuellsten Gold- und Silberkurse. Über Telegrafen steht sie mit Maklern im ganzen Land in Verbindung.

Eines Tages fällt der telegrafische Goldkursanzeiger in der Zentrale der Firma aus. Hunderte von Mitarbeitern bekommen keine Informationen mehr. Die Direktoren sind ratlos. Ich aber finde den Fehler und innerhalb kurzer Zeit funktioniert das System wieder. Ich werde an Ort und Stelle eingestellt, und das von einer der angesehensten Firmen Amerikas!

Bald mache ich mich aber als Erfinder selbstständig. Meine nächste Erfindung ist ein verbesserter Börsenkurstelegraf oder »Börsenticker«. Ich nenne ihn Edison Universal Stock Ticker. Den werden über kurz oder lang alle Börsen und Finanzbüros in Amerika und Europa benutzen. Damit kann man Buchstaben und Zahlen drucken. Ich lasse ihn patentieren und biete ihn der *Western Union* an.

Als ich meine Erfindung vorstelle, rechne ich insgeheim mit ungefähr 5.000 Dollar Honorar. Aber während ich noch zögere, mit meiner vielleicht unverschämten Forderung herauszurücken, wird mir eine wesentlich höhere Summe angeboten.

Das haut mich fast um.

Al Edison ist nicht der einzige große Erfinder in New York. Doch nur wenige haben so viel Glück und so viel Geschick darin, Geldgeber und Käufer für ihre Erfindungen zu finden wie er.

Ebenfalls in New York lebt der Italiener Antonio Meucci (1808–1896), der seit längerem an einem revolutionären Projekt arbeitet: dem »sprechenden Telegrafen«, für den er im Jahre 1871 ein vorläufiges Patent anmeldet. Es handelt sich um den ersten Vorläufer des Telefons.

Doch weil er nicht genügend Geld hat, um sein Patent zu verlängern, und auch keine Sponsoren überzeugen kann, verliert Meucci 1873 jedes juristische Anrecht auf seine Idee. Alexander Graham Bell (1847–1922) wird schließlich das entscheidende Patent anmelden und die Grundlage für den späteren industriellen Erfolg des Telefons legen. Antonio Meucci stirbt als armer Mann in Long Island, New York. Erst im Jahre 2001 wird der Kongress der USA offiziell erklären, dass Meucci der geistige Vater einer der revolutionärsten Erfindungen des 20. Jahrhunderts war.

6. GLÜCK, ARBEIT … UND LIEBE

Um 1870 sind 40.000 Dollar eine Menge Geld, damit könnte man ein halbes Dorf kaufen. Aber ich werfe keinen Cent davon aus dem Fenster, sondern gründe damit eine Werkstatt in New Jersey, in Newark (nicht weit von New York). Es ist ein großes Gebäude mit vier Stockwerken. Hier können bis zu 150 Personen arbeiten.

Wir produzieren und verkaufen Börsenticker und Zubehör für die Telegrafie. Doch mein Hauptinteresse gilt der Forschung. Ich will die Telegrafie unbedingt noch weiterverbessern und denke viel über neue Erfindungen nach. Ich suche nach einer Möglichkeit, um mehrere Nachrichten gleichzeitig über dieselbe elektrische Leitung schicken zu können. Meine Arbeitsweise ist schon legendär geworden. Ich kümmere mich nicht um offizielle Arbeitszeiten oder Konventionen. Schlaf brauche ich zum Glück nur wenig. Mal schlafe ich ein paar Stunden zu Hause, oft aber auch im Labor oder auf dem Schreibtisch.

Unter meinen Mitarbeiterinnen ist ein bildhübsches Mädchen, die 16-jährige Mary Stillwell. Ich arbeite zwar fast ununterbrochen, aber ab und zu wechseln wir mal einen kurzen Blick. Und ich verliebe mich. Das heißt, wir beide verlieben uns, denn als ich Mary frage, ob sie mich heiraten will, sagt sie Ja.

An Weihnachten des Jahres 1871 heiraten wir. Zusammen mit unseren Verwandten und Freunden feiern wir ein großes Fest. Aber weil im Labor gerade ein Experiment läuft, muss ich die fröhliche Feier und meine verdutzte Braut verlassen.

Erst kurz nach Mitternacht bin ich wieder zu Hause.

Ich beschäftige mich immer weniger mit der Produktion, sondern sehr viel mehr mit neuen Erfindungen, wie zum Beispiel dem Quadruplex-System, einem Verfahren, mit dem man vier Nachrichten gleichzeitig durch eine einzige Telegrafenleitung schicken kann.

Die Telegrafengesellschaften können damit Millionen von Metern an Leitungen sparen und zeigen großes Interesse. Ich entwickle auch die erste funktionsfähige Schreibmaschine und einen Telegrafenapparat, der Pläne empfangen und senden kann.

Meine Firma wächst und wächst und ich merke, dass wir mehr Platz brauchen. Deshalb überlege ich mir, ein neues, größeres Forschungslaboratorium bauen zu lassen.

Abgesehen von der Telegrafie, wird die Elektrizität in Al Edisons jungen Jahren nur wenig praktisch genutzt. Fast alles funktioniert mit Dampfmaschinen, wie zum Beispiel dieses merkwürdige Automobil, das die halsbrecherische Geschwindigkeit von 20 Stundenkilometern erreicht!
Auch Kühlschränke und große Maschinen zur Herstellung von Eiswürfeln arbeiten mit Motoren, die mit Dampf betrieben werden. Selbst der erste Computer, erfunden von dem Engländer Charles Babbage (1792–1871) und als Rechenmaschine konzipiert, wird mit einer Dampfmaschine betrieben, ähnlich der einer Lokomotive, die mit Kohle oder Holz arbeitet.
Doch das alles wird bald ein Ende haben – unter anderem dank Edison.

7. DIE FABRIK DER ERFINDUNGEN

Willkommen in Menlo Park, meinem neu erbauten Forschungslaboratorium.
Auf den ersten Blick sieht es aus wie eine Fabrik irgendwo im Grenzgebiet, umgeben von einem Lattenzaun. Die Anlage besteht aus mehreren Gebäuden aus Holz und das Hauptgebäude hat eine schöne Veranda, auf der man an warmen Sommerabenden sitzen und plaudern kann. Mein Vater hat die Bauarbeiten beaufsichtigt und seine langjährige Erfahrung kam mir sehr zugute.
Menlo Park wirkt vielleicht etwas ländlich und bescheiden, doch ich bezweifle keinen Augenblick, dass es das wichtige Forschungszentrum der USA werden wird.
Das Bauland war recht billig und hat zudem den Vorteil, dass es nicht weit von New York entfernt ist. Ich brauche den Platz und die Ruhe, die man in der Stadt nicht findet, kann aber trotzdem schnell dort sein, um Geschäftsleute zu sehen. Hier werden meine Mitarbeiter und ich neue Möglichkeiten für die Anwendung der Elektrizität austüfteln.

Dort, wo ich meine Experimente durchführe, herrscht natürlich Chaos: elektrische Apparaturen, Behälter mit Chemikalien und Bücher, Unmengen von Büchern. Beim Lesen hatte ich schon so manche gute Idee.

In meinem Laboratorium liegen massenhaft Sachen herum: Versuchsmodelle von Motoren, Generatoren, Batterien, elektrische Vorrichtungen … Ich arbeite unglaublich viel und habe kaum Zeit für ein Privatleben. Vor drei Jahren kam meine erste Tochter zur Welt, Marion Estelle Edison, kurz »Dot« – Punkt genannt. Und dieses Jahr, 1876, bekam ich einen Sohn, Thomas Alva Junior, der den Spitznamen »Dash« – Strich erhält.

Dot und Dash nennt man in der Sprache der Telegrafen Punkt und Strich – die beiden Zeichen, aus denen der Morsecode besteht. Meine Frau ist nicht ganz glücklich. Menlo Park liegt auf dem Land und sie fühlt sich etwas isoliert. Auch nachts hat sie Angst und deshalb schläft sie stets mit einer Pistole unter dem Kissen.

Okay, ich gebe es zu, meistens esse und schlafe ich in meinem Laboratorium.

Aber so allmählich wird es besser. Immer mehr Gäste und Besucher kommen vorbei.

Meine Mitternachtsdinner werden berühmt: Ich lasse Orgelspieler und Sänger auftreten.

Aber sobald die Gäste nach Hause gehen, eile ich wieder zu meiner Arbeit.

Alexander Graham Bell (1847–1922) gebührt ein großer Verdienst: Er sorgt dafür, dass das Telefon zu einem gebrauchsfähigen Alltagsgegenstand wird. Er reist durch die USA und Europa und hält Vorträge darüber, wie sein Apparat die Welt der Kommunikation verändern kann. Anfangs ist das Telefon allerdings ein mäßiger Erfolg, denn Bells erste Modelle lassen noch sehr zu wünschen übrig. Empfang und Verstärkung sind miserabel. Doch dieses Problem wird Al Edison bald lösen.

8. MEINE SPRECHAPPARATE

Mein größter Kunde ist nach wie vor die große Telegrafengesellschaft *Western Union.* Sie hat angefragt, ob ich eine Erfindung, von der alle Welt spricht, nicht entscheidend verbessern kann: den elekt-rischen Sprechapparat von Alexander Graham Bell. Ich habe ihn ausprobiert. In der Tat kann man kaum verstehen, was am anderen Ende der Leitung gesagt wird. Bei mehreren Kilometern Entfernung hört man so gut wie gar nichts mehr. Da ich selbst schwerhörig bin, weiß ich, wie wichtig gutes Hören ist.

Als Erstes teile ich das System, sodass Sprechen und Hören getrennt sind. Das finde ich ganz wichtig. Bei Bells Telefon muss man fast Kopfstände machen, um durch dieselbe Öffnung zu sprechen und zu hören. Ich erfinde das Kohlekörnermikrofon zur Umwandlung der gesprochenen Nachricht in ein elektrisches Signal und baue noch eine Batterie ein, die das Signal zusätzlich verstärkt. Dadurch erziele ich auch über größere Entfernungen hinweg einen guten Empfang. Dem Telefon von Bell bieten sich somit bessere Chancen. Selbst die zu eurer Zeit üblichen Telefone beruhen noch auf diesen beiden Verbesserungen.

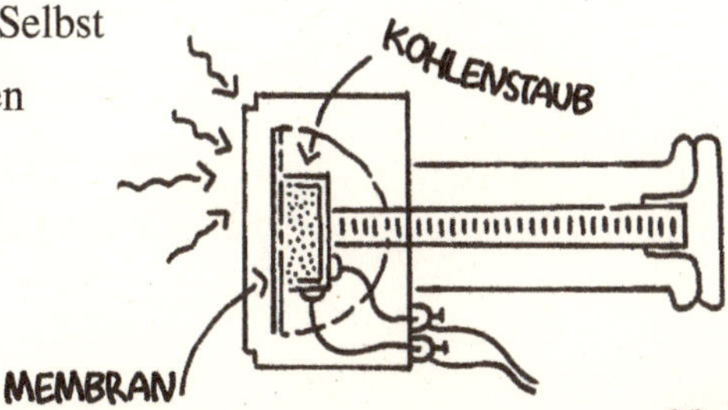

Wie üblich führt eins zum anderen. Das Telefon bringt mich auf eine großartige Idee: Wenn ein Gerät die Stimme künstlich übermitteln kann, könnte man dann nicht auch gesprochene Worte und Töne aufzeichnen und nach Lust und Laune wiedergeben? Aber klar doch! Man muss nur wissen, wie!

Ich entwerfe ein kleines Gerät, bestehend aus einer Walze, die mit einer Handkurbel gedreht wird. Davor steht ein Trichter, der mit einer dünnen Membran abgeschlossen ist. Auf der Walze liegt ein Blatt Stanniolpapier, auf das die Schallwellen, die Vibrationen der Membran, mittels einer Nadel aufgezeichnet werden.

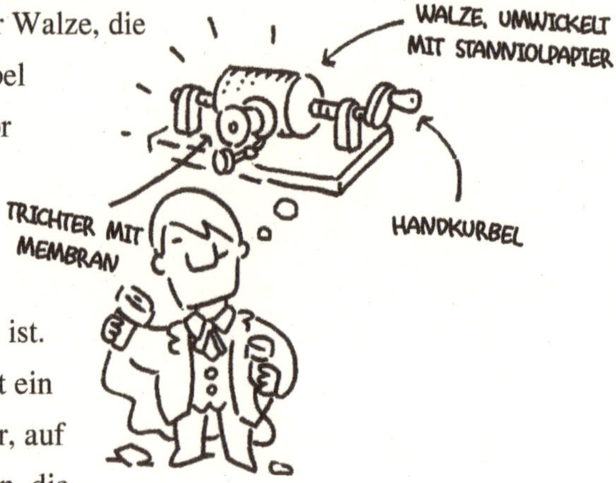

Den Entwurf lege ich einem Handwerker vor. Die Herstellung kostet mich 18 Dollar.

Ich bin sehr gespannt: Als ich das Gerät abhole, prüfe ich es, indem ich ein kleines Liedchen singe …

Das Gerät gibt meine Worte absolut verständlich wieder. Der Handwerker und ich sind beide begeistert.

So entsteht der erste Phonograph, das Vorgängermodell aller modernen Geräte zur Aufnahme und Wiedergabe von Tönen. 1878 melde ich das Patent dafür an. Natürlich denke ich sofort darüber nach, auf welch vielfältige Weise diese Erfindung genutzt werden kann: zum Aufnehmen und Abspielen von Musik, zum Aufzeichnen von Diktaten und Familienerinnerungen, Sprachen und Dialekten, zum Erlernen einer perfekten Aussprache; Briefe könnten in Zukunft gesprochen werden …

Ich erhalte eine Einladung in unsere Hauptstadt Washington, um mein Gerät dort dem Präsidenten und einigen wichtigen Wissenschaftlern vorzuführen. Dieses Foto wurde bei diesem Anlass gemacht.

Im 19. Jahrhundert gehen die meisten Menschen nach Sonnenuntergang ins Bett. Ansonsten muss man eine Kerze oder Petroleumlampe anzünden, um etwas Licht zu haben. Nur in den Großstädten gibt es Gasbeleuchtung.
Seit der Italiener Alessandro Volta (1745–1827) 1800 das Prinzip der Batterie erfunden hat, wird versucht praktische elektrische Glühlampen zu erfinden, doch vergeblich. Niemand bringt eine solche Lampe länger als ein paar Sekunden zum Leuchten. Elektrische Bogenlampen spenden zwar sehr viel Licht, können aber nur für Scheinwerfer oder im Freien benutzt werden. Was benötigt wird, ist eine kleine Lichtquelle, die nicht viel Strom verbraucht.
In seinem Laboratorium sucht Edison nach einer Lösung; nicht zuletzt auch deshalb, weil er nicht einmal im Traum daran denkt, mit den Hühnern schlafen zu gehen.

9. DIE ERFINDUNG DES LICHTS

Zwei Nächte in Folge habe ich kein Auge zugemacht, ebenso wenig wie meine Mitarbeiter. Wir sind wach geblieben, um zu sehen, wie lange unsere Glühlampe brennt – es waren ganze 40 Stunden! Wir brüllen vor Begeisterung!
Die Glühlampe besteht aus einem luftleeren Glaskolben. Im Inneren habe ich einen verkohlten Baumwollfaden eingeschweißt und den Kolben zugeschmolzen. Und dann habe ich das Ganze an Strom angeschlossen. Die Lampe hat den Raum fast zwei Tage lang ununterbrochen erleuchtet, ohne dass der Glühfaden verbrannt wäre. Es funktioniert! Es ist möglich!

Jetzt bin ich davon überzeugt, dass man auch eine Glühlampe herstellen kann, die hunderte von Stunden lang brennt.
Ich werde die Lebensgewohnheiten der Menschen auf den Kopf stellen … und auch ihre Schlafgewohnheiten!

Meine zahlreichen Experimente, die letztendlich zur Erfindung der Glühlampe führten, haben mich tausende von Dollar und tausende von Arbeitsstunden gekostet. Ich habe wirklich alles probiert – als Glühfaden mussten einmal sogar die roten Barthaare meines Mitarbeiters Mackenzie herhalten. Doch Ende gut, alles gut. Ich habe nicht nur eine neue Leuchte erfunden, sondern ein funktionierendes System. Mit meiner Glühlampe wird man ganze Städte erhellen können!

Dazu muss ich eine Reihe von Dingen entwickeln:
Generatoren, die preisgünstig Strom erzeugen, regelbare elektrische Widerstände, Zähler, Schalter, Sicherungen, Lampenschirme, unterirdische und oberirdische Leitungen, Abzweigungen und alles mögliche Zubehör, einschließlich … Isolierband. Anfangs bestand die Zuleitung nur aus einem Kupferdraht, den ich jedoch mit einem Isolierstoff überziehen musste.

Wir besitzen nun hier in Menlo Park die erste elektrische Beleuchtungsanlage der Geschichte: 25 Glühlampen erhellen das Laboratorium, acht die Büroräume und weitere 20 die umliegenden Straßen. Offiziell will ich das Ganze an Silvester 1879 einweihen.

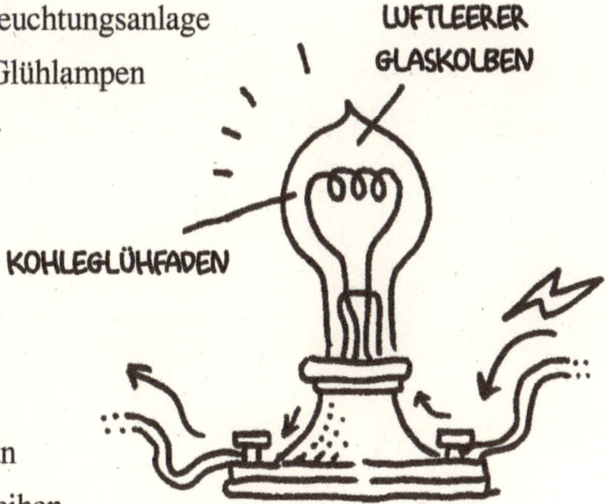

Es wird der aufregendste Jahresbeginn meines Lebens werden!

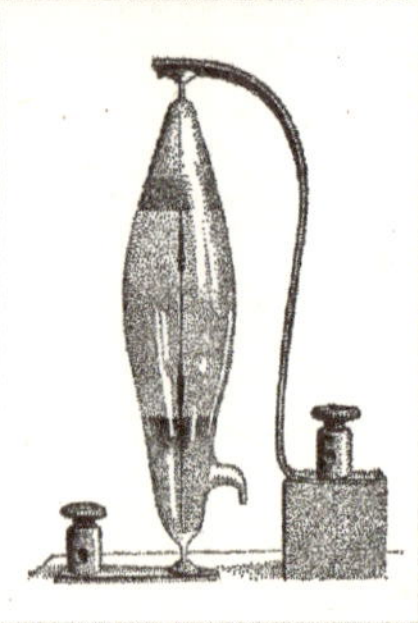

Al Edison ist nicht der einzige Erfinder auf der Welt, der sich für Glühlampen interessiert. In England ist Joseph Wilson Swan (1828–1914), der hier als alter Mann zu sehen ist, seit Jahren damit beschäftigt. Auch er ist ein talentierter Erfinder, der kurze Zeit, nachdem Edison sein Patent eingereicht hat, eine etwas andere Leuchte patentieren lässt, die einen langlebigeren Glühfaden und eine bessere Fassung hat. Edison verklagt Swans Firma wegen Patentsverletzung. Doch dann einigen sich die Parteien gütlich und die beiden Herstellerfirmen von Glühlampen gründen im Oktober 1883 gemeinsam die Edison & Swan United Electric Light Company Limited *mit einem Firmenkapital von einer Million englischen Pfund.*

10. DER ZAUBERER VON MENLO PARK

Allein mit Erfinden ist es nicht getan, glaubt mir! Man muss sein Produkt auch präsentieren, veröffentlichen, ein Netz von Beziehungen aufbauen und vor allem das nötige Kapital auftreiben.

In der Silvesternacht 1879 öffne ich die Tore von Menlo Park für Besucher. 3.000 Menschen strömen herbei, eine riesige Schar: Männer, Frauen, junge Leute, Arbeiter, Bauern, Bankiers, Börsenmakler, zu Pferd, zu Fuß, mit Karren und Kutschen. Aus New York kommen mehrere Sonderzüge mit Menschen, die das bestaunen wollen, was ein Journalist als »achtes Weltwunder« bezeichnet hat: die Fabrik der Erfindungen, beleuchtet von dutzenden elektrischer Glühlampen. Alle sind sehr beeindruckt, als sie sehen, dass man nur einen Schalter betätigen muss und schon sind nicht nur das Laboratorium und meine Büroräume taghell, sondern auch mein Wohnhaus und alle Gebäude und Straßen in unmittelbarer Umgebung des Elektrizitätswerks.

Da die Vorführung an Silvester ein so großer Erfolg ist, organisiere ich weitere, immer ausgefallenere Veranstaltungen dieser Art. Inzwischen nennt man mich den Zauberer von Menlo Park.

Im Frühling 1880 weihe ich in Menlo Park eine kleine elektrische Eisenbahn ein. Es ist die Vorgängerin aller Straßenbahnen und Züge des 20. Jahrhunderts.

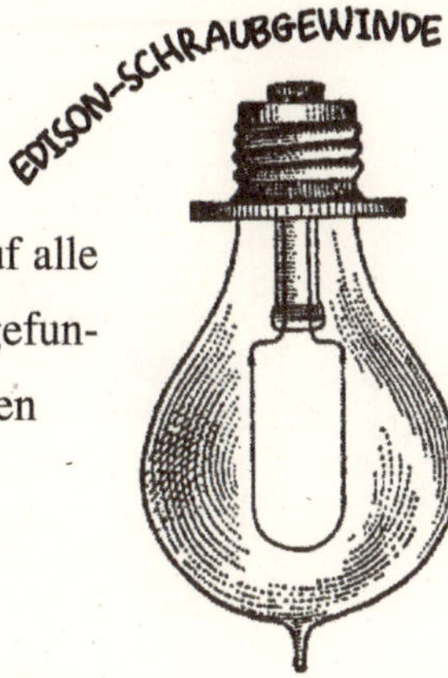

Nicht alle glauben, dass meine Glühlampe eine große Zukunft hat. Stellt euch vor, dass man sie auch »Edison-Verbrenner« nennt! Doch auf alle Fälle habe ich genügend Investoren gefunden, um eine neue Fabrik aufzumachen und die Forschungen fortzuführen.

1881 kehre ich nach New York City zurück und eröffne ein Büro in der Fifth Avenue Nummer 65. Tag für Tag treffe ich mich hier mit Direktoren der verschiedenen Firmen, die ich in den letzten Jahren gegründet habe. Die bedeutendste ist die *Edison Electric Light Company,* die Glühlampen herstellt. Weitere Fabriken produzieren Maschinen, Generatoren, Leitungen, Schalter und andere Komponenten, die man zur Stromversorgung braucht. Eine stellt sogar sprechende Puppen her. Alles Dinge, die ich patentieren lasse.

Um 1880 werden in New York, London, Paris und den meisten anderen Großstädten der westlichen Welt die Straßenlaternen mit Gas betrieben.
Leuchtgas erhält man durch Entgasung von Steinkohle und es wird über ein Leitungsnetz zu den jeweiligen Laternen geleitet, die jeden Abend einzeln angezündet werden müssen.
Große Firmen sind für die öffentliche Straßenbeleuchtung zuständig.
Um sein elektrisches System durchzusetzen, muss Al Edison etliche Hindernisse überwinden. Doch die Tatsache, dass der elektrische Strom sehr einfach, praktisch und nützlich ist, lässt ihn letzten Endes den Sieg davontragen.

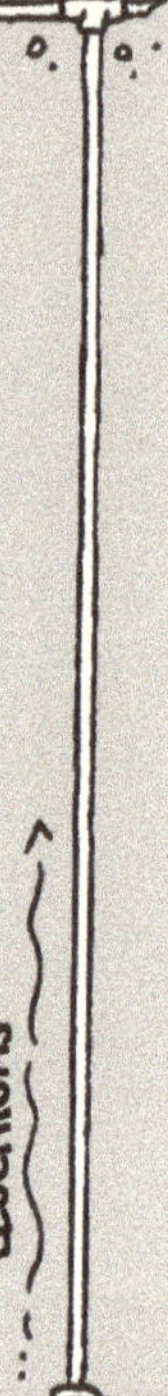

11. MEIN ERSTES ELEKTRIZITÄTSWERK

Alles scheint so einfach zu sein. Man muss nur einen Schalter betätigen und schon gehen die Lichter an: eins, zwei Millionen Lichter in einer Großstadt. Die von Dampfmaschinen angetriebenen Generatoren liefern die Energie, die mit einer bestimmten Spannung durch die Leitungen geschickt wird, der Strom erreicht die Lampen und die Glühlampen gehen an. Hurra!

Aber als ich damit beginne, das Elektrizitätswerk für die Stadt New York zu entwerfen, muss ich bei null anfangen und habe keine Ahnung, welche gewaltigen Probleme auf mich zukommen werden. Bauen lasse ich das Elektrizitätswerk in der Pearl Street Nummer 255–257 in Manhattan. Jeden Tag tauchen neue Schwierigkeiten auf.

Der Bankier J. P. Morgan, mein Gesellschafter, hat eine horrende Summe in das Unternehmen investiert. Wenn die Anlage nicht wie geplant läuft, wird er restlos ruiniert sein.

Am 4. September 1882 liefern die sechs riesigen Generatoren in der Pearl Street endlich elektrische Energie. Meine Mitarbeiter haben sie »Jumbos« getauft. Ein passender Name, denn sie sind tatsächlich so groß wie Elefanten. Und sie wiegen noch mehr: jeder einzelne 27 Tonnen! In Manhattan beginnt die Ära des elektrischen Stroms!

Mein Elektrizitätswerk produziert Gleichstrom (wie die Batterien in Spielzeugen), der durch unterirdische Leitungen läuft. Es ist ein teures System, das noch zu wünschen übrig lässt. Und die Konkurrenz schläft nicht! Andere Firmen ahmen meine Produkte einfach nach. Mein Konkurrent George Westinghouse benutzt ein System mit Wechselstrom. Den halte ich aber für gefährlich. Etwa zehn Jahre lang konkurrieren die beiden Systeme (Gleichstrom und Wechselstrom) miteinander. Nicht immer geht es ganz fair dabei zu – auch nicht von meiner Seite.

Am Ende werde ich mir eingestehen müssen, dass der Wechsel-strom größere Vorteile bietet. Den sich über Jahre hinziehenden, teuren Prozess um das Glühlampen-Patent gewinne ich schließlich 1892. Die konkurrierenden Firmen schließen sich daraufhin zusammen und gründen die *General Electric Company,* die noch zu eurer Zeit eine der größten Elektrofirmen der Erde ist.

Diese elektrische Tram (hergestellt von Siemens in Deutschland) ist in den 1880ern in mehreren Städten Europas in Betrieb.

Edison ahnt, welch große technische Umwälzungen in der Luft liegen. Doch niemand, auch er nicht, weiß, in welche Richtung die Entwicklung gehen und wie sehr sich das Leben der Menschen verändern wird. Der Strom, der nunmehr in die Straßen und direkt in die Häuser geliefert wird, sorgt nicht nur für elektrisches Licht, sondern ermöglicht eine Reihe gänzlich unerwarteter Erfindungen: Ventilatoren, Kühlschränke, Grammophone, Waschmaschinen, Elektroherde und Aufzüge. Später kommen noch Radio, Fernsehen und schließlich auch Computer dazu.
Auch die Fabriken verändern sich: Die sperrigen Dampfmaschinen verschwinden und werden durch kleinere, praktischere Elektromotoren ersetzt.
All dies vollzieht sich wesentlich schneller als gedacht, angefangen mit dem Transportwesen, das sich in mehreren Teilen der Erde gleichzeitig entwickelt.

12. EIN PATENT FÜHRT ZUM NÄCHSTEN

Inmitten von Prozessen und Streitereien verliere ich aber keine Zeit. Allein im Jahr 1882 lege ich dem Patentamt fast 70 neue Erfindungen vor: Sie betreffen Beleuchtungsanlagen, elektrische Eisenbahnen und vieles mehr.

Auch mein Projekt zum Herausfiltern von Eisen aus Magneteisensteinsand mittels Magneten geht voran. Ich habe sehr viel Geld hineingesteckt. Hoffen wir, dass alles gut geht.

Inzwischen bin ich, ob es mir passt oder nicht, auch ein Geschäftsmann, der als Teilhaber an der Gründung von Elektrizitätswerken in den USA und in Europa beteiligt ist.

Eines befindet sich in Mailand in Italien, auf Englisch Milan, eine Stadt, die komischerweise denselben Namen hat wie das Städtchen, in dem ich geboren wurde.

Diese Gesellschaft beliefert viele Straßen im Zentrum und auch das Teatro alla Scala mit Strom. Auch hier tragen die ersten Straßenbahnen meinen Namen.

Leider stirbt am 9. August 1884 meine Frau Mary. Sie war mir eine treue Gefährtin in schweren Zeiten. Ich bin sehr betrübt, dass sie mich und unsere drei Kinder verlassen musste.

Währenddessen werde ich immer reicher. Angeblich bin ich längst Millionär. Doch alles, was ich verdiene, stecke ich gleich wieder in meine Firmen und Forschungen.

Ich gebe hunderten von Menschen Arbeit; Ingenieure, Direktoren, Angestellte und Arbeiter sind bei mir beschäftigt. Aber mein Lebensstil hat sich nicht geändert. Ich schlafe nach wie vor wenig und zu den unterschiedlichsten Zeiten.

Unter meinen Freunden befinden sich viele Geschäftsmänner und Millionäre, doch der Lebensstil der gehobenen New Yorker Gesellschaft liegt mir nicht. Wenn ich irgendwo eingeladen bin, bringe ich häufig mein Essen von zu Hause mit. Ich esse lieber das, was mir schmeckt, auch wenn es nicht so erlesen ist.

Das ist Henry Ford (1863–1947), zusammen mit seinem Sohn. Er ist einer der vielen Techniker, Direktoren und Ingenieure, die für Thomas Alva Edison arbeiten. Bei einem Arbeitsessen, bei dem sehr viele Präsidenten und Direktoren anwesend sind, wird auch über die Zukunft des Elektroautos gesprochen. Edison besitzt verschiedene Patente für die Herstellung von Elektrobatterien. Viele in der Firma sind der Ansicht, dass nach den öffentlichen Straßenbahnen bald auch die privaten Fuhrwerke ohne Pferde auskommen werden. Auch Henry Ford sitzt mit am Tisch, ein junger Mann, der große Pläne hat. Er hat ein Auto mit einem Benzinmotor gebaut, in dem er mit seiner Familie spazieren fährt. Edison bittet Ford zu sich, lässt sich das Ganze erzählen und ermutigt ihn: »Ein Viertaktmotor? Die Mischung explodiert durch einen Zündfunken? Du bist auf dem richtigen Weg, mach weiter so!«
Henry Ford lässt sich seinen Benzinmotor patentieren und gründet 1903 das erste große Automobilwerk der Welt, die Ford Motor Company.

13. EIN NEUES LEBEN, EINE NEUE LIEBE

Wir befinden uns im Jahr 1885. Bei einer Industriemesse in New Orleans habe ich eine entzückende junge Frau kennen gelernt, deren Vater – ebenfalls Erfinder – eine seiner Erfindungen ausstellte. Später treffe ich sie im Strandhaus meines Freundes und Kollegen Ezra T. Gillilands in der Nähe von Boston wieder.

Sie heißt Mina Miller und macht im Badeanzug eine tolle Figur. Sie ist 18 Jahre alt und hat gerade die Highschool beendet, was zu meiner Zeit für ein amerikanisches Mädchen ziemlich ungewöhnlich ist. Mina hat eine wunderschöne Stimme und hervorragende Manieren. Ganz im Gegensatz zu mir. Jedenfalls bin ich total begeistert von ihr.

Mina und ich treffen uns häufiger und mir ist jede Ausrede recht, sie zu sehen. Sogar meine Arbeit vernachlässige ich. Aber Mina ist immer von vielen Menschen umgeben. Deshalb habe ich ihr das Morse-Alphabet beigebracht. Wenn wir uns etwas mitteilen wollen, klopfen wir mit dem Finger.
Auf diese Weise frage ich sie auch, ob sie mich heiraten will. Und sie klopft »Ja!«. Ich schätze mich glücklich, denn sie ist wirklich eine außergewöhnliche Person.

Am 24. Februar 1886 heiraten wir unter einer Girlande von Rosen. Es wird die Hochzeit des Jahres. Wichtige Leute aus ganz Amerika reisen an. Ein Küchenchef und 20 Kellner aus Chicago zaubern ein fabelhaftes Festessen auf den Tisch.

Mina wird mir insgesamt drei Kinder schenken: Madeleine, Charles und Theodore. Sie kümmert sich um mich, unser Haus und unsere vielen gesellschaftlichen Verpflichtungen. Ich kann immer auf sie zählen, auch wenn nicht alles wie gewünscht läuft.

Das Laboratorium in Menlo Park schließe ich. Dafür lasse ich in West Orange, New Jersey, ein sehr modernes und fantastisch ausgestattetes Laboratorium erbauen.

Thomas Alva Edison hat die Angewohnheit, verdientes Geld gleich wieder in die Forschung und in neue Unternehmen zu investieren, obwohl es sich inzwischen um beeindruckende Summen handelt. In den 1880ern beginnt er mit ersten Versuchen zu einem sehr kostspieligen Projekt: Er will mit Magneten Eisen aus Ablagerungen und eisenhaltigem Sand herausfiltern. Das Projekt scheint seine Erwartungen anfangs zu erfüllen. Doch dann entpuppt es sich als Reinfall!

1899 muss Edison sein Bergwerk schließen. Das Unternehmen wird ein schwerer wirtschaftlicher Verlust. Er steht fast vor dem Ruin, denn in den vergangenen Jahren gab es eine Reihe schwerer Rückschläge für ihn: Viele seiner Erfindungen wurden nachgebaut oder unerlaubterweise abgewandelt. Allein um seine Patentansprüche geltend zu machen, gibt er im Laufe seines Lebens insgesamt über zwei Millionen Dollar für Anwälte und Prozesskosten aus, eine Summe, die damals dem Staatshaushalt ganzer Länder entspricht.

14. IN PARIS

Es ist August 1889. Ich reise mit meiner Frau Mina zur Weltausstellung in Paris. Wir stehen vor dem eigens erbauten Eiffelturm.

Der Turm ist ein technisches Wunderwerk. Er besteht komplett aus Eisen und ist 300 m hoch! Eine echte Sensation, aber stellt euch vor: Angeblich soll er nach der Ausstellung wieder abgebaut werden.

An einem eigenen Stand stelle ich meine Glühlampen samt aller Zubehörteile aus, zum Beispiel für die Stromzuleitung, außerdem Generatoren, ein Elektrofahrzeug, meinen Phonographen und so weiter …
Insgesamt kostet mich dieser Stand über 100.000 Dollar.

Ich kann kein Französisch, doch Abraham Archibald Anderson, ein genialer Maler, mit dem ich befreundet bin, begleitet mich zu allen Festen und anderen Anlässen und dolmetscht für mich.

Die Pariser Zeitungen widmen mir nicht die erhoffte Aufmerksamkeit, sondern bezeichnen mich schnöde als Geschäftemacher. Aber dafür ernennt mich die französische Regierung zum Kommandeur der Ehrenlegion.

Mein Besuch in Paris ist insgesamt gesehen ein riesiger Erfolg. Nach meiner Europareise entstehen viele Firmen, die meine Technologien nutzen und meinen Namen tragen.

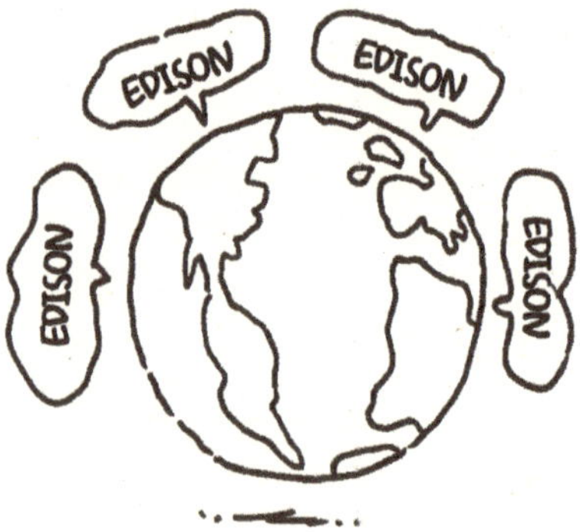

Ich habe auch Persönlichkeiten getroffen, die mit mir darin wetteifern, die Welt zu verändern, zum Beispiel den französischen Biologen Louis Pasteur oder den Deutschen Werner von Siemens.

Pasteur hat sich vorgenommen die Menschheit vor ansteckenden Krankheiten zu bewahren. Werner von Siemens ist wie ich ein großer Erfinder. Er hat vor zehn Jahren in Berlin das erste elektrische Schienenfahrzeug gebaut.

An Bord eines riesigen Überseedampfers reisen Al Edison und seine Gemahlin nach Amerika zurück. Im Hafen von New York werden sie von der Freiheitsstatue begrüßt. Diese Statue haben die Franzosen vor drei Jahren den Vereinigten Staaten geschenkt und sie wurde mit großem Pomp eingeweiht. Sie stammt von Gustave Eiffel (1832–1923), dem Erbauer des Eiffelturms, und besteht im Inneren aus einem Eisengerüst.

New York verändert sich in diesen Tagen auf erstaunliche Weise. Dank der Elektrizität können elektrische Aufzüge gebaut und folglich immer höhere Gebäude errichtet werden; die ersten Wolkenkratzer New Yorks schießen aus dem Boden.

15. DIE WEITERENTWICKLUNG DES PHONOGRAPHEN

Als ich aus Europa zurückkehre, habe ich den Kopf voller neuer Ideen. Ich muss mich beeilen, bevor andere mir zuvorkommen. Ich will zum Beispiel den Phonographen noch weiter verbessern. Obwohl ich eine Firma gegründet hatte, die sich speziell mit seiner Produktion beschäftigt, und obwohl er auf der Weltausstellung für Aufsehen gesorgt hat, halten viele ihn immer noch für eine Art Spielzeug, ähnlich wie meine sprechenden Puppen.

Okay, ich gestehe, die ersten Modelle sind etwas peinlich gewesen: Man musste ganz nah an die Walze gehen und in eine Öffnung singen oder sprechen, und das für jede Walze von neuem. Aber ich bin sicher, dass er eine Zukunft hat – als Diktiergerät, zum Musikhören oder auch, um Politiker sprechen zu hören.

Es gibt inzwischen auch neue Erfindungen, die mein Originalpatent in Gefahr bringen. Aber ich habe beschlossen die Herausforderung anzunehmen und mein Gerät entscheidend zu verbessern. Mein Modell von 1888 ist auch schon ganz ordentlich. Darauf baue ich nun auf.

Ich erfinde ein Verfahren zur industriellen Reproduktion von Phonographen-Walzen und lasse es sofort patentieren. In der Zukunft werden alle auf Wunsch Musik hören können … eine neue Ära bricht an!

So sieht mein Modell 1900 aus, ein Phonograph für den Hausgebrauch. Ich wette, dass Millionen von Menschen ihn haben wollen. Damit kann man Musik aufzeichnen und auch abhören.

Ich muss jedoch zugeben, dass die Sänger meinen Phonographen anfangs mit Skepsis betrachten. Einerseits fürchten sie ihn als Konkurrenz, zum anderen lehnen sie ihn ab, weil er nur eine kalte, leblose Maschine ist.

Es gibt aber definitiv einen Markt für Unterhaltungsmusik, das steht fest. Ich habe reißenden Absatz; Gott sei Dank gewöhnen sich nach und nach auch die Sänger an die neue Technologie und sind bereit, Walzen aufzunehmen.

Ich habe das Gefühl, dass der Musikindustrie eine große Zukunft bevorsteht.

Mit der Zeit setzt sich allerdings statt der Walze die Schallplatte durch, erfunden von dem deutschen Einwanderer Emil Berliner, der sein Gerät Grammophon nennt. Glaubt ihr etwa, dass ich mich geschlagen gebe? Von wegen! Als klar ist, dass der Schallplatte die Zukunft gehört, fange ich sofort mit der Produktion von (natürlich verbesserten) Schallplatten an!

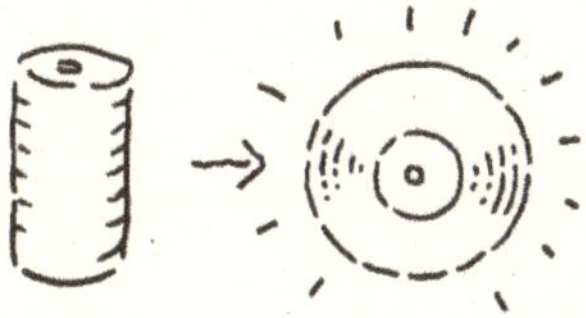

Parallel zum Phonographen arbeitet Edison an einer weiteren großartigen Idee. Die Saat dazu legt der Engländer Eadweard Muybridge (1830–1904), ein Pionier der bewegten Fotografie. Muybridge hat ein System erfunden, mit dem man Bewegungsabläufe auf eine Leinwand projizieren kann. Für seine Szenenfotografien hat er spezielle Kameras konstruiert; er arbeitet mit einem »fotografischen Gewehr« und mehrere Meter langen Filmrollen. Sein Lieblingsmotiv sind Tiere. Muybridge zeigt Edison seine Aufnahmen und bringt ihn auf die Idee, ein Gerät zu entwickeln, um Filme herzustellen. Anfangs ist Edison noch skeptisch, doch dann …

16. LADIES AND GENTLEMEN, HIER ... DAS KINO!

Hier noch eine tolle Erfindung: ein Vorführgerät, mit dem man bewegte Bilder anschauen kann. Sie heißt Kinetoskop. Ich habe die Idee zusammen mit meinem Assistenten William Dickson entwickelt und 1891 patentieren lassen, zusammen mit der dazugehörigen Aufnahmekamera, dem Kinetographen. Man wirft ein Geldstück in das Kinetoskop ein, schaut durch eine kleine Öffnung und ein Zelluloidfilm mit kleinen Löchern am Rand läuft ab. So kann der Zuschauer bewegte Szenen sehen.

Das Geniale daran sind die kleinen Löcher seitlich an der Filmrolle, die den Film blitzschnell weitertransportieren.

Das Kinetoskop wird ein riesiger Erfolg. In ganz Amerika schießen Kinetoskop-Säle wie Pilze aus dem Boden.

Doch schon nach kurzer Zeit bekomme ich ernsthafte Konkurrenz: Die Brüder Lumière haben den Kinematographen erfunden, ein kombiniertes Aufnahme- und Vorführgerät. Und die bewegten Bilder sind wesentlich eindrucksvoller als bei meinem Kinetoskop.

Vorgestellt haben sie ihr neues Gerät in Paris, im Keller eines Cafés, am 28. Dezember 1895. Damit kann man die Filme auf einer großen Leinwand mehreren Menschen auf einmal zeigen. Als ein Zug gezeigt wird, der gerade in den Bahnhof einläuft, springen viele Zuschauer erschrocken auf und rennen davon. Das ist der Beginn einer enormen Erfolgsgeschichte, die für mein Kinetoskop letztendlich das Ende bedeutet.

Aber ich gebe mich noch nicht geschlagen. Ich lasse mir das Patent auf eine neue Maschine geben, das Vitaskop, mit dem man gleichzeitig aufnehmen und abspielen kann. Und gleichzeitig werde ich zum Filmproduzenten.

Das Kino gefällt mir! Und was für einen tollen Film ich gedreht habe! »Der große Eisenbahnüberfall« wird ein Klassiker!

1912 werde ich den ersten Tonfilm produzieren.

Thomas Alva Edisons Forschungsgebiete werden immer vielfältiger, gehen über den Bereich der Elektrizität, der Kommunikation und der Unterhaltung hinaus. Im Bausektor erforscht er neue Anwendungsmöglichkeiten für Zement und neue Bauweisen wie Fertighäuser aus Beton. Er gründet mehrere Chemiewerke. Und er finanziert sogar botanische Forschungen, um herauszufinden, wie man in den USA Kautschuk anbauen kann …
Er ist zu einem der bekanntesten Menschen auf diesem Planeten geworden. Doch sein Glück als Erfinder gerät ins Wanken.

17. DAS ELEKTROAUTO

Es ist wahrlich nicht das erste Mal, dass ich ein Vermögen investiere und verliere, aber so schlimm wie dieses Mal bin ich noch nie auf die Nase gefallen.

Schon vor längerer Zeit habe ich eine wieder aufladbare Batterie (Akkumulator) patentieren lassen, die einen Elektromotor über einen längeren Zeitraum hinweg mit Strom versorgt. Ich verkaufe etliche davon für alle möglichen Zwecke. Ich habe sogar ein Verteilungsnetz zum Aufladen aufgebaut, speziell für Gebiete, in denen es noch keinen elektrischen Strom gibt.

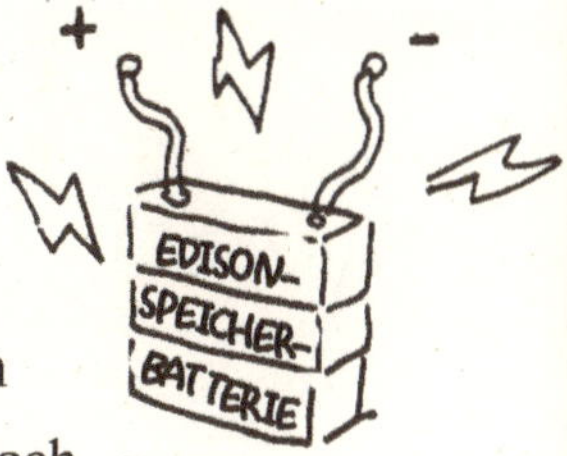

Seit einiger Zeit hege ich einen noch ehrgeizigeren Plan: ein batteriebetriebenes Auto. Ganz ohne Drähte! Und ohne Schienen! Und das zu einem vernünftigen Preis.

Nun endlich bin ich so weit, die Produktion anlaufen zu lassen.

Nach vielen Rückschlägen verlassen im September 1910 zwei Elektroautos New York zu einer Promotionsfahrt. Ihre Fahrt soll symbolisch auf dem Mount Washington in New Hampshire enden.

Vor meinem geistigen Auge sehe ich bereits eine Welt, in der Millionen von Elektroautos herumflitzen. Und entlang der Straßen soll es tausende von Elektro-Tankstellen geben.

Doch diesmal bin ich nicht auf der richtigen Fährte. Mein früherer Angestellter und inzwischen guter Freund Henry Ford hat vor einigen Jahren sein Modell T auf den Markt gebracht. Nun hat er die Fließbandtechnik perfektioniert und kann so enorm preisgünstig produzieren. In seinen Autos ist eine meiner Batterien eingebaut, aber nur zum Anlassen des Motors … denn sein Modell T läuft mit Benzin.

Er wird Millionen von Autos produzieren, die auf Amerikas Straßen herumfahren und das Leben der Menschen entscheidend verändern werden.

Die Menschen gewöhnen sich rasch an diese Benzinautos und bald schon spricht kein Mensch mehr über meine Elektroautos. Ich schließe aber nicht aus, dass meine Idee irgendwann wieder aufgegriffen wird. Ich glaube sogar, dass sie zu eurer Zeit in manchen Großstädten schon gefördert wird, um der Luftverschmutzung entgegenzuwirken.

Die beiden Herren hier senden und empfangen gerade drahtlos telegrafische Signale. Möglich gemacht hat dies Guglielmo Marconi (1874–1937), ein junger Italiener, der sich mit Übertragung und Empfang von Radiowellen beschäftigt. 1897 schickt er das erste Radiosignal fünf Kilometer weit durch die Luft, 1901 funkt er über den Atlantik. Bei dieser Technik spielt der 1884 von Edison entdeckte und nach ihm benannte Edison-Effekt bei der Verstärkung der Signale eine große Rolle. Die Erfindungen zur Übertragung von Telegrammen über den Ozean waren gleichzeitig auch der Grundstein für die Entwicklung der Funktechnik und des modernen Radios.

1914 bricht in Europa der Erste Weltkrieg aus. Die USA sind ab 1917 beteiligt. Edison stellt seine Forschungen in den Dienst der Militärmarine seines Landes. Unter anderem entwickelt er ein sehr sensibles Mikrofon, mit dem man die Motorengeräusche feindlicher U-Boote auffangen kann. Körperlich ist er nicht mehr der Jüngste, doch sein Gehirn funktioniert noch blendend.

18. ENTSCHULDIGT, DASS ICH ALT WERDE

Ich bin jetzt häufig in meinem Haus in Fort Myers, Florida. Gleich nebenan wohnt mein Freund Henry Ford. Dass seine Benzinautos meine Elektroautos vernichtend geschlagen haben, hat unserer Freundschaft keinen Abbruch getan. Viele Winter arbeiten wir hier zusammen, plaudern und essen gemeinsam zu Abend. Natürlich bin ich auch in Florida nicht untätig. Ich arbeite fleißig weiter, auch wenn meine Frau manchmal schimpft.

Tag für Tag erhalte ich von meinen Firmen Berichte mit den neuesten Forschungsergebnissen. Freunde und Journalisten aus der ganzen Welt kommen zu Besuch – ich bin nämlich auch eine Art Volksheld.

Ich beschäftige mich neuerdings auch mit botanischen Forschungen: Ich züchte verschiedene Arten von Kautschukpflanzen und versuche sie an das nordamerikanische Klima anzupassen. Damit hoffe ich nicht mehr von Einfuhren aus Südostasien und Südamerika abhängig zu sein.

Die Jahre vergehen, Florida ist ein herrliches Fleckchen Erde mit einem angenehmen Klima, doch aus New York erreichen mich leider schlimme Nachrichten. Im Oktober 1929 gibt es an der Wall Street einen schweren Börsenkrach.

Millionen von Aktien sind plötzlich nichts mehr wert. Tausende von Banken schließen die Schalter, obwohl ihre Kunden davor Schlange stehen. Tausende von Fabriken müssen schließen. Es gibt Millionen von Arbeitslosen. Dutzende von Exmillionären stürzen sich aus den Fenstern ihrer New Yorker Büros in den Tod. Man spricht von einer »Weltwirtschaftskrise«.

Auch ich sehe mich gezwungen etliche meiner Fabriken und Forschungszentren zu schließen oder zu verkleinern. Allein schon der Gedanke ist ein Schock für mich. Ich bin zuckerkrank und soll mich eigentlich nicht aufregen. Der Arzt sagt, dass sich mein Magengeschwür dadurch noch verschlimmert. Ich kehre in mein Haus in West Orange zurück. Es liegt in der Nähe meiner Freunde und Firmen und zudem auch von New York, wo es die besten Ärzte gibt.

Thomas Alva Edison verlässt unsere Welt am 18. Oktober 1931, im Alter von 84 Jahren. Im Laufe seines Lebens hat sich sehr viel verändert. Als er stirbt, steckt die Welt mitten in einer schrecklichen Wirtschaftskrise, aus der Amerika wenig später jedoch erstarkt hervortreten wird.
Edison wird neben seinem Haus in West Orange, in New Jersey, beigesetzt. Ihm zu Ehren werden in den ganzen USA für einige Minuten alle Lichter ausgeschaltet.

Zwei Jahre zuvor konnte Edison den 50. Jahrestag der Erfindung der Glühlampe feiern.

Im Laufe seines Lebens hat Edison insgesamt 1.093 Patente eingereicht und zudem noch weitere zusammen mit anderen Forschern. Er hat einige der bedeutendsten Firmen der Welt gegründet. Vor allem aber hat er das Leben von Millionen von Menschen angenehmer und weniger anstrengend gemacht.

Wann immer wir zum Telefon greifen, eine Glühbirne einschrauben, eine CD hören, mit der U-Bahn fahren, den Fernseher anmachen oder ins Kino gehen – Edison hatte seine Finger mit im Spiel.
Sogar die Elektronik und die Computer-Technologie beruhen auf seiner Entdeckung, dem Edison-Effekt, auf den er in seinem Laboratorium in Menlo Park aufmerksam wurde.

Eines der wenigen Dinge, die er nicht getan hat, war es, seinen geplanten Sciencefiction-Roman »Fortschritt« zu schreiben. Dabei hätte es ihm sicher Spaß gemacht, die Zukunft vorherzusagen. Doch leider blieb ihm dafür nicht genügend Zeit.

KLEINES WÖRTERBUCH

AUFZUG

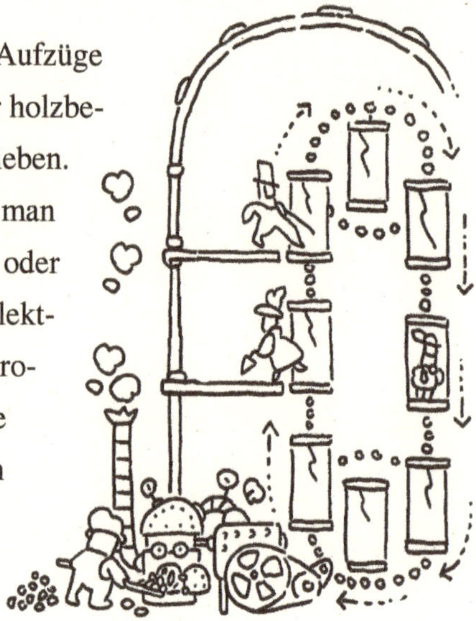

Die Vorgänger der heutigen Aufzüge wurden mit einer kohle- oder holzbeheizten Dampfmaschine betrieben. Sie fuhren ohne Halt, sodass man innerhalb von Sekunden ein- oder aussteigen musste. Erst mit elektrischem Strom und den Elektromotoren fanden Aufzüge eine größere Verbreitung und man konnte immer höhere Gebäude bauen.

AUTOMOBIL MIT BENZINMOTOR

Den ersten Benzinmotor entwickelte im Jahr 1862 der Deutsche Nikolaus August Otto (1832–1891); das erste (dreirädrige!) Automobil, das mit einem solchen Motor ausgestattet war, konstruierte ebenfalls ein Deutscher, der Ingenieur Karl Benz (1844–1929) im Jahr 1885. Aber erst mit dem Modell T von Henry Ford wurde der Traum vom eigenen Auto auch für die breite Masse wahr.

BATTERIE

Erfunden von dem italienischen Physiker Alessandro Volta (1745–1827) um 1800. Er entdeckte, dass elektrische Spannung entsteht, wenn man Kupfer- und Zinkplatten in Säure taucht. Zink gibt elektrisch geladene Teilchen ab, Kupfer nimmt sie auf. Verbindet man nun beide Platten, fließt ein Strom. Es war die erste Vorrichtung, mit der elektrische Energie erzeugt werden konnte.

BELL, ALEXANDER GRAHAM (1847–1922)

Er legte den Grundstein der Telefonindustrie. 1976 reichte er ein Patent für den ersten funktionstüchtigen Fernsprechapparat ein. Jahre später wurde die Urheberschaft für diese Erfindung jedoch Antonio Meucci (1808–1896) zuerkannt.

BENZINMOTOR

Auch Ottomotor genannt, nach seinem Erfinder Nikolaus August Otto (1832–1891). Es handelt sich um einen Verbrennungsmotor, in dem Benzin und Luft miteinander vermischt und anschließend komprimiert (verdichtet) werden. Dieses Gemisch wird dann durch einen elektrischen Funken (Zündkerze) entzündet. Die kleine Explosion drückt einen Kolben nach außen und wandelt so Wärmeenergie in Bewegungsenergie um.

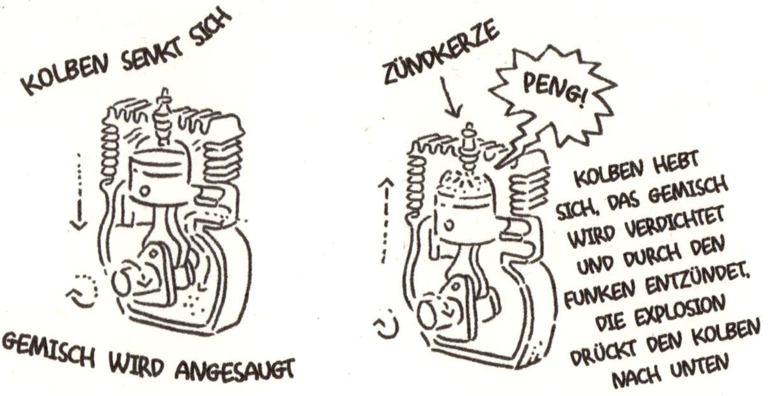

BOGENLAMPE

Die Bogenlampe ist Vorgängerin aller Glühlampen: Werden zwei Kohleelektroden (kleine leitende Stäbchen aus Kohle) an eine elektrische Energiequelle angeschlossen, brennt ein elektrischer Lichtbogen mit sehr hoher Leuchtkraft ab. Das Ganze war allerdings sehr gefährlich (der Lichtbogen ist sehr heiß, bis zu 3.000 °C) und konnte nicht sehr vielseitig eingesetzt werden, da die Kohlestäbchen schnell abgebrannt waren.

DAMPFMASCHINE

Sie wandelt Wärmeenergie in mechanische Arbeit um. Durch Erhitzen von Wasser in einem Kessel entsteht Dampf, dessen Überdruck einen Kolben in einem Zylinder hin- und herbewegt. Die erste brauchbare Dampfmaschine baute James Watt (1736–1819) im Jahre 1765. Die Erfindung der Dampfmaschinen legte den Grundstein für die industrielle Revolution.

DAVY, HUMPHRY (1778–1829)

Englischer Chemiker und Physiker, den Edison sehr schätzte. Er fand heraus, dass anorganische Stoffe, die man zuvor für untrennbar hielt, durch elektrischen Strom zerlegt werden können. Auf diese Weise entdeckte er die Elemente Bor, Natrium, Kalium, Barium, Magnesium, Strontium und Kalzium.

DRAHTLOSE TELEGRAFIE

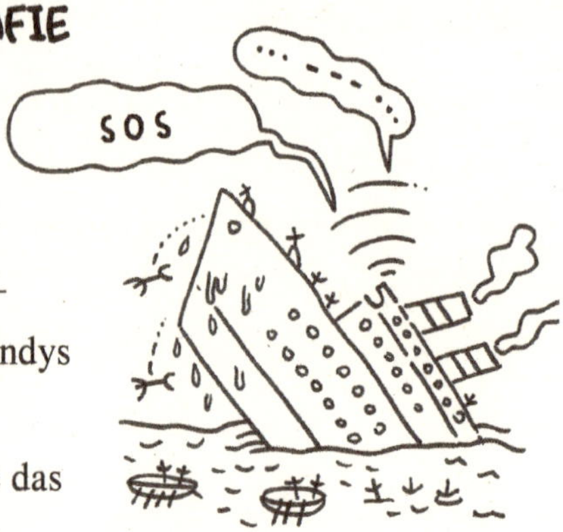

Mithilfe von Radiowellen verschickte Botschaften. Erfunden wurde sie von Guglielmo Marconi (1874–1937). Unsere heutigen Handys sind die Nachfolger dieser ersten Anwendung, welche das »drahtlose« Versenden von Signalen in Form von kurzen und langen Impulsen vorsah. Die Seefahrt erkannte schnell die Wichtigkeit dieser Erfindung. Dank auf Schiffen installierter Funkgeräte konnten tausende von Menschenleben gerettet werden.

EDISON-EFFEKT

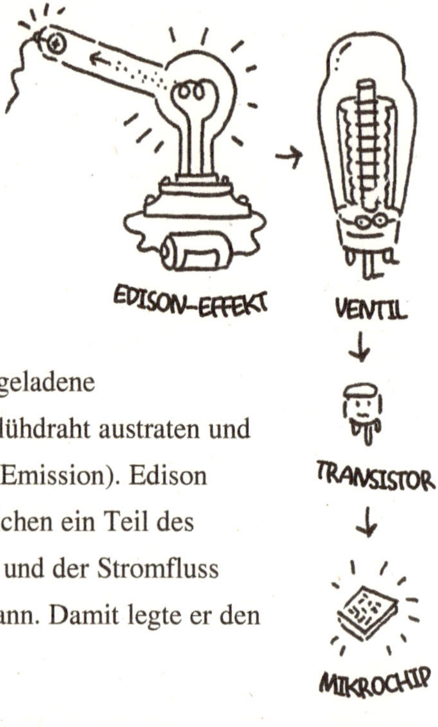

Auch Edison-Richardson-Effekt. Ein Phänomen, das Edison 1883 entdeckte. Er stellte fest, dass in seinen Glühlampen bei sehr hohen Temperaturen negativ geladene Elementarteilchen aus dem Glühdraht austraten und ins Vakuum gelangten (Glüh-Emission). Edison erkannte, dass mit diesen Teilchen ein Teil des fließenden Stroms umgeleitet und der Stromfluss elektrisch gesteuert werden kann. Damit legte er den

Grundstein für die Elektronik, in der bevorzugt diese elektrische Steuerung verwendet wird. Viele spätere Erfindungen, wie die Elektronenröhre (1904), basieren auf dem Edison-Effekt. Mit ihrer Erfindung war es bald möglich, komplexe elektronische Geräte wie bessere Radios und die ersten Fernseher und Computer zu bauen.
Später wurde die Elektronenröhre durch neue elektronische Bauteile ersetzt.

ELEKTRISCHE ENERGIE

Energie ist die einem Körper innewohnende Fähigkeit, Arbeit zu verrichten. Elektrische Energie kann gut auch über große Entfernungen übertragen werden und ist in andere Energieformen umwandelbar.

ELEKTRISCHER STROM

Die Bewegung elektrisch geladener Teilchen in einem Leiter. Es gibt Gleich- und Wechselstrom. Gleichstrom fließt ständig in die gleiche Richtung (im Gegensatz zum Wechselstrom). Batterien und Akkumulatoren erzeugen Gleichstrom, genau wie die ersten Generatoren, die Edison gebaut hat. Der Strom für die ersten Telegrafen wurde aus chemischen Reaktionen in Batterien gewonnen.

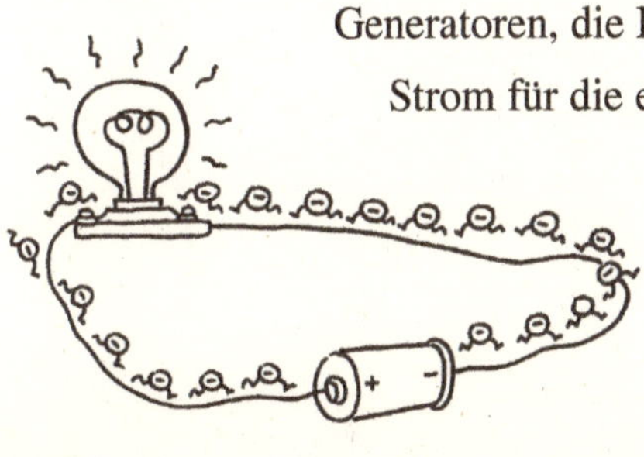

ELEKTRIZITÄTSWERK

Industrieanlage, in der Elektrizität erzeugt wird. Hier wird mechanische Energie in elektrische Energie umgewandelt. Die mechanische Energie stammt von Dampfturbinen oder Wasserkraftanlagen.

ELEKTROAUTO

Gebaut von Edison und 1910 in New York vorgestellt. Es konnte bis zu 160 km weit fahren, ehe man Strom »nachtanken« musste. Betrieben wurde es mit wieder aufladbaren Batterien (Akkus); ein Netz von Strom-Tankstellen entlang der Straßen war vorgesehen.

ELEKTROMOTOR

Er wandelt elektrische Energie in Bewegungsenergie um. Hier ein einfacher Gleichstrommotor wie der von Edison. Das Äußere des Motors ist ein fester Magnet, der im Inneren ein konstantes Magnetfeld erzeugt. Wenn durch den Leiter, der auf den Kern des Motors gewickelt ist, nun Strom fließt, wird dieser Kern selbst zu einem Magneten. Die Magnete stoßen sich ab oder ziehen sich an, sodass sich der Kern dreht. Es entsteht mechanische Energie.

FERNSEHEN

Aufgezeichnete Bilder und Töne werden in elektrische Signale zerlegt, die dann im Fernsehapparat wieder zusammengesetzt werden. Fernsehen funktioniert nur dank einer Reihe von Erfindungen, die erst nach

Entdeckung des Edison-Effekts möglich waren. Ab 1935 wurde in Deutschland das erste regelmäßige Fernsehprogramm der Welt ausgestrahlt.

FERRARIS, GALILEO (1847–1897)

Italienischer Wissenschaftler, der 1885 entdeckte, dass in festen Spulen, die mit Wechselstrom gespeist werden, ein rotierendes Magnetfeld entsteht. So konnte erstmals auch Wechselstrom in mechanische Energie umgewandelt werden. Das rotierende Magnetfeld wird dann genutzt, um die Bewegung des Motorenkerns zu erzeugen. Unabhängig von Ferraris und noch im selben Jahr hat dies auch Nikola Tesla (1856–1943) entdeckt.

FORD, HENRY (1863–1947)

Amerikanischer Industrieller und Erfinder. Er konstruierte Kraftwagen mit Benzinmotor und gründete 1903 die *Ford Motor Company*. Bekannt ist er auch besonders für die Einführung der Serienherstellung am Fließband. Damit machte er das Auto für die breite Masse erschwinglich. Sein Modell T wurde 15 Millionen Mal verkauft. Hier sieht man ihn zusammen mit seinem Freund Edison.

FORSCHERTEAM

Edison praktizierte in seinen Betrieben von Anfang an, schon in Menlo Park, Gruppenforschung. Tag für Tag übertrug er seinen Mitarbeiterteams bestimmte Aufgaben und wollte dann am Abend die Ergebnisse hören.

GENERATOR

(wörtlich: Erzeuger) Eine elektrische Maschine, die Bewegung (mechanische Energie) in elektrische Energie umwandelt. Der bekannteste Generator ist wohl der Dynamo am Fahrrad, der die Lampe leuchten lässt. Die Generatoren in Elektrizitätswerken sind natürlich sehr viel größer und leistungsfähiger.

GLEICHSTROM

Im einfachsten Fall ist das ein zeitlich konstanter Strom von Ladungsträgern in eine Richtung. Gleichstrom wird hauptsächlich von Batterien, Akkumulatoren, Solaranlagen und Brennstoffzellen erzeugt.

GLÜHLAMPE

Erfunden von Thomas Alva Edison im Jahr 1879. Erfinder oder andere Menschen, die einen Geistesblitz haben, werden seither in Comics gerne mit einer brennenden Glühbirne über dem Kopf gezeichnet.

KAUTSCHUK

Milchsaft (Latex) des tropischen Kautschukbaums. Für zahlreiche industrielle Zwecke nutzbar, hauptsächlich für die Produktion von Autoreifen. Ab 1930 setzte die Produktion von synthetischem Gummi (Elastomeren) aus Erdöl ein.

KINEMATOGRAPH

Gerät zur Aufnahme und Wiedergabe bewegter Bilder, eine Erfindung, der wir unsere heutigen Kinos verdanken. Die erste öffentliche Vorführung fand im Jahr 1895 durch die französischen Brüder Auguste und Louis Lumière statt. Die Bilder wurden auf einer Filmrolle am Projektor vorbeigeschoben und mittels einer Lichtquelle auf eine Leinwand projiziert. Der Film war seitlich gelocht, genau wie jener in Edisons Kinetoskop.

KINETOSKOP

Edison ließ dieses Gerät 1891 patentieren. Durch ein Guckloch konnte man sich damit kurze Filme anschauen.

KÜHLSCHRANK

Erfunden von dem Deutschen Carl von Linde (1842–1934) im Jahr 1876. Durch einen Flüssigkeitskreislauf wird dem Kühlschrank im Inneren Wärme entzogen und nach außen abgegeben.

MARCONI, GUGLIELMO (1874–1937)

Italienischer Funktechniker. Er experimentierte mit elektromagnetischen Wellen, die Heinrich Hertz 1888 entdeckt hatte, und sendete als Erster Funksignale. Ihm verdanken wir die Erfindung der Radioübertragung.

MARY ANN MIT DER LANGEN TAILLE

Dynamo, den Edison im Menlo Park gebaut und nach einer schönen Besucherin benannt hat.

MENLO PARK

Dieses große Laboratorium befand sich in New Jersey, wurde nach einigen Jahren jedoch aufgegeben und verfiel. Henry Ford baute es in Dearbirn in Michigan als eine Art Museum und Park komplett wieder auf. Es ist im Internet zu besichtigen unter: http://www.hfmgv.org/exhibits/edison/.

MORSE, SAMUEL FINLEY BREESE (1791–1872)

Amerikanischer Maler und Erfinder, geboren in Massachusetts. Er entwickelte ab 1837 den ersten elektromagnetischen Schreibtelegraphen. Nach ihm ist auch der Morsecode benannt.

MORSECODE

Jeder Buchstabe und jede Zahl werden durch eine genau festgelegte Abfolge von Punkten und Strichen dargestellt, sprich!: durch kurze und lange Impulse.
Heute wird er nur noch von wenigen Amateurfunkern benutzt.

A ·–	J ·–––	S ···	1 ·––––
B –···	K –·–	T –	2 ··–––
C –·–·	L ·–··	U ··–	3 ···––
D –··	M ––	V ···–	4 ····–
E ·	N –·	W ·––	5 ·····
F ··–·	O –––	X –··–	6 –····
G ––·	P ·––·	Y –·––	7 ––···
H ····	Q ––·–	Z ––··	8 –––··
I ··	R ·–·		9 ––––·
			0 –––––

OPTISCHE TELEGRAFIE

Vorläufer der elektrischen Telegrafie. Sie arbeiteten mit optischen Signalen, die von Telegraf zu Telegraf weitergegeben wurden, wie Blink- oder Winkzeichen. Erfunden wurde diese Art der Telegrafie von Claude Chappe um 1791. Er benutzte einen »Flügeltelegrafen« mit schwenkbaren Armen.

PATENT

Wenn man eine Erfindung dem Patentamt vorlegt und prüfen lässt, erhält man ein Patent, aber nur wenn feststeht, dass die Idee neu ist. Ist eine Erfindung durch ein Patent geschützt, können andere sie nicht ohne Erlaubnis des Erfinders nachahmen. Ein großer Teil aller Patente beziehen sich auf Verbesserungen, die einer vorhergehenden Erfindung hinzugefügt wurden.

RADIO

Ein Gerät zum Empfangen von Hörfunksendungen. Elektromagnetische Wellen werden von einem Sender ausgestrahlt und von einem Empfängergerät in Schall umgewandelt. Die notwendigen technischen Grundlagen wurden von Nikola Tesla

(1856–1943) Ende des 19. Jahrhunderts erfunden. Aus unserer heutigen Welt ist das Radio nicht wegzudenken.

SCHREIBMASCHINE

Die Schreibmaschine war eigentlich nicht Edisons Erfindung. Das ursprüngliche Modell wurde zu ihm gebracht, weil es zu primitiv und nicht wirklich verwendbar war. Edison fügte ein paar entscheidende mechanische Verbesserungen hinzu und so entstand ein praktisches, kommerziell nutzbares Gerät.

SIEMENS, WERNER VON (1816–1892)

Deutscher Industrieller und Erfinder. Er war Pionier der Telegrafie und der praktischen Anwendung der Elektrizität. Er gründete eine große internationale Firma, die noch heute seinen Namen trägt. Er gilt als Begründer der Elektrotechnik.

SOLARKRAFTWERK

In einem Solarkraftwerk wird Sonnenenergie in Elektrizität umgewandelt. Diese Art der Stromerzeugung ist sehr umweltfreundlich, denn es werden weder fossile Brennstoffe verbraucht, noch entstehen schädliche Gase.

SPRECHENDE PUPPEN

Nach Erfindung des Phonographen, der ersten sprechenden Maschine, stellte Edison nach demselben Prinzip sprechende Puppen her, die sich recht gut verkauften.

STIMMENZÄHLER

Von Edison erfundenes Gerät, mit dem man bei einer Abstimmung im Kongress blitzschnell die abgegebenen Stimmen zählen konnte. Die Politiker seiner Zeit waren jedoch alles andere als begeistert!

STRASSENBAHN

Heute elektrisch betriebenes Verkehrsmittel auf Schienen für den öffentlichen Personenverkehr. Die ersten Straßenbahnen wurden noch von Pferden gezogen, die später durch Elektromotoren ersetzt wurden. Der Betriebsstrom (Gleichstrom) wird mit einem Stromabnehmer der überirdischen Leitung entnommen.

STROMKREIS

Ein zum Kreis geschlossenes Leitungssystem, durch das elektrischer Strom fließt. Auf diesem Prinzip beruhen Stromleitungen, mit denen Strom in alle Stadtviertel und alle Räume eines Hauses geleitet werden kann.

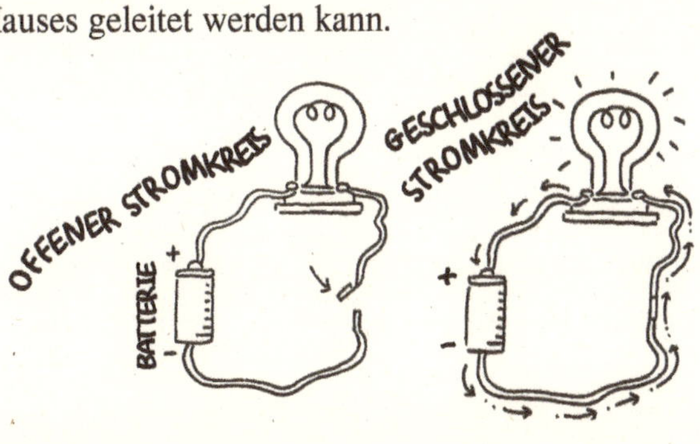

STROMLEITER

Material, das Strom weiterleitet. Kupferdrähte sind ideale Leiter. Auch Leitungswasser und sogar der menschliche Körper können Strom leiten. Das kann aber tödlich sein, darum sollte man die Finger von elektrischen Leitungen lassen.

TELEGRAFIE

Im 19. Jahrhundert die einzige Möglichkeit zur Kommunikation über weite Strecken. Elektrische Drähte verbanden verschiedene Städte und dank Verlegung von Seekabeln auch verschiedene Kontinente. Elektrische Impulse in den Leitungen vermittelten Nachrichten.

TESLA, NIKOLA (1856–1943)

Serbischer Elektrotechniker, der 1877 in die USA auswanderte. Er arbeitete einige Zeit für Edison, gründete aber später sein eigenes Forschungslabor. Er lieferte einen bedeutenden Beitrag zur Wechsel-stromforschung und erfand unabhängig von anderen den Drehstrommotor, so wie er noch heute verwendet wird. Er entwarf das erste ferngesteuerte Schiff und träumte davon, elektrischen Strom, genau so wie Nachrichten, ohne Kabel durch die Luft übertragen zu können. Dank seiner Forschungen konnte das Radio entwickelt werden, als dessen Erfinder er gilt.

TRANSFORMATOR

(auch Trafo oder Umspanner) Gerät zur Umwandlung einer hohen Spannung auf eine niedere Spannung oder umgekehrt.

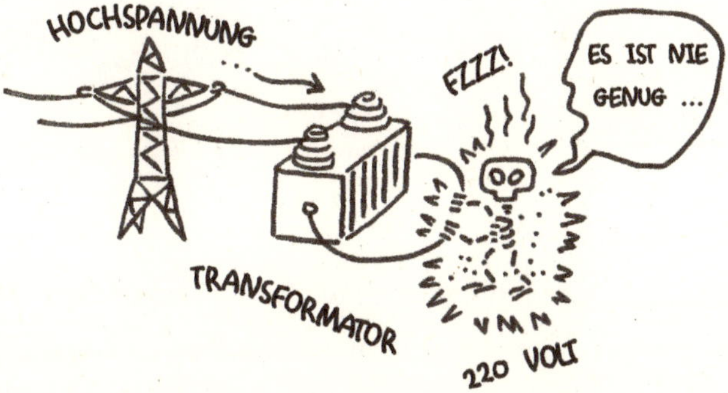

VOLTA, ALESSANDRO (1745-1827)

Erfinder der Batterie (voltasche Säule). Die Maßeinheit Volt des elektrischen Stroms (Spannung) wurde nach ihm benannt.

WASSERKRAFTWERK

Kraftwerk, das die potenzielle Energie aufgestauten Wassers (z. B. in Staudämmen) zur Energiegewinnung nutzt. Das herabfließende Wasser wird durch eine Turbine geleitet und seine mechanische Energie dabei von einem Generator in elektrische Energie umgewandelt.

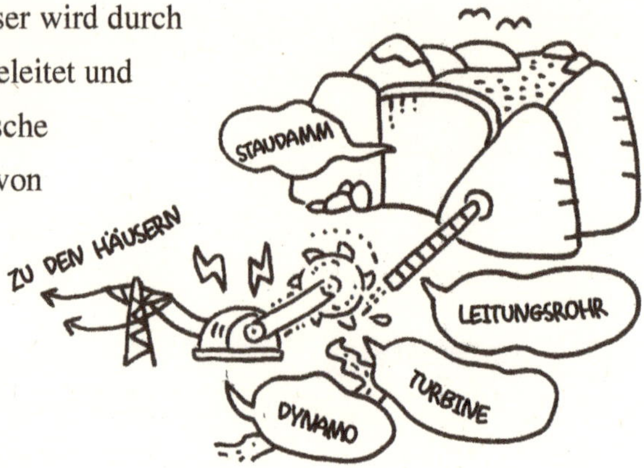

WECHSELSTROM

Elektrischer Strom, in dem sich die Flussrichtung der Ladungsträger (Elektronen) sehr rasch periodisch verändert und der über große Entfernungen mit sehr geringen Verlusten übertragen werden kann (im Gegensatz zum Gleichstrom). Erzeugt wird er in so genannten »Alternatoren«. Wechselstrom ist der gebräuchlichste Strom in Privathaushalten.

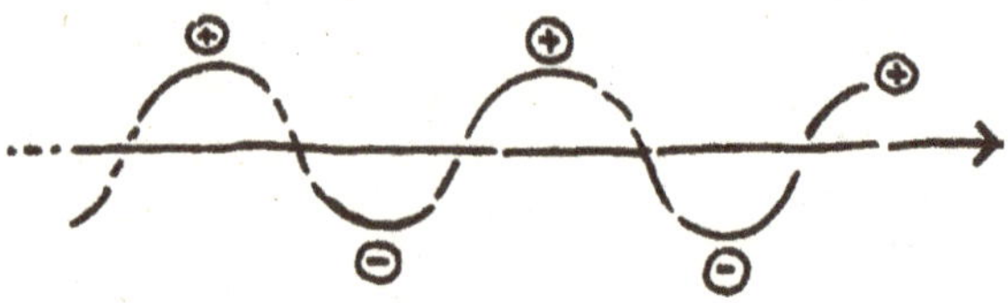

WELTWIRTSCHAFTSKRISE

Schwer wiegende Wirtschaftskrise, die 1929 von den USA ausging. Sie hatte negative Auswirkungen auf Industrie und Landwirtschaft, die sich weltweit niederschlugen.

WIEDER AUFLADBARE BATTERIE

Auch »Akkumulator« genannt. Sie speichert elektrische Energie in chemischer Form, ist eine Quelle elektrischer Energie und – wie ihr Name schon sagt – wieder aufladbar. Die ersten »Akkus« stellte der Franzose R. L. G. Planté (1834–1889) 1859 her. Edison verbesserte sie entscheidend und ließ verschiedene Modelle patentieren.

YANKEE

Spitzname für die Bewohner Neuenglands, die Nachfahren der ersten Siedler in Nordamerika. Später, im Sezessionskrieg, wurden mit diesem Begriff die Nordstaatler bezeichnet. Heute bezeichnet er in Europa alle Bewohner der USA und alles, was typisch amerikanisch ist.

DAS GEHEIMNIS EINES GENIES? 1 % INSPIRATION UND 99 % TRANSPIRATION*
* SCHWITZEN

INHALTSANGABE

LUCA NOVELLI,

Autor und Illustrator, ist der Verfasser zahlreicher Bücher über Naturwissenschaften und Natur, die in viele Sprachen übersetzt wurden. Er arbeitet als wissenschaftlicher Berater für die RAI, das staatliche italienische Fernsehen, und leitete zehn Jahre lang eine Zeitschrift für Grafik und Design. Für die Reihe »Lebendige Biographien« erhielt er 2004 den italienischen Andersen-Preis als bester populärwissenschaftlicher Autor.

Newton und der Apfel der Erkenntnis

LUCA NOVELLI

Aus dem Italienischen
von Anne Braun

Isaac Newton

»Ich komme mir wie ein Junge vor, der am Strand spielt und sich damit vergnügt, einen Kieselstein oder eine Muschel zu finden, die schöner sind als alle anderen, während der große Ozean der Wahrheit unerforscht vor mir liegt.«

Isaac Newton ist der Vater der klassischen Mechanik und damit auch der Himmelsmechanik. Er hat entdeckt, dass sich weißes Licht aus den Spektralfarben zusammensetzt, und hat damit einen wichtigen Beitrag zum Forschungsgebiet der Optik geleistet. Er ist der Schöpfer einer Mathematik, die alle Wissenschaftler nach ihm verwendet haben. Er hat das Universelle Gravitationsgesetz formuliert, dem nicht nur die Sterne und Planeten, sondern auch jeder Einzelne von uns unterworfen ist.

In diesem Buch berichtet Isaac von seinem Leben und seinen Entdeckungen, schildert seinen Werdegang vom schüchternen Provinzknaben zum mächtigen Berater von Königen und Königinnen. Seine Geschichte führt uns ins England des 17. Jahrhunderts, in eine Welt, in der sich die Gedanken der Aufklärung zunehmend ausbreiten, und das dank neuer und genialer Ideen wie den seinen.

DIESES BUCH HANDELT VON ...

mir, Isaac Newton.

Ich erzähle euch von meiner Kindheit und meinen Jugendjahren auf einem Bauernhof in Woolsthorpe. Und von meinem Leben an der Universität von Cambridge.

Ich erzähle von der Großen Pestepidemie und der Sache mit dem Apfel.

Es geht auch um meine Forschungen über das Licht und um die Entdeckung des Gravitationsgesetzes, das die Bewegung der Planeten um die Sonne erklärt.
Später werde ich Aufseher der Königlichen Münzanstalt in London und mache im Dienste von englischen Königen und Königinnen eine beispiellose Karriere.

Und zum Abschluss gibt es ein kleines Wörterbuch … in Sachen Gravitation.

IN DIESE WELT WIR

Es ist eine Welt, in der kein Mensch sich jemals von der Erdoberfläche entfernt hat.

England leidet unter Bürger- und Religionskriegen.

Die Insel Manhattan, auf der das spätere New York entsteht, haben die Europäer erst vor Kurzem den amerikanischen Ureinwohnern abgekauft.

Ketzer werden öffentlich hingerichtet.

NEWTON HINEINGEBOREN

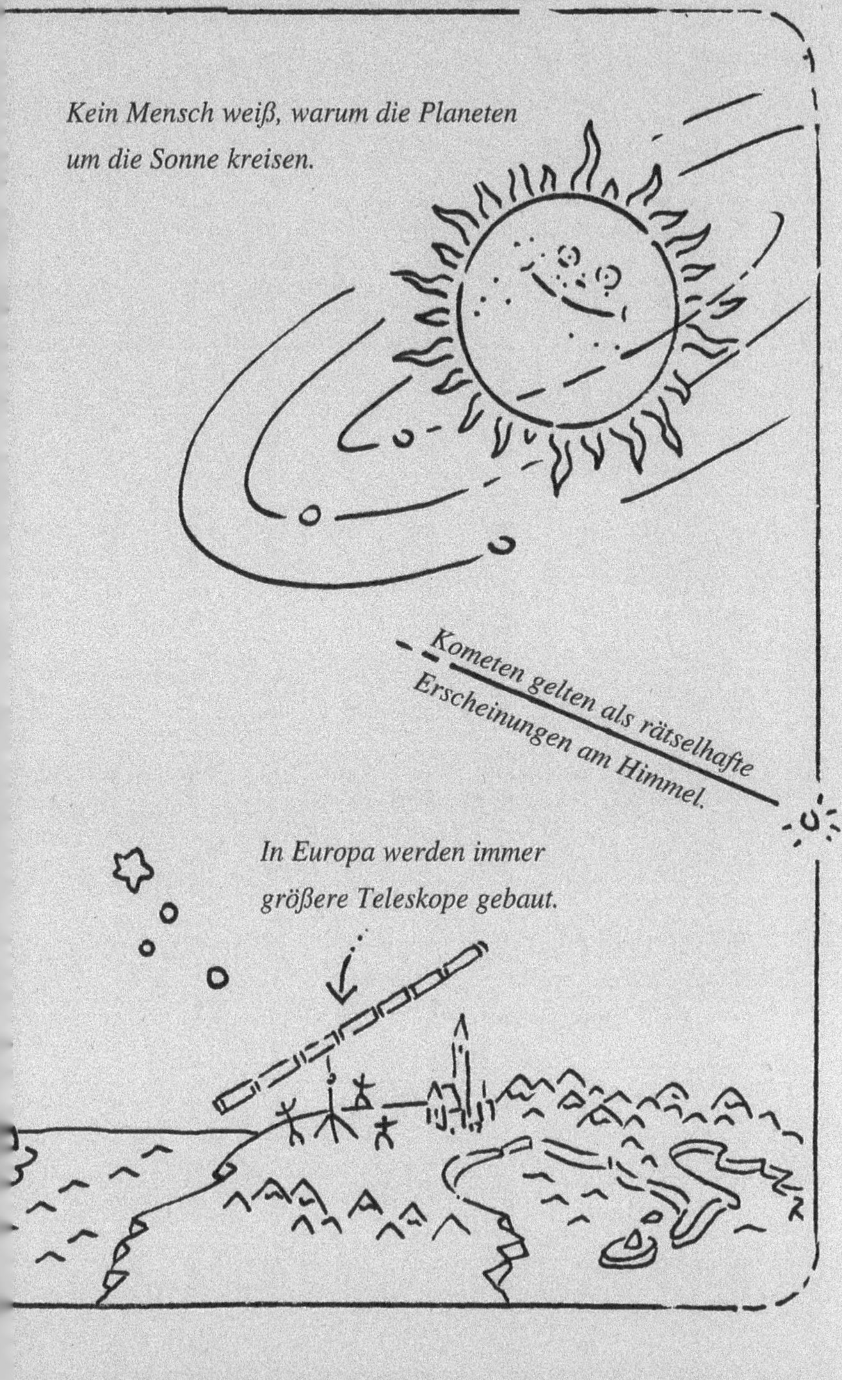

Isaac Newton wird im englischen Woolsthorpe (Lincolnshire) am Weihnachtstag des Jahres 1642 geboren. Damals gilt dort noch der Julianische Kalender, während auf dem europäischen Kontinent nach dem neuen Gregorianischen Kalender, der bis heute gilt, schon der 4. Januar 1643 ist.
1642 ist ein tragisches Jahr für das englische Königreich. Es kommt zu einem Bürgerkrieg, der 1649 in der Hinrichtung von König Charles I. aus dem Hause Stuart gipfelt. Der Puritaner Oliver Cromwell errichtet nach einer kurzen republikanischen Phase eine Diktatur, die 1660 wieder von der Monarchie abgelöst werden wird. England ist im 17. Jahrhundert stark landwirtschaftlich geprägt; der größte Teil der Ländereien gehört dem Adel. Schon der Besitz eines Morgen Lands oder einer Schafherde gilt als Zeichen eines gewissen Wohlstands.

1. ICH, ISAAC NEWTON

Willkommen in Woolsthorpe, wo mein Elternhaus steht. Es ist ein weißes Steingebäude, umgeben von Feldern und Wiesen, die zu unserem Hof gehören. Wir gelten als einigermaßen wohlhabende Bauernfamilie. Zumindest bestellen wir Newtons seit über hundert Jahren unser eigenes Land, auch wenn es keine Reichtümer abwirft.

Mein Vater hieß Isaac, genau wie ich. Leider starb er kurz vor meiner Geburt. Eigentlich fühle ich mich sogar als Vollwaise, denn meine Mutter Hannah ist auch nicht mehr da. Sie hat wieder geheiratet und lebt nun bei ihrem neuen Mann. Ich vermisse sie schmerzlich. Und meinen Vater natürlich auch.

Ich wachse bei meiner Großmutter auf und eigentlich fehlt es mir nicht an Gesellschaft. Mein Urgroßvater hatte sieben Kinder, mein Großvater brachte es auf elf. Folglich bin ich von einem kleinen Heer von Onkeln, Tanten, Cousins und Cousinen umgeben. Aber ich lasse sie in Ruhe und sie mich auch. Ich spiele viel lieber allein auf dem Hof und da gibt es viel zu entdecken. Wir haben Rinder und Schafe und Hühner, Pferde, einen Obstgarten, die Kanäle …

Manchmal steige ich auf den höchsten Hügel in der Umgebung und schaue zum Horizont. Kleine Dörfer sprenkeln das weite Tal und zwanzig Meilen östlich von hier beginnt die Nordsee, ein großer Ausläufer des Atlantischen Ozeans. Manchmal trägt der Wind die salzige Luft bis hierher. Und windig ist es hier in Lincolnshire häufig.

Mein Vater hat nie schreiben oder lesen gelernt. Er unterzeichnete sein Testament mit einem X. Auch sein Bruder und viele andere Newtons sind Analphabeten. Meine Mutter dagegen, Hannah Ayscough, kommt aus einer vornehmen Familie. Ihr Bruder William hat an der Universität von Cambridge Philologie studiert. Jetzt ist er Pfarrer in einem Dorf ganz in der Nähe. Onkel William hat viele Bücher in seinem Pfarrhaus, die richtig schön alt riechen. Es sind hauptsächlich Kirchenbücher, aber nicht alle …

Einige sind recht interessant. Vielleicht finde ich darin die Antworten auf die vielen Fragen, die mich beschäftigen.

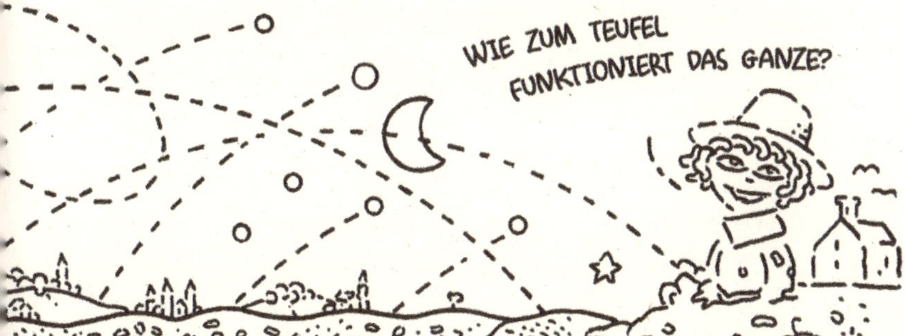

Wie funktioniert das Universum? Schon vor der Geburt unseres Isaac Newton gab es zu diesem Thema revolutionäre Theorien. Die Wissenschaftler Nikolaus Kopernikus (1473–1543) und Johannes Kepler (1571–1639) behaupteten zum Beispiel, die Erde drehe sich um die Sonne und nicht umgekehrt, was man sich kaum vorstellen kann, wenn man die Sonne auf- und untergehen sieht. Es sieht aus, als kreise sie um die stillstehende Erde. Ebenso unvorstellbar ist auf den ersten Blick, dass sich die Erde Tag für Tag mit einem Wahnsinnstempo um ihre eigene Achse dreht. Warum fliegen wir da nicht weg, sondern bleiben mit beiden Füßen auf dem Boden?
Der berühmte Astronom Galileo Galilei (1564–1642), der auf dem Bild zu sehen ist, wäre nicht allzu lange vor Newtons Geburt noch beinahe gefoltert und zum Tode verurteilt worden, weil er behauptete, die Erde drehe sich um die Sonne. Zu Newtons Zeiten glauben die meisten Gelehrten, dass er recht hatte. Aber noch kann niemand erklären, welche Gesetze den grandiosen Tanz der Planeten, Monde und anderer Himmelskörper regeln.

2. ICH BIN EIN SCHWIERIGES KIND

Als ich 14 bin, stirbt mein Stiefvater und meine Mutter kehrt nach Woolsthorpe zurück. Sie bringt ihre drei neuen Kinder mit, zwei Mädchen und einen Jungen. Ab da ist es mit der Ruhe im Haus vorbei. Meinen Stiefvater mochte ich nie und mit meiner Mutter komme ich auch nicht klar. Wann immer ich kann, streife ich durch die Gegend. Manchmal laufe ich bis zur alten Römerstraße, die nach Norden führt, und schaue den Fuhrwerken und Reitern nach.

In Woolsthorpe wird es mir allmählich zu eng. Deshalb bin ich froh, dass meine Mutter beschließt, mich als Sechzehnjährigen im Nachbarort Grantham zur Schule zu schicken, wo ich schon einmal zwei Jahre zur Schule gegangen bin. Wohnen werde ich wieder im Haus des Apothekers, Mr Clark.

Ich fühle mich gleich wieder wohl in Clarks Laden und vor allem in seinem Labor. Aber nicht alles in Grantham gefällt mir. In der Schule muss ich

in der letzten Bank sitzen, bei den schlechten Schülern. Zugegeben, in Woolsthorpe habe ich nicht besonders viel gelernt. Außerdem habe ich oft Ärger mit den Stiefsöhnen des Apothekers, Edward und Arthur. Mit Arthur habe ich mich einmal sogar geprügelt.

Das wollte ich gar nicht. Sich prügeln ist doof. Aber er hat gesagt, ich sei ein Feigling, hat mich an eine Wand gedrückt und mich auf die Nase geboxt. Da habe ich ihn an den Ohren gepackt und zurückgeschlagen.

Auch mit den anderen Kindern verstehe ich mich nicht. Befreundet bin ich nur mit der Stieftochter des Apothekers. Sie ist ein reizendes Mädchen. Wir mögen uns. Für sie schnitze ich kleine Gegenstände aus Holz, Möbel für ihre Puppenstube und bastle ein Gefährt, das man mit einer Kurbel aufziehen kann. Ich habe sogar eine kleine Windmühle gebastelt, ganz ähnlich wie jene, die im Norden der Stadt gebaut wird. Die habe ich mir angesehen und – sehr viel kleiner natürlich – nachgebaut.

Ich habe auch eine Laterne erfunden, die man zusammenfalten kann. Aus Papier. Tagsüber kann man sie zusammenlegen und zwischen seine Bücher stellen. In mondlosen Nächten binde ich sie an einen Drachen und lasse sie bis über die Hausdächer steigen, um die Einwohner von Grantham zu erschrecken. Denn außer Vögeln haben sie noch nie etwas fliegen sehen. Ein Glück, dass ich die Stadt nicht in Brand gesetzt habe. Für eine solche Heldentat hätten mich die Puritaner an den Pranger gestellt … oder noch schlimmer bestraft.

Dieser streng dreinblickende Herr ist Oliver Cromwell (1599–1658). Während der junge Isaac sich damit amüsiert, künstliche Kometen zu basteln, hat sich Oliver Cromwell zum Lordprotektor von England ernannt. Er kann das Parlament nach Lust und Laune auflösen oder einberufen. Unter seiner Diktatur sind Unterdrückung und Massaker an der Tagesordnung. Er hat Irland und Schottland unterworfen, führt Krieg mit Holland und Spanien. Der selbst puritanisch eingestellte Cromwell hat die Unterstützung der Puritaner, unbeugsamer Verfechter eines tugendhaften Lebenswandels. Das geht so weit, dass Feste und andere Vergnügungen strengstens verboten werden. Unter Cromwells strengem Regiment wünschen sich viele Engländer König Karl I. aus dem Hause Stuart zurück.

3. LANGWEILIGE UND NICHT LANGWEILIGE FÄCHER

In der Schule von Grantham mache ich Fortschritte. Langsam, aber sicher arbeite ich mich bis in die erste Reihe vor zu den Klassenbesten. In jede Bank ritze ich meinen Namen ein: Isaac Newton, Isaac Newton … Ich weiß, das darf man eigentlich nicht, aber in eurer Zeit wird man in Grantham sehr stolz sein auf die Fensterbank, in die ich meinen Namen geritzt habe. Meine Schulfächer reißen mich nicht gerade vom Hocker: Latein, englische Grammatik und Bibelauslegung. Sonst nichts. Puuh!

Außerhalb der Schule gelte ich als »komischer Kauz«. Ich baue ständig Sonnenuhren und weiß immer, wie spät es ist, wenn ich meinen Schatten sehe.

An einem äußerst windigen Tag, an dem übrigens Cromwell, der große Diktator, stirbt, führe ich ein seltsames Experiment durch. Ich beweise, dass ich weiter springen kann, wenn ich den Wind im Rücken habe. Das ist meine erste Annäherung an das Thema Schwerkraft.

Ich male schrecklich gern mit Zeichenkohle, nicht nur auf Papier, sondern auch an Hauswände. Ich zeichne sogar ein Porträt unseres früheren Königs Karl I.! Mister Clark schimpft und sagt, er hätte meine Graffiti satt.

Nach Abschluss der Schule arbeite ich auf unserem Bauernhof. Meine Mutter will, dass ich ihn später übernehme. Aber sobald man mir eine Aufgabe überträgt … mache ich sie falsch. Wenn ich die Schafe hüten soll, lasse ich sie versehentlich auf der Wiese der Nachbarn weiden. Schickt Mama mich zum Markt, vergesse ich, was ich kaufen oder verkaufen soll. Ich habe ständig ein Buch bei mir. Vor lauter Lesen vergesse ich manchmal sogar das Essen, was man sich in diesen Zeiten des Hungers und der Hungersnöte kaum vorstellen kann.

Nein, zum Bauern tauge ich nicht; ich muss einen anderen Lebensweg einschlagen. Das sagen auch Onkel William und mein Lehrer, Mr Stokes.

Der Knecht, der mich auf Anweisung von Mama anlernen sollte, ist heilfroh. Als ich ihm sage, dass ich für immer weggehe, sagt er, das sei gut, denn außer für die Universität würde ich zu nichts taugen.

In der Schule von Grantham hat Isaac nur eines richtig gut gelernt: Latein. Er kann es lesen, schreiben und sprechen. Latein, die Sprache der alten Römer, ist heute eine tote Sprache, die nur in den romanischen Sprachen weiterlebt, doch im 17. Jahrhundert ist es die Sprache der Gelehrten. Es stellt eine Brücke zwischen den verschiedenen Nationalsprachen dar und nur dank Latein können sich neue Ideen rasch verbreiten. Es ist die Sprache der Wissenschaftler, ungefähr so wichtig wie heute Englisch. Auch die Werke von Johannes Kepler und Galileo Galilei werden auf Lateinisch veröffentlicht.
Fast alle Bücher, die Newton liest, sind auf Lateinisch geschrieben und mit dieser Sprache macht er sich auf, die Universität von Cambridge zu erobern.

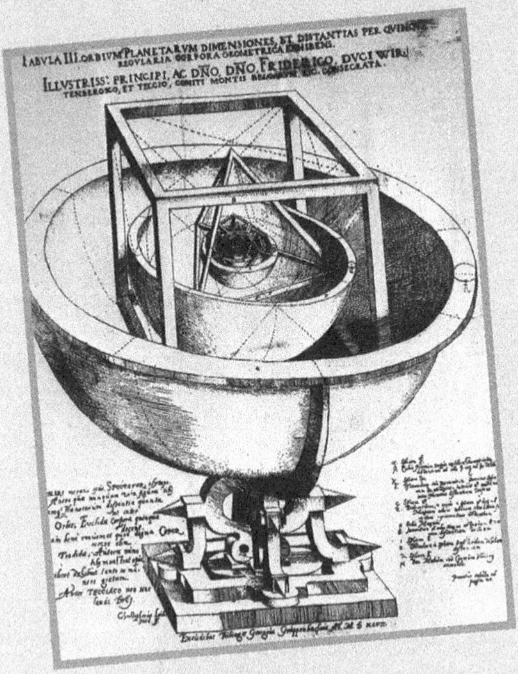

4. CAMBRIDGE – ICH KOMME!

Ich bin achtzehn, als ich am 4. Juni 1661 am Trinity aufgenommen werde, einem der berühmtesten Colleges von Cambridge. Die angesehenste Universität von England besteht aus mehreren Colleges. Sie ist ein Ableger der Universität von Oxford. Als ich dort eintrete, ist Cambridge kaum mehr als ein Dorf mit vielen Studentenkneipen. Es wirkt noch sehr mittelalterlich, aber die King's College Chapel, die große Kirche, und die am Ufer des Flusses Cam gelegenen Lehrgebäude sind sehr beeindruckend. Es sind so viele und sie sind so groß und feierlich, dass man sich fast eingeschüchtert fühlt.

Nach einer Prüfung werde ich aufgenommen. Ich muss mir ein Schloss für mein Pult kaufen, ein Tintenfass, eine Kladde, eine Menge Kerzen und … einen Nachttopf. Klar, sanitäre Anlagen sind zu meiner Zeit noch nicht erfunden – ebenso wenig wie Computer.

Einen Monat später lege ich zusammen mit sechzehn anderen Studenten den Eid ab und werde an der Uni aufgenommen. Ich muss feierlich geloben, für die Privilegien und die Ehre dieser Einrichtung einzutreten. Als Cambridge-Absolvent hat man in der Regel eine einträgliche öffentliche oder kirchliche Karriere vor sich. Aber das ist damals nicht mein Ziel, obwohl ich hier fast 27 Jahre meines Lebens verbringen werde.

Bis jetzt habe ich nur die gute Seite von Cambridge geschildert. Die andere Seite ist mir etwas peinlich. Obwohl meine Familie nicht gerade arm ist, werde ich am Trinity als *sizar* aufgenommen, als Student, der sich seinen Aufenthalt verdienen muss, indem er die Dozenten und *pensioners* – wohlhabende Studenten, die ein höheres Schulgeld zahlen – quasi bedient. Die Söhne von Adligen, Sirs oder Rittern müssen weder bei Tisch servieren noch Schuhe putzen oder den Inhalt der Nachttöpfe in den Fluss schütten.

Ich finde dieses System einfach unfair! Es spiegelt das englische Feudalsystem wider, das noch in Klassen unterteilt ist und in dem Geburt und Geld wichtiger sind als Talent oder Intelligenz. Das ist eine Tatsache, mit der ich mich erst einmal abfinden muss.

Das ist der Franzose René Descartes (1596–1650), auch als Cartesius bekannt, seines Zeichens Philosoph, Mathematiker und Physiker. Er ist der Schöpfer einer neuen Denkrichtung, des Kartesianismus, die alles am Himmel und auf der Erde als Verkettung komplexer Mechanismen sieht, die durch den Verstand erklärbar und mathematisch und geometrisch darstellbar sind.

An der Universität von Cambridge entdeckt der junge Newton diese sogenannte »mechanistische« Naturphilosophie. Er erlebt zudem eine Revolution der Wissenschaften, bei der Astronomie, Optik und Mechanik im Mittelpunkt stehen. Isaac verschreibt sich mit großer Begeisterung dieser Revolution und dem kartesianischen Gedankengut. Später wird er jedoch, wie viele Genies, seinen Meister überflügeln.

5. DAS STUDENTENLEBEN

Ich lebe wahrlich nicht in Saus und Braus. Manchmal kaufe ich mir Kirschen, Marmelade, Rahm und etwas Wein. Ich gebe fast mein ganzes Geld für Bücher und Kleidung aus. Ich will nicht wie ein *sizar* aussehen. In die Studentenkneipen und anderen Lokale gehe ich kaum, nicht nur, weil es die Uni-Vorschriften offiziell verbieten, sondern auch, weil ich nur wenige Freunde habe, mit denen ich feiern könnte.

Außer Tavernen und Freudenhäusern bietet die Stadt noch weitere Attraktionen für Müßiggänger. Innerhalb weniger Tage wurde unweit des College ein Mann gehenkt, der seine Frau ermordet hatte; ein Räuber wurde aufs Rad gebunden und ein Anwalt an den Pranger gestellt – auf dem Peas Hill, einer der Hauptstraßen von Cambridge. Bei solchen Gelegenheiten gibt es immer einen Menschenauflauf und die Leute krakeelen und sind boshaft. Manche verhöhnen die Verurteilten sogar, obwohl diese kurz davor stehen, ins Jenseits befördert zu werden.

Ich studiere eifrig, ohne mich dabei allerdings an die Anweisungen der Dozenten zu halten.
Die Studienpläne von Cambridge sind noch recht mittelalterlich: Rhetorik, Griechisch, Latein und noch mal Latein und ganz, ganz viel Aristoteles.

Manche Bücher blättere ich nur kurz durch, und sobald ich kapiert habe, was der Dozent bei der Prüfung hören will, nehme mir sehr viel interessantere Bücher vor … zum Beispiel die von René Descartes, Galileo Galilei oder Robert Boyle, dem Autor von *Der skeptische Chemiker.* Einmal habe ich allerdings Pech; als ich mich um ein Stipendium bewerbe, muss ich eine Prüfung machen. Ich werde Dinge gefragt, die ich nicht weiß … und falle durch.

Vorläufig interessiere ich mich für Dinge wie ein Perpetuum mobile, eine Maschine, die von allein immer weiter funktioniert; ich möchte wissen, woraus die Materie und das Licht bestehen, was Zeit ist und warum die Planeten um die Sonne kreisen. Ich will, kurz gesagt, ein Naturphilosoph werden, ein Freund des Wissens, und das im wahrsten Sinne des Wortes.

Im Jahre 1665 lege ich die letzten Prüfungen ab und schließe mein Studium mit dem Grad *Bachelor of Arts* ab. Allerdings ohne besondere Auszeichnung und mit dem Gefühl, noch viel lernen zu müssen. Ich würde gern noch einen Master-Studiengang anhängen, aber da wird England von einer nationalen Katastrophe heimgesucht, die vieles verändern wird.

Der »Schwarze Tod« gehört zu den schlimmsten Katastrophen, die in Newtons Tagen die Menschen treffen können. Die Kranken sterben innerhalb kurzer Zeit unter grässlichen Schmerzen. Verursacht wird diese Krankheit von einem Bakterium (Yersinia pestis), *das durch Rattenflöhe auch auf Menschen übertragen wird. Verhindern kann man die Pest durch Sauberkeit und Hygiene, was im Europa des 17. Jahrhunderts allerdings noch wenig verbreitet ist. Auch in Cambridge gibt es weder Bäder noch Abwasserkanäle, man wäscht sich nur selten und auf den Straßen liegt Abfall, der die Ratten anlockt.*

Heute gibt es Medikamente, die gegen die Pest helfen, doch zu Newtons Zeit kennt man noch kein Heilmittel. Tausende von Menschen verlassen die Städte, wenn es ihnen möglich ist. Bei der Beerdigung von Pestopfern geht ein Mann mit einer Glocke vor dem Trauerzug her. Allerdings gibt es nur wenige ordnungsgemäße Bestattungen. Die Todesfälle sind so zahlreich, dass man die Leichen nur einsammelt, auf Karren wegschafft und in Massengräbern verscharrt.

6. DIE TAGE DES SCHWARZEN TODS

Es war kein guter Winter. Die Epidemie fordert insgesamt über hunderttausend Todesopfer, hauptsächlich unter den Stadtbewohnern.

Gegen die Pest gibt es nur ein sicheres Mittel: sich in ein einsam gelegenes Haus auf dem Lande zurückzuziehen. Wegen der Pest schließt die Universität ihre Tore. Deshalb kehre ich in mein Elternhaus in Woolsthorpe zurück und hoffe, dass der Wind dort die Krankheitserreger fortweht.

Es wird ein Segen für die Menschheit sein, wenn endlich jemand die Ursache dieser Krankheit entdeckt. Aber vorläufig beschränkt man sich darauf, auf den Straßen große Feuer anzuzünden und Kräuter zu verbrennen. Aber es nützt nichts, die Epidemie wird im Gegenteil noch schlimmer. In London sterben im September 1665 in nur einer Woche siebentausend Menschen. Wie schrecklich!

Ich bleibe fast achtzehn Monate in Woolsthorpe, wo wir zum Glück von der Pest verschont bleiben. Eigentlich ist es ganz schön, wieder mal zu Hause zu sein. Ich denke viel über Optik, Algebra und Mechanik nach und komme auf ein paar ungewöhnliche Ideen. Es wird die fruchtbarste Phase meines Lebens. Ich entwickle die Grundlagen für eine neue, von mir erfundene Rechenmethode, die Infinitesimalrechnung, die ihr später als Differenzial- und Integralrechnung bezeichnen werdet.

Auf dem Markt kaufe ich mir ein Prisma, mit dem ich einen weißen Lichtstrahl zerlege und wieder zusammensetze. Es ist der erste Schritt auf dem Weg zu einer neuen, originellen Licht- und Farbtheorie.

Schließlich fällt ein Apfel – der berühmteste Apfel des Universums – neben mir vom Baum.

Ich frage mich seit Langem, was es mit der Schwerkraft auf sich hat. Nachdenklich betrachte ich den Apfel und den Mond.

Könnte es sein, dass es diese geheimnisvolle Kraft, die den Apfel – und nicht nur den Apfel – zum Mittelpunkt der Erde zieht, vielleicht auch außerhalb unseres Planeten gibt? Wer weiß, vielleicht gibt es sie auch auf dem Mond, im Sonnensystem … und im gesamten Universum.

Die Jahre 1665 und 1666 sind vermutlich die fruchtbarsten im Leben des jungen Newton. Sie werden als »Wunderjahre« bezeichnet, als die außergewöhnlichste Zeit im Leben des großen Forschers. Für England dagegen sind es ganz schreckliche Jahre. Während das Land seit mehr als einem Jahr schon unter der Pestepidemie leidet, wird London im September 1666 durch einen Großbrand zerstört. Der Hafen und das Theaterviertel, die Wohnhäuser, Paläste und die Armenviertel – alles fällt den Flammen zum Opfer, insgesamt etwa 80 Prozent der Gebäude innerhalb der Stadtmauern. Rund 13.000 Häuser und über achtzig Kirchen werden zerstört. Es ist die größte Katastrophe in der Geschichte Londons.
Doch mit dem Großbrand endet auch die Pest. Die Hauptstadt wird wieder aufgebaut, schöner als zuvor.

7. GEHEIMNISVOLLES LICHT

Mein erstes Prisma habe ich auf einem Dorfjahrmarkt erstanden. Es war eigentlich nur ein keilförmiger Körper aus geschliffenem Glas mit drei Seiten. Meine späteren Prismen habe ich selbst hergestellt, indem ich Glasstücke zugeschnitten und geschliffen habe.

Wenn man durch ein Prisma blickt, sieht die Welt wegen des allgemein bekannten, lustigen Phänomens der Brechung verschoben aus. Doch wenn ein weißer Lichtstrahl im richtigen Winkel auf das Prisma fällt, geschieht etwas ganz Unerwartetes. So einen Lichtstrahl bekam ich, indem ich ein kleines Loch in meinen Fensterladen gebohrt und mein Zimmer abgedunkelt habe.

Mit dem Ergebnis, dass das Prisma ein Lichtband von Farben wirft, immer in derselben Reihenfolge: Rot, Orange, Gelb, Grün, Blau, Indigoblau und Violett … Ich nenne dieses Lichtband »Spektrum« (nach dem lateinischen Begriff *spectrum* für »Erscheinung«).

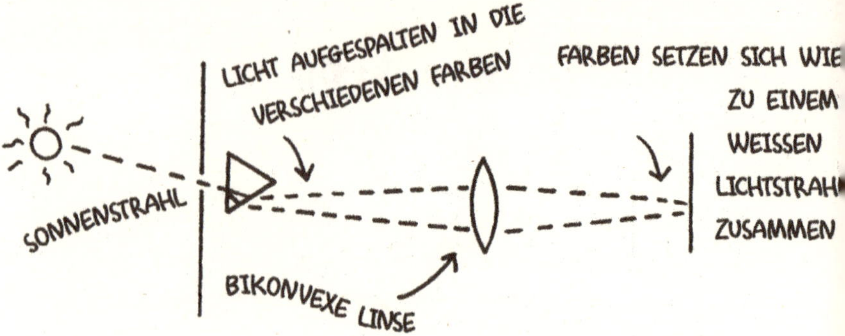

Mit einem Prisma kann man weißes Licht also in seine Bestandteile aufspalten. Mit einem weiteren Prisma kann man sie entweder wieder zu einem weißen Lichtbündel zusammensetzen oder so brechen, dass ein Lichtbündel in nur einer Farbe entsteht. Weißes Licht setzt sich also aus verschiedenen Spektralfarben (wie ich sie nenne) zusammen und ich vermute, dass es aus unterschiedlichen »Korpuskeln«, sprich: Teilchen, besteht.

Als ich meine Entdeckung veröffentliche, wird der große holländische Physiker Christiaan Huygens stocksauer. Er sagt: »Es können keine Korpuskeln sein, denn wenn Lichtstrahlen aufeinandertreffen, stören sie sich gegenseitig nicht, was sehr wohl der Fall wäre, wenn es sich um Teilchen handelte; ich vermute, dass Licht aus Wellen besteht, ähnlich den Schallwellen.«

Im Gegensatz zu ihm bin ich nur ein junger Akademiker. Er dagegen ist einer der berühmtesten Wissenschaftler Europas. Dennoch wird meine »Teilchen«-Theorie fast zweihundert Jahre lang vorherrschen. Dann erst wird man entdecken, dass wir überraschenderweise beide recht haben. Licht besteht aus Teilchen, den sogenannten Photonen, die sich wie Wellen verhalten … aber bis das erkannt wird, wird noch viel, viel Wasser die Themse hinunterfließen.

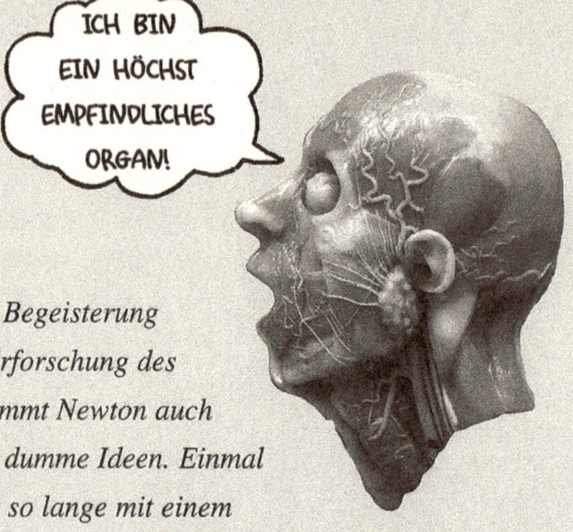

In seiner Begeisterung bei der Erforschung des Lichts kommt Newton auch auf recht dumme Ideen. Einmal schaut er so lange mit einem Auge in die pralle Sonne, bis er fast seine Sehkraft verliert. Das Sonnenlicht kann tatsächlich zum Erblinden führen, wenn man direkt hineinschaut. Ein anderes Mal versucht er, die Krümmung der Netzhaut zu verändern, um zu sehen, welche Auswirkungen das hat. Dazu schiebt er sich ein dünnes Stäbchen »zwischen Augapfel und Knochen«. Das hätte zu einer Entzündung oder gar Erblindung führen können – und angenehm oder schmerzfrei war es sicher auch nicht!

8. EIN JUNGER MANN AUF DEM WEG NACH OBEN

Die Pestepidemie ist vorüber. Die Dozenten und Studenten sind an die Universität zurückgekehrt. An den Colleges geht es heiter zu, manche sagen sogar, zu heiter. Ich bin irgendwie ein besserer Mensch geworden, vielleicht weil ich froh bin, überlebt zu haben – im Gegensatz zu Zehntausenden meiner Landsleute. Heute feiere ich den offiziellen Abschluss meines Studiums, veranstalte ein Fest und gebe ein hübsches Sümmchen für Kleidung und Tavernen aus.

Inzwischen steht es fest: Ich werde in Cambridge bleiben. 1667 werde ich zum *minor fellow* des College ernannt, wenige Monate später werde ich *major fellow* und im Sommer 1668 bin ich *Master of Arts*.

An der Universität habe ich eine sichere Karriere vor mir, mit einem festen Gehalt. Jetzt müsste ich nur noch den Eid auf die Artikel der Kirche von England ablegen und die geistlichen Weihen empfangen, worauf ich aber lieber verzichten würde, weil man meine religiösen Überzeugungen nicht unbedingt als, nun ja, gängig bezeichnen kann.

Tja, ab jetzt könnte ich in Cambridge faulenzen wie die meisten meiner Kollegen, deren Hauptbeschäftigungen darin bestehen …

An der Universität und am College herrscht ein Klima des Niedergangs, der Faulheit und des Prassens, aber das kann mir egal sein. So kann ich mich in aller Ruhe meinen Forschungen widmen.

Ich kann in meinem Zimmer ein richtiges alchimistisches Labor errichten, samt Brennofen, Destillierkolben und Gaskocher. Man kommt sich fast wie in der Höhle eines Magiers vor.

Ich stelle sogar Medikamente her. Und zwar Mixturen, die gegen die Pest, Masern und Pocken helfen sollen. Und das mit Rezepturen, bei denen sich einem nicht selten die Haare sträuben. Allerdings möchte ich betonen, dass ich nicht an übernatürliche Phänomene, schwarze Magie oder Ähnliches glaube.

Das ist der große Galileo Galilei (1564–1642). Er war der erste Astronom, der mit einem Fernrohr den Mond und andere Himmelskörper beobachtet hat. Nach ihm haben noch viele andere den Himmel mithilfe von Linsenfernrohren betrachtet, doch diese hatten den Nachteil, dass sie aufgrund ihrer Bauart und der verwendeten Linsen Bilder mit verfälschten Farben erzeugten. Newton löst dieses Problem. Dank seiner Studien über das Licht und seines handwerklichen Geschicks kann er ein sehr viel besseres Instrument bauen: ein Teleskop, das anstelle von Linsen Spiegel verwendet. Dadurch kann er das Problem umgehen, dass Licht verschiedener Wellenlängen unterschiedlich stark in einer Linse gebrochen und damit wie bei einem Prisma aufgespalten wird.

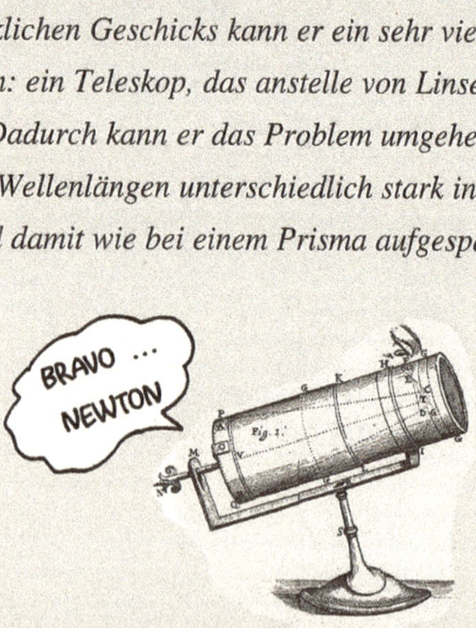

9. PROBLEME ALS DOZENT

Ich erhielt eine unerwartete Auszeichnung. Der Inhaber des Lehrstuhls für Mathematik, Isaac Barrow, gab seinen Lehrstuhl auf und schlug mich als seinen Nachfolger vor. Der gute Professor wird dafür in die Geschichte eingehen, dass er erkannt hat, dass ich besser bin als er. Aber ich muss euch etwas gestehen: Meine Vorlesungen sind nicht sehr gut besucht. Manchmal stehe ich vor leeren Bänken und kann mich brummend in meine Gemächer zurückziehen.

Durchaus möglich, dass meine Rechenmethoden und Erkenntnisse für meine Zeitgenossen zu modern sind. Aber dadurch habe ich wenigstens Zeit für meine Forschungen. In meinem Labor habe ich eine stark verbesserte Art von Teleskop gebaut und schicke ein Exemplar an die Royal Society in London. Die Mitglieder sind sehr erfreut darüber und natürlich auch über das Instrument selbst. Jetzt gelte ich ganz offiziell als Erfinder.

Die Royal Society fördert die Wissenschaften und die Forschung in England. Ich bin stolz, als ich zum Mitglied gewählt werde. Mit meinem Bericht über meine Entdeckungen in Sachen Optik und Aufspaltung des Lichts erleide ich in der Royal Society allerdings Schiffbruch. Es hagelt Kritik, vor allem von einem gewissen Robert Hooke, mit dem ich noch oft Ärger haben werde, und einigen anderen Wissenschaftlern.

Der Tag meiner Vereidigung und meines Gelübdes auf die Staatsreligion nähert sich. Alle Dozenten müssen diese Prozedur über sich ergehen lassen. Allerdings habe ich vor einiger Zeit schon damit begonnen, mich mit den Religionen zu beschäftigen, und kam zu Überzeugungen, die zu meiner Zeit als höchst ketzerisch gelten.

Das ist eines meiner Geheimnisse. Um die alten Schriften lesen zu können, habe ich auch antike Sprachen gelernt und bin nunmehr ein Fachmann in Sachen Apokalypse, Noah und alte Königreiche vor den Zeiten der Sintflut.

Sollten meine Ideen jemals bekannt werden, brächten sie mich an den Pranger und ich würde von der Universität fliegen. Deshalb müsste ich einen Meineid leisten – sosehr es mir auch widerstrebt. Zum Glück gelingt es mir, von Ihrer Majestät die Vereidigung erlassen zu bekommen. Darüber bin ich heilfroh.

Im Jahre 1679 erkrankt meine Mutter. Ich kehre nach Woolsthorpe zurück und pflege sie. Aber vergeblich. Sie stirbt im Juni. Ihr Tod ist der endgültige Bruch mit meiner Vergangenheit.

Im Herbst 1682 taucht ein Komet am Himmel über England auf. Die unerwartet erscheinenden Kometen gelten als Vorboten von Hungersnöten, Kriegen oder Pestepidemien – alles recht häufige Probleme im Europa des 17. Jahrhunderts. Auch die Große Pest von 1665/66 wurde durch einen Kometen »angekündigt«. Der neue Komet bringt für Newton eine große Veränderung: eine neue Idee, die so außergewöhnlich ist wie das Universum.

10. ÜBERRASCHUNGEN ZWISCHEN HIMMEL UND ERDE

Der Komet ist riesig. Im September 1682 taucht er am Himmel über Cambridge auf, beunruhigend und mysteriös, mit einem Schweif, so lang wie der Turm der Kapelle des King's College. Er wird über einen Monat lang sichtbar bleiben.

Die Flugbahn des Kometen ist seltsam »gekrümmt«; es sieht fast so aus, als kreise er um die Sonne. Darauf hat mich John Flamsteed, seines Zeichens Königlicher Hofastronom, aufmerksam gemacht. Seine Arbeit besteht darin, im Observatorium von Greenwich die Sterne zu beobachten und zu katalogisieren. Seine Beobachtungen sind vor allem für die Seefahrer von Nutzen und niemand käme vorläufig auf die Idee, dass sie bald zu neuen Erkenntnissen über das Universum führen werden.

Mein Kollege Robert Hooke hat eine Abhandlung geschrieben, in der er davon ausgeht, dass es auf allen Himmelskörpern eine Anziehungskraft oder Gravitation gibt, die alles zu ihrem Mittelpunkt zieht. Er vermutet es, ich dagegen denke angestrengt darüber nach.

Dann ist ein junger Mann zu mir nach Cambridge gekommen, ein gewisser Edmond Halley. Er ist seit Kurzem Sekretär der Royal Society und erforscht die Kometen. Er hat mir eine Reihe interessanter Fragen gestellt.

Ich verspreche, ihm bald präzisere Antworten zu liefern. Also fange ich an zu schreiben und zu zeichnen …

Wenn die Kometen elliptische Umlaufbahnen haben genau wie die Planeten, wenn auch sehr viel längere und flachere, dann unterliegen sie auch denselben Gesetzen. Und mit jeder Seite, die ich beschreibe, nimmt nach und nach eine interessante Idee Form an: Die Planeten, die Sonne, ja, *alle* Himmelskörper beeinflussen sich gegenseitig gemäß demselben Gesetz …
Ich nenne es das Universelle Gravitationsgesetz.

Dieser Herr mit der Perücke ist Edmond Halley (1656–1742) in fortgeschrittenem Alter. Halley ist einer der berühmtesten Astronomen aller Zeiten. Beim Studium früherer Kometen hat er eine interessante Tatsache entdeckt: Sie verschwinden zwar aus dem inneren Sonnensystem, tauchen früher oder später aber wieder auf. Dank Newtons Gesetzen und Rechenmethoden kann Halley voraussagen, dass der im Jahre 1682 gesichtete Komet nach 77 Jahren wieder am Himmel erscheinen wird. Als sich das 1759 bewahrheitet, wird der Komet nach ihm benannt.

11. EIN NEUES GESETZ – BEZIEHUNGSWEISE DREI!

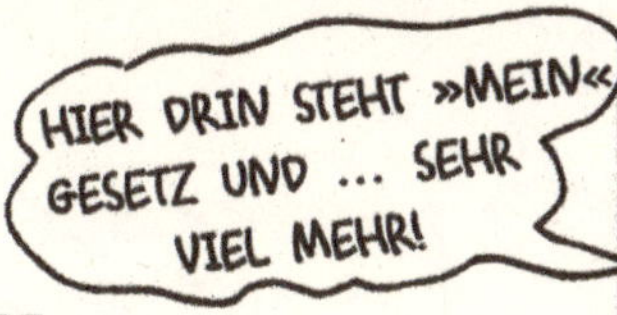

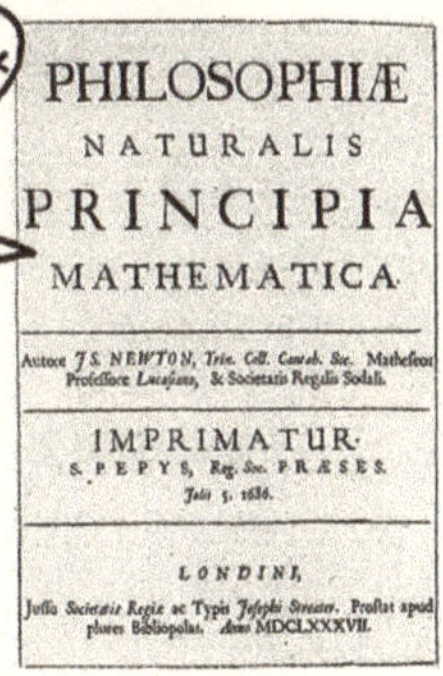
PHILOSOPHIÆ
NATURALIS
PRINCIPIA
MATHEMATICA.

Autore *JS. NEWTON*, *Trin. Coll. Cantab. Soc.* Matheseos Professore *Lucasiano*, & Societatis Regalis Sodali.

IMPRIMATUR.
S. PEPYS, *Reg. Soc.* PRÆSES.
Julii 5. 1686.

LONDINI,
Jussu *Societatis Regiæ* ac Typis *Josephi Streater*. Prostat apud plures Bibliopolas. *Anno* MDCLXXXVII.

Was ich entdeckt habe, ist unglaublich bedeutend. 1687 gebe ich ein Buch heraus, in dem ich meine Theorien darlege: *Mathematische Prinzipien der Naturphilosophie.* Es beschreibt sämtliche Bewegungen der Himmelskörper und geht davon aus, dass die zum Mittelpunkt der Sonne oder Planeten hin gerichtete Schwerkraft mit der Entfernung zu diesen abnimmt. Bei der Berechnung der Schwerkraft muss man diese Entfernung zum Quadrat nehmen. Als Robert Hooke von meinem Buch erfährt, ist er sauer. Er behauptet, die Sache mit dem Quadrat der Entfernung stamme von ihm. Dabei hat er die Formel nie aufgeschrieben. Außerdem ist er – mal unter uns gesagt – ein Wirrkopf und Heuchler.

Meine Gravitationstheorie ist fertig, in sich stimmig und gilt für alles und jeden, nicht nur für die Planeten. Hier die wichtigsten Punkte:

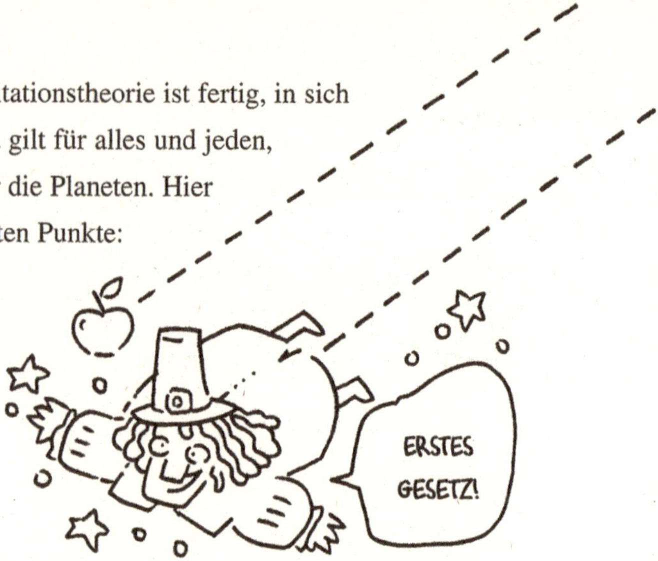

»Jeder Körper verharrt in seinem Zustand der Ruhe oder der Bewegung in einer geradlinigen, gleichförmigen Bewegung, sofern er nicht durch eine auf ihn einwirkende Kraft zur Änderung seines Zustands gezwungen wird.« (Trägheitsgesetz)

Wir und der Apfel können endlos in einem bestimmten Zustand verharren, bis etwas kommt, das uns bremst oder uns einen kleinen Schubs gibt, oder unser Zustand verändert sich, wenn wir uns einem Planeten nähern, denn dieser zieht uns an. Ach ja, dann würden wir auf eine Umlaufbahn gehen. Und irgendwann auf diesen Planeten fallen. Ich habe sogar ein neues Adjektiv erfunden: zentripetal, was »zum Mittelpunkt hin ziehend« bedeutet. Alle Himmelskörper – aber auch andere Körper – ziehen andere Körper an.

»Die Änderung der Bewegung einer Masse ist proportional zur ausgeübten Kraft.«
(Beschleunigungsgesetz)

Je größer der Schub ist, den wir erhalten, desto schneller werden wir. Kraft ist hier gleich Masse mal Beschleunigung.

»Die Wirkung zweier Körper aufeinander ist stets gleich und von entgegengesetzter Richtung.«
(Wechselwirkungsgesetz)

Wenn wir einen Felsblock wegschieben wollen, übt dieser eine gleich große entgegengesetzte Kraft aus. Man kann ihn nur verrücken, wenn man mehr Kraft auf den Boden ausübt, von dem man sich abstützt, als der Fels – wobei der Felsblock natürlich nicht selber drückt; seine Kraft ist sein Gewicht, das wir verrücken müssen.
Dasselbe Prinzip gilt für die Planeten. Die Erde zieht den Mond an. Und der Mond setzt der Erdoberfläche eine gleiche und entgegengesetzte Anziehungskraft entgegen. Zu sehen ist das am Meer, wo es infolge dieser Kraft zu Ebbe und Flut kommt.

Für Newtons Zeitgenossen ist es sehr beeindruckend und revolutionär, dass ein einziges Gravitationsgesetz universell, also ohne Ausnahme, gültig scheint. Heute wissen wir, dass tatsächlich auch das newtonsche Gravitationsgesetz nicht uneingeschränkt gültig ist. Im Falle starker Gravitationskräfte oder sehr großer Entfernungen müssen wir Einsteins Allgemeine Relativitätstheorie anstatt Newtons Gravitationstheorie anwenden.
Dennoch kann man davon ausgehen, dass die physikalischen und chemischen Gesetze sowohl auf der Erde als auch auf dem abgelegensten Planeten der Galaxie gelten. Die Vorstellungen vom Universum zu Newtons Zeiten waren dagegen noch stark von der Kosmologie der alten Griechen und Kirchenvätern wie dem heiligen Augustinus beeinflusst. Für sie war der Himmel sehr weit weg und perfekt, den Gesetzen Gottes und der Engel unterworfen, die komplett anders als die auf der Erde geltenden Gesetze waren.

12. DIE ANZIEHUNGS-KRAFT DES MONDES

Mit meiner Theorie lassen sich etliche irdische Phänomene erklären, darunter auch einige ganz alltägliche, die vor mir noch niemand erklären konnte.

Dazu gehören auch die Gezeiten, die regelmäßige Wiederkehr von Ebbe und Flut an den Küsten. Für Seefahrer – besonders jene, die die Weltmeere befahren – ist das Wissen um dieses Naturphänomen von allergrößter Bedeutung.
Es kann vorkommen, dass sie mit genügend Wasser unter dem Kiel ihren Anker auswerfen, ihr Schiff wenige Stunden später jedoch auf dem Trockenen liegt. Und umgekehrt.

Selbst Descartes und Galilei haben sich geirrt, was die Ursache von Gezeiten betrifft. Sie konnten sich einfach nicht vorstellen, dass Sonne und Mond hier auf der Erde etwas beeinflussen könnten. Da waren einige Philosophen der Antike der Wahrheit schon viel näher gekommen.

Mein Gesetz liefert hierfür eine vernünftige Erklärung: Die Gezeiten werden hervorgerufen durch die Anziehungskraft des Mondes, in geringerem Umfang auch der Sonne, sowie der Zentrifugalkraft (Fliehkraft) der Erde.

Ebbe und Flut wechseln sich im Abstand von sechs Stunden und zwölf Minuten ab.

An manchen Stellen des Ozeans ändert sich der Meeresspiegel zwischen Ebbe und Flut um bis zu fünfzehn, sechzehn Meter.

Unter den vielen Dingen, die Newtons Gesetz erklärt, gibt es eines, mit dem wir fast täglich konfrontiert sind: das Gewicht von Körpern. Vor Newton hatten sich nur wenige Wissenschaftler und Philosophen mit diesem Konzept auseinandergesetzt. Sicher, Dinge wurden schon seit Jahrtausenden gewogen, mit mehr oder weniger präzisen Waagen und willkürlichen Messsystemen. Doch die wahre Natur des Gewichts hat erst Newton genau definiert.

13. EIN FAST MAGISCHES GESETZ

Sicher, mein Gesetz erklärt, was es mit dem Gewicht von Körpern auf sich hat.

Das Gewicht ist nichts anderes als die Kraft, mit der wir zum Erdmittelpunkt gezogen werden.

Es handelt sich um die Gravitationskraft.
Auf dem Mond wären wir der Gravitationskraft des Mondes unterworfen, die wesentlich geringer ist, denn er ist kleiner als die Erde und zieht uns darum weniger an.

Doch nicht nur die Erde zieht uns zu ihrem Mittelpunkt. Sämtliche Körper im Universum ziehen sich gegenseitig an: die Planeten und die Sonne, die Sterne und die Kometen, aber auch die Steine auf der Erde. Alle unterliegen dem von mir entdeckten Gesetz, das sich in einer Formel ausdrücken lässt.

Meine Formel besagt, dass die Anziehungskraft (F) zwischen zwei Körpern proportional zu deren Massen ist (m1 und m2) und umgekehrt proportional zum Quadrat ihrer gegenseitigen Entfernung r.
G ist eine Grundkonstante der Natur (Gravitationskonstante), die im ganzen Universum gleich ist.

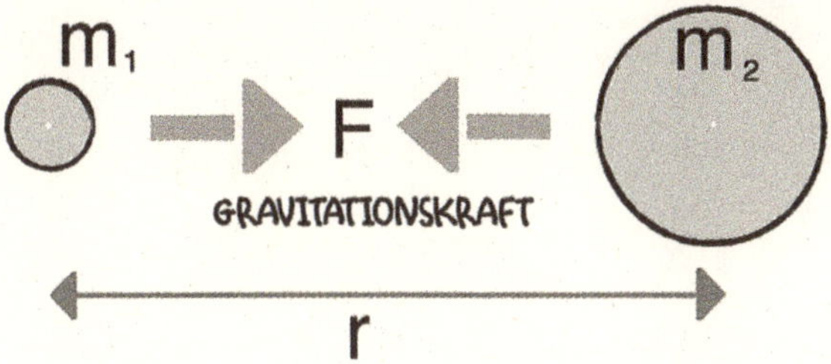

$$F = G \frac{m_1 \cdot m_2}{r^2}$$

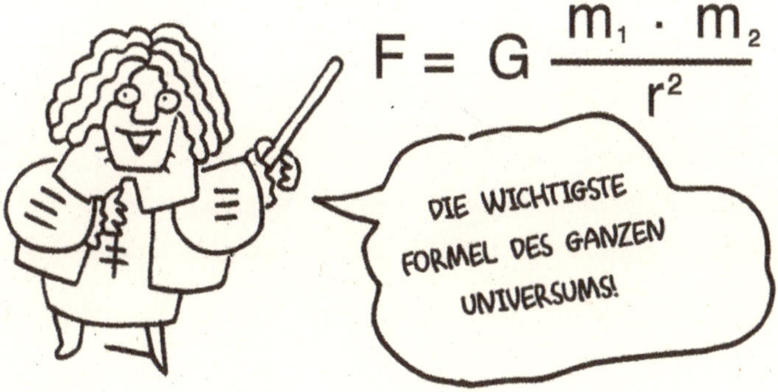

Zu meiner Zeit gilt diese universelle Kraft als magisch oder gar göttlich, als Ausdruck der aktiven Gegenwart Gottes in der Welt. Was ich dazu sage? Nun, ich kann nur sagen, dass meine Formel zutrifft, hier auf der Erde und bei allem, was wir über die Planeten wissen.

Dies ist James II. (1633–1701), der neue König von England. Er ist der Bruder des kürzlich verstorbenen Karl II. und streng katholisch – im Gegensatz zu den meisten Engländern. Sie gehören der protestantischen anglikanischen Kirche an, welche die Autorität des Papstes in Rom nicht anerkennt.

Die Universität von Cambridge ist protestantisch ausgerichtet. Als guter Katholik will James das natürlich ändern. Er weiß, dass die Universität ein wichtiger Knotenpunkt bei der Verteilung von Macht ist, und setzt alles daran, aus der Universität eine katholische Einrichtung zu machen. Doch das misslingt. Er wird der letzte katholische Monarch Englands sein.

14. KARRIERE UND POLITIK

Wie schon erwähnt, habe ich sehr eigenwillige Vorstellungen in Sachen Religion. Ich habe die Geschichte des Christentums eingehend studiert und bin zu dem Schluss gekommen, dass es heutzutage nur noch sehr wenige wahre Christen gibt – sowohl unter den Katholiken als auch den Protestanten.
Doch diese Ansicht muss ich für mich behalten. Ich lebe in einem Zeitalter der Religionskriege, in dem Christen andere Christen abschlachten und foltern, nur weil diese auf etwas andere Weise an Gott glauben. Nun aber muss ich notgedrungen Partei ergreifen, um meine Universität gegen König James zu verteidigen, der seine Leute in Cambridge einschleusen will. Meiner Meinung nach sollte eine Universität unabhängig sein und von unbeeinflussten und uneigennützigen Köpfen geleitet werden. Doch bis es so weit ist, wird es wohl noch ein paar Jahrhunderte dauern. Wenn überhaupt …

Deshalb reise ich mit sieben weiteren Dozenten nach London, um die Rechte der Universität zu verteidigen. Während dieses Aufenthalts lerne ich viele Menschen kennen und freunde mich mit einer sehr bedeutenden Persönlichkeit an, dem Adligen Charles Montagu. Es sind schwierige Jahre für mein Land. Nicht nur die Unabhängigkeit meiner Universität steht auf dem Spiel. Von Cambridge aus verfolge ich mit einer gewissen Besorgnis die Geschehnisse. Eine holländische Flotte nähert sich auf der Themse, überall kommt es zu Aufständen. König James flieht nach Frankreich.

In Westminster tritt ein neues Parlament zusammen, dem auch ich angehöre. Das neue Parlament ruft 1689 zwei neue Regenten aus: Wilhelm von Oranien und Mary II. Vor allem aber verabschiedet es die *Bill of Rights,* eine Erklärung, die dafür sorgt, dass das Parlament in England gegenüber dem König gewisse Mitbestimmungsrechte behält. Diese Rechte kann der König den Abgeordneten nicht nehmen.

Ich beschließe nach einigen Jahren, in die Hauptstadt umzusiedeln, denn London ist das Zentrum der Macht. Außerdem wird mir ein wichtiges Amt angeboten.

Dieses Bild zeigt eine Gießerei, in der seit 1697 Kanonen hergestellt werden. In der Prägeanstalt, in der Münzen hergestellt werden, der Münze von London, gab es sehr viel kleinere Öfen und Schmelztiegel, aber die Hitze, der Qualm und das Durcheinander waren sicher ähnlich.

Zu Newtons Zeiten sind nur Münzen aus Gold, Silber oder Kupfer in Umlauf. Der größte Teil dieser Münzen wird »abgefeilt« (so nennt man es, wenn verbotenerweise das Gewicht der Münze vermindert wird) und es werden massenhaft Münzen gefälscht. Erst die neueren Münzen sind am Rand mit dem Aufdruck »gesetzlich geschützt« beschriftet.

In seinem neuen Amt als Münzwardein sieht sich Newton mit etlichen Problemen konfrontiert.

15. MÜNZEN »ABFEILEN«

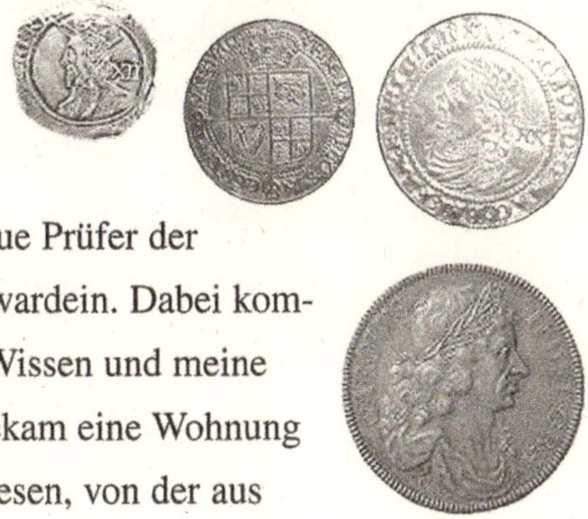

Dank meines neuen Freunds Charles Montagu bin ich unerwartet zu einem angesehenen Amt gekommen: Ich bin der neue Prüfer der Königlichen Münze, der Münzwardein. Dabei kommen mir mein alchimistisches Wissen und meine Metallkenntnisse zugute. Ich bekam eine Wohnung in der Nähe des Towers zugewiesen, von der aus man einen guten Blick über den Innenhof und die Werkstätten der Geldfabrik hat.

Die Münzanstalt ist wahrlich kein schöner Ort zum Leben. Schon frühmorgens geht ein Heidenlärm los. Fast 300 Menschen arbeiten auf engstem Raum. Außerdem gibt es den Rauch der Schmiedefeuer, das Gebrüll der Soldaten und das Getrampel der Pferde, über deren Äpfel man auf Schritt und Tritt stolpert. Aber es ist ein wichtiges Amt von großer Bedeutung für das Königreich England. Und es hat auch einen kuriosen Aspekt:

Bevor ich mein neues Amt antrete, muss ich feierlich schwören, dass ich niemanden in die Geheimnisse des Münzprägens einweihen werde.

Ich habe mit allerhand technischen und bürokratischen Problemen zu kämpfen. Dabei gehe ich mit wissenschaftlicher Genauigkeit vor. Ich notiere mir alle Einzelheiten, über alles und jeden. Ich kontrolliere die eingehenden Rohstoffe und die Qualität der fertigen Münzen. Auf diese Weise decke ich eine Reihe kleinerer und größerer Betrügereien auf.

Ich verbessere die Produktion und berate die Regierung, wie man gegen Fälscher vorgehen kann und wie man das üble Verfahren des »Abfeilens« alter Münzen unterbinden kann. Deren Ränder werden nicht selten abgefeilt, um Silber- und Goldstaub zu gewinnen.

Auf meinen Rat hin verabschiedet die Regierung ein neues Gesetz: Falschmünzerei gilt fortan als Hochverrat. Dadurch wird das Fälschen zu einem Verbrechen, auf das die Todesstrafe steht.

Zu meinen Pflichten gehört es sogar, die Geldfälscher im Kerker zu verhören; wahrlich keine schöne Aufgabe. Diese Verbrecher sind geschickte Handwerker und mit allen Wassern gewaschen… Unter uns gesagt, ich hoffe ständig, auf jemanden zu stoßen, der das Geheimnis kennt, von dem alle Alchimisten träumen: die Formel, wie man gewöhnliche Metalle in Gold verwandeln kann. Leider ist das nicht der Fall.

Das sind William von Oranien und seine Gemahlin, Mary II., eine Stuart, das neue englische Königspaar. Unter ihrer Regierung genießt Isaac Newton hohes Ansehen bei Hofe, schließt neue Freundschaften und festigt seine Stellung als hoher Regierungsbeamter. Aber auch für England bricht eine friedvolle Zeit größeren Wohlstands an. Es ist nun eine konstitutionelle Monarchie, in der nicht der König ganz allein regiert. Das Parlament bestimmt an ganz entscheidenden Stellen mit.

16. LEBEN À LA NEWTON

In London habe ich ganz andere Lebensgewohnheiten angenommen. In Cambridge führte ich ein eher nüchternes, einsames Leben. Hier muss ich mich im Parlament sehen lassen und werde auch oft an den Königshof geladen. Ich gebe Geld für teure Kleidung aus und lasse mich von den größten Künstlern meiner Zeit malen. Ich habe mir eine Sammlung meiner Porträts zugelegt, auf denen ich großen Wert darauf lege, möglichst vornehm und aristokratisch auszusehen.

In Cambridge waren geröstete Quittenäpfel meine Leibspeise. Hier besitze ich einen Weinkeller mit den erlesensten Tropfen und überhaupt alles, was das Herz begehrt.

Für meine Arbeit an der Königlichen Münze und meine Beratertätigkeit für die Regierung erhalte ich zahlreiche Auszeichnungen. Ich bin aber nicht nur bei Hofe und unter den Adeligen gern gesehen, sondern auch beim Volk beliebt, das die von mir entdeckten Gesetze für geradezu übernatürlich hält.

Meinen Freunden helfe ich, wann immer ich kann. Edmond Halley verschaffe ich zum Beispiel die Direktorenstelle einer Filiale der Königlichen Münze.

Das Haus auf dem Lande in Woolsthorpe ist nur noch eine ferne Erinnerung. Ich lebe nun in einem herrschaftlichen Haus im Zentrum Londons. An den Wänden prangen meine Gemälde. Die Räume sind mit purpurroten Sesseln und Sofas ausgestattet, Decken und Vorhänge sind karmesinrot; ich umgebe mich nur noch mit den Farben Rot und Gold.

Apropos … Inzwischen bin ich in fortgeschrittenem Alter und wohlhabend, aber geheiratet habe ich nie. Trotzdem habe ich neuerdings eine ungewöhnlich hübsche Frau im Haus. Meine Nichte, die Tochter einer meiner Halbschwestern, ist zu mir gezogen und führt mir den Haushalt.

Sie ist das genaue Gegenteil von mir: leutselig und mit einem guten Geschmack. Als Kind hatte sie Pocken, doch zum Glück sind keine Narben im Gesicht zurückgeblieben. Sie ist im Gegenteil eine wahre Schönheit und wird eine der begehrtesten Frauen von London um 1700 werden.

Catherine Barton (1679–1739), die verführerisch schöne Nichte Newtons, ist um 1700 sehr beliebt in London und wird zur Zielscheibe des Klatsches. Der sympathische Schriftsteller Jonathan Swift (1667–1745) schreibt ein herz-zerreißendes Liebesgedicht für sie. Mit Baron Halifax (alias Charles Montagu, 1661–1715), einem mächtigen Mann und alten Freund Newtons, unterhält sie eine geheimnisumwitterte Liebesbeziehung. Nach seinem Tod vermacht er der jungen Catherine ein riesiges Vermögen. Doch zuvor fördert Halifax Newtons Karriere, und zwar so intensiv, dass Voltaire nach einem Londonbesuch anmerkt, dass Newton »seine Gravitation ohne seine hübsche Nichte nichts genützt« hätte.

17. PRÄSIDENT DER ROYAL SOCIETY

Ich bin zum Präsidenten der Royal Society gewählt worden. Bisher wollte ich nicht viel von ihr wissen. Sie ist im Untergang begriffen und hält nur noch unnütze Versammlungen ab. Im Jahr darauf stirbt Hooke, dieser Angeber. Jetzt habe ich keine ernsthaften Konkurrenten mehr in England. Ich ernenne einen Kurator für Experimente und veranlasse die ersten Experimente in Sachen Elektrizität. Da Hooke tot ist, kann ich endlich mein Buch über Optik veröffentlichen. Er hätte Zeter und Mordio geschrien und behauptet, vieles darin stamme von ihm. So aber gibt es keine Einwände. Ich bin jetzt unbestritten der größte Wissenschaftler Englands.

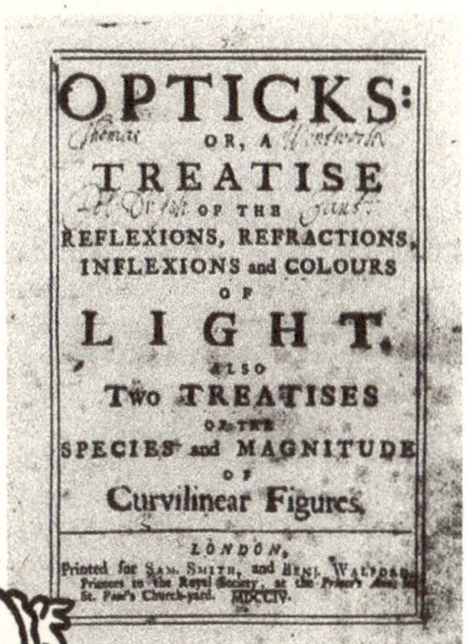
OPTICKS:
OR, A
TREATISE
OF THE
REFLEXIONS, REFRACTIONS,
INFLEXIONS and COLOURS
OF
LIGHT.
ALSO
Two TREATISES
OF THE
SPECIES and MAGNITUDE
OF
Curvilinear Figures.
LONDON,
Printed for Sam. Smith, and Benj. Walford,
Printers to the Royal Society, at the Prince's Arms in
St. Paul's Church-yard. MDCCIV.

Eine wissenschaftliche Expedition nach Lappland beweist, dass die Erde an den Polen abgeflacht ist, genau wie es mein Gesetz vorhergesagt hat. Meine Glaubwürdigkeit und mein Ansehen als Wissenschaftler wachsen noch mehr.

König William ist inzwischen verstorben und am 1. Mai 1707 werden England und Schottland zum Königreich Großbritannien vereinigt.
Anne, die Schwester von Mary, ist die neue Königin. Ich genieße ihren Respekt und ihr Vertrauen. Sie schlägt mich zum Ritter und ich darf mich fortan »Sir« nennen.

An berühmten Gegnern und Verleumdern fehlt es mir jedoch nicht. Mein ärgster Feind ist Gottfried Wilhelm Leibniz, ein deutscher Philosoph, der behauptet, er hätte das erfunden, worauf ich am stolzesten bin.

In Wirklichkeit ist Leibniz zu gewissen Schlussfolgerungen gekommen, fast zeitgleich und ohne meine Arbeiten zu kennen. Aber ich bin unversöhnlich. Ich bezichtige ihn des Plagiats und der arme Leibniz wird es nicht mehr erleben, dass seine Verdienste anerkannt werden.

Das ist Isaac Newton auf einem der zahlreichen Gemälde, die er von sich anfertigen lässt. Er pflegt sein Image stets sehr sorgfältig. Er ist ein mächtiger und berühmter Mann, ein »Baron der Wissenschaften«, wie man heute wohl sagen würde. Freunden erweist er Gefälligkeiten, seine Feinde verschmäht und verleumdet er. Auf Kritik reagiert er stets sehr aggressiv.
Als Entdecker des Gravitationsgesetzes muss er natürlich in die Geschichte eingehen. Er wird nicht nur in Adelskreisen, sondern auch im Volk geschätzt und ist beliebt. Doch er ist auch ein sehr einsamer und eigenbrötlerischer Mensch. Er hütet das eine oder andere dunkle Geheimnis und hat Ansichten, über welche die meisten seiner Zeitgenossen entsetzt gewesen wären.
Doch er ist auch ein aufrichtiger Mensch, der sich selbst treu bleibt. Und das bis zu seinem Ende.

18. DIE LETZTE WINTERNACHT

Der Frühling kommt, doch ich bin schwer krank. Verwandte, Diener und Ärzte haben sich in meinem karmesinroten Haus mit den purpuroten Sesseln und kamesinroten Samtvorhängen versammelt.

Ich bin der Entdecker der Gesetze, die die Funktionsweise des Universums, die Umlaufbahnen der Planeten, Kometen und der Galaxien erklären. Doch jetzt wird mir ein Blasenstein zum Verhängnis.

Ich will nicht klagen. Das war nie meine Art. Aber zum Lachen finde ich es auch nicht.

Ich habe übrigens zeitlebens recht wenig gelacht. Nur ein einziges Mal musste ich von ganzem Herzen lachen: als mich jemand gefragt hat, »wozu« man Euklids Geometrie lesen soll.

In Nächten wie dieser drängt sich mir der Gedanke auf, wie seltsam mein Leben doch war.

Ich bin ein hervorragender Mathematiker, doch viele meiner Entdeckungen habe ich lange Zeit geheim gehalten.
Ich gelte als der größte Wissenschaftler meiner Zeit, doch wie die Magier des Mittelalters habe ich versucht, den Stein der Weisen und das alchimistische Prinzip zu finden, mit dem man Blei in Gold verwandeln kann.
In uralten Büchern habe ich nach DER Wahrheit gesucht, musste die Geheimnisse, die ich entdeckt habe, aber für mich behalten.

Ich habe nie geheiratet und habe folglich auch keine Nachkommen. Doch dafür war ich von Scharen von Studenten und Anhängern umgeben und wurde von einer reizenden Nichte umsorgt.

Besonders gesellig war ich nie, eher mimosenhaft und verletzlich, doch man hat mir immer großen Respekt entgegengebracht.
Ich habe ein beträchtliches Vermögen angehäuft und meinen Verwandten hinterlasse ich Häuser, Ländereien und dreißigtausend Pfund Sterling in Inhaberschuldverschreibungen, was zu eurer Zeit etwa zehn Millionen Euro entspräche.

Doch das wichtigste Erbe, das ich der Menschheit hinterlasse, ist mein Gravitationsgesetz.
Nicht schlecht für den Sohn eines Bauern, der Analphabet war, stimmt's?
Vielleicht ist es das, worauf ich am stolzesten bin.

Isaac Newton stirbt am 20. März 1727 (31. März nach dem Gregorianischen Kalender) im Alter von 84 Jahren. Er verlässt unsere Erde und sein Heimatland England gegen ein Uhr morgens.

Er wird in der Westminster Abbey beigesetzt mit einem prunkvollen Staatsbegräbnis, an dem der Londoner Adel und eine riesige Menschenmenge teilnehmen.
Ein sehr bekannter Bewunderer Newtons, der französische Philosoph Voltaire (1694–1778), ist ebenfalls anwesend.

In der Westminster Abbey wird einige Jahre später ein imposantes barockes Denkmal aufgestellt. Auf dem Flachrelief des Sarkophags spielen zwei Engel mit einem Prisma, einem Teleskop und einer Karte unseres Sonnensystems.
Die lateinische Grabinschrift bedeutet: »Mögen die Sterblichen sich freuen, dass eine solch große Zierde des menschlichen Geschlechts gelebt hat.«

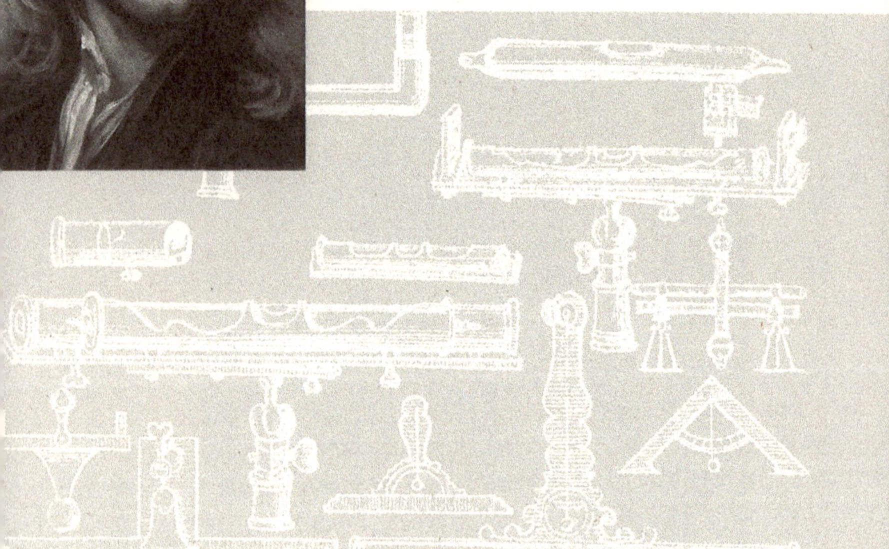

KLEINES WÖRTERBUCH IN SACHEN GRAVITATION

ABSOLUTE ZEIT

Newton dachte, die Zeit sei im ganzen Universum gleich. Albert Einstein (1879–1955) bewies viel später, dass sie »relativ« ist. Von der Erde aus betrachtet würde sich zum Beispiel die Zeit in einem Raumschiff verlangsamen, je mehr sich dieses der Lichtgeschwindigkeit annähert. Sie verlangsamt sich auch, wenn wir uns einem Stern oder einem großen Planeten nähern. Sogar auf der Erde vergeht die Zeit minimal langsamer als im Weltraum.

ALCHIMIE

So nennt man die Vorläuferdisziplin der modernen Chemie. Die Alchimisten waren von dem Wunsch beseelt, den legendären »Stein der Weisen« zu finden und Materie verwandeln zu können. Newton war einer der letzten großen Alchimisten.

ANNE STUART (1665–1714)

Anne wurde am 8. März 1702 zur Königin von England, Schottland und Irland gekrönt. Am 1. Mai 1707 wurden England und Schottland vereinigt und Anne wurde die erste Herrscherin über das Königreich Großbritannien.

APFEL

Die Geschichte von dem Apfel, der vom Baum fiel, Newton am Kopf traf und ihn auf sein geniales Gravitationsgesetz brachte, haben nicht nur etliche Biographen Newtons erzählt, sondern auch der große Voltaire. Ob sie sich wirklich so zugetragen hat, steht nicht fest, doch die Idee, dass ein herabfallender Apfel, von der Gravitation (Schwerkraft) zur Erde gezogen, zu einer so umwerfenden Entdeckung geführt haben könnte, ist recht amüsant.

BOYLE, ROBERT (1627–1691)

Irischer Naturforscher und Physiker. Er gilt als Mitbegründer der modernen Chemie. Den mysteriösen Praktiken der Alchimie stand er skeptisch gegenüber, doch genau wie Newton hoffte er, es könne möglich sein, Blei in Gold zu verwandeln …

CAMBRIDGE

Sitz einer der angesehensten Universitäten Englands. Wurde im Jahre 1209 von Studenten und Professoren gegründet, die der nicht weniger angesehenen Universität von Oxford den Rücken kehrten.

CHARLES I. (1600–1649)

Englischer König aus dem Hause Stuart, der im Englischen Bürgerkrieg 1649 enthauptet wurde. Auf ihn folgte unter Oliver Cromwell eine Diktatur der Puritaner. Hier sieht man Charles I. auf einem berühmten Gemälde des flämischen Malers Anthonis van Dyck.

DYNAMIK

Wissenschaft von der Bewegung von Körpern und den sie bewegenden Kräften. Newton formulierte die drei wichtigsten Bewegungsgesetze.

EINSTEIN, ALBERT (1879–1955)

Für Newton waren Raum und Zeit absolute Größen. Albert Einstein dagegen hat bewiesen, dass die Zeit relativ ist und an manchen Stellen des Universums sogar stillsteht. Seine

Relativitätstheorie revolutionierte die moderne Physik noch einmal und warf unsere Vorstellungen von unserem Universum komplett über den Haufen.

ELLIPSE

In der Geometrie bezeichnet man als Ellipse einen abgeflachten Kreis. Für alle Punkte der Kreislinie ist die Summe der Abstände (d1 + d2) zu zwei festen Punkten, die »Brennpunkte« genannt werden, gleich. Um eine Ellipse zu zeichnen, braucht man einen Stift und einen Faden, der an zwei Punkten befestigt ist. Die Planeten und Kometen umkreisen die Sonne auf elliptischen Bahnen.

ERDE, FORM DER

Unser Planet ist an den Polen abgeflacht und hat den größten Umfang entlang des Äquators, wo die Rotationsgeschwindigkeit (die Geschwindigkeit, mit der sich ein Körper auf der Erde um den Erdmittelpunkt dreht) und auch die Fliehkraft (Zentrifugalkraft) am größten sind. Viele Weltraummissionen starten in Äquatornähe, denn von dort aus ist es einfacher, der Gravitationskraft der Erde zu entkommen.

FALLBESCHLEUNIGUNG

Ein Körper, der in Richtung des Erdmittelpunkts fällt, beschleunigt infolge der Gravitation. Der Luftwiderstand und die Zentrifugalkraft wirken dieser Beschleunigung entgegen. Auch wenn die Zentrifugalkraft meist sehr viel kleiner ist als die Gravitationskraft, sorgt der mit größerer Geschwindigkeit höher werdende Luftwiderstand dafür, dass ein fallender Körper (z. B. ein Fallschirmspringer) nie über eine bestimmte Geschwindigkeit hinauskommt.

FLAMSTEED, JOHN (1646–1719)

Direktor der Sternwarte von Greenwich. Newton nutzte seine hohe Stellung aus, um an die von Flamsteed gesammelten Daten zu kommen und sie unter seinem eigenen Namen zu veröffentlichen.

FLIEHKRAFT

Auch Zentrifugalkraft genannt. Es ist eine Scheinkraft, die aus der Trägheit eines Körpers resultiert. Es ist die Kraft, die bei einer Drehbewegung eines Körpers versucht, dessen Richtungsänderung zu verhindern. Man fühlt eine Kraft, die einen scheinbar nach außen zieht, z. B. bei einem Karussell oder bei der Trommel der Waschmaschine. Sie wirkt scheinbar auch auf der Erde, die sich mit einer schwindelerregenden Geschwindigkeit um sich selbst dreht. Trotzdem fliegen wir nicht weg, sondern bleiben zum Glück mit beiden Beinen auf dem Boden.

GALILEO GALILEI (1564-1642)

Er war der Erste, der die Schwerkraft studiert und zu erklären versucht hat. Einige seiner Experimente hat er auf dem Schiefen Turm von Pisa durchgeführt. Außerdem war er ein Pionier der Astronomie.

GESCHWINDIGKEIT

Verhältnis zwischen zurückgelegtem Weg und der dafür benötigten Zeit. Die Geschwindigkeit verändert sich aufgrund einer Beschleunigung, die dem Verhältnis zwischen der Veränderung der Geschwindigkeit und der dafür benötigten Zeit entspricht.

GEWICHT

Die Schwerkraft wirkt auf jeden Körper ein. Je größer sie ist, desto mehr wiegt der Körper. Ein Mensch, bei dem die Waage auf der Erde 80 kg anzeigt, wiegt auf dem Mond, aufgrund dessen geringerer Schwerkraft, nur noch etwas mehr als 13 kg. Wo es keine Schwerkraft gibt, gibt es auch kein Gewicht.

GEZEITEN

Das abwechselnde Ansteigen (Flut) und Fallen (Ebbe) des Meeresspiegels nennt man Gezeiten. Die Gezeiten sind nicht nur durch die Anziehungskraft des Mondes und der Sonne bedingt, sondern hängen auch von der Wassertiefe und der Küstenform ab. Deshalb gibt es an manchen Orten gewaltige Gezeitenwellen, anderswo bemerkt man kaum etwas von Ebbe und Flut.

GRAVITATION

Die Gravitation oder Massenanziehung ist eine starke Kraft des Universums. Jeder Körper im Universum zieht jeden anderen an; die Kraft der Anziehung hängt von der Masse des Körpers ab. Die Gravitation hält die Planeten auf ihrer Umlaufbahn um die Sonne. Sie hält Materie zusammen. Nicht zu verwechseln ist sie mit der Schwerkraft, deren wichtigste Komponente sie jedoch ist.

Newton hat bewiesen, dass sich zwei Körper durch diese Kraft gegenseitig anziehen, und zwar proportional zu ihren Massen und umgekehrt proportional zum Quadrat ihrer Entfernung. Das gilt nicht nur für Planeten, sondern auch für Menschen, Steine und andere kleine Körper – die Anziehungskraft ist bei leichten Körpern aber so winzig, dass wir sie nicht spüren.

GRAVITATIONSMITTELPUNKT

Es handelt sich um den Punkt, zu dem die Gravitationskraft eines Körpers alle umgebenden Körper zieht. Bei der Erde ist dies der Erdmittelpunkt. Jeder Körper hat seinen Gravitationsmittelpunkt.

GREENWICH

Vorort von London. 1675 wurde unter Charles II. eine berühmte Sternwarte errichtet. Der durch die einstige Sternwarte gehende Längenkreis wurde als Nullmeridian festgelegt. Ein Meridian ist ein gedachter Kreisbogen auf der Erdoberfläche, der von einem Pol zum andern verläuft. So kann man mit mehreren solchen Bögen den Globus einteilen. Vom Nullmeridian in Greenwich aus beginnt die Zählung der Meridiane.

HALLEYSCHER KOMET

Dank Newtons Formel konnte Edmond Halley die Umlaufbahn des Kometen berechnen, der heute seinen Namen trägt. Er sagte auch voraus, wann er erneut zu sehen sein würde, nämlich in etwa alle 75,3 Jahre. Das letzte Mal war er 1986 von der Erde aus mit bloßem Auge sichtbar. Erst im Jahr 2061 wird er sich wieder blicken lassen.

HOOKE, ROBERT (1635-1702)

Englischer Naturforscher, Physiker und Erfinder. Er verbesserte viele Geräte, darunter das Mikroskop. Der Begriff »Zelle« geht auf ihn zurück, er hat die Pflanzenzellen entdeckt. Er war der Kurator der physikalischen Abteilung der Royal Society. Mit Newton lag er mehrfach in wissenschaftlichem Streit.

KATZENKLAPPE

Eine lustige Anekdote berichtet, dass Newton im Laufe seiner Experimente mit Licht eine Öffnung in seine Haustür sägte, um nicht gestört zu werden, wenn seine Katze ein und aus gehen wollte.

KEPLER, JOHANNES (1571-1630)

Deutscher Astronom. Der überzeugte Anhänger der Ideen von Kopernikus und Galilei entdeckte, dass die Planeten in elliptischen Bahnen um die Sonne kreisen.

KOMET

Himmelskörper, der zum größten Teil aus Eisbrocken besteht. Er kreist auf einer lang gezogenen, elliptischen Bahn um unsere Sonne. Dabei

zieht er einen leuchtenden Schweif hinter sich her. Das Erscheinen eines Kometen am Himmel war früher unvorhersehbar und versetzte die Menschen jedes Mal in Angst und Schrecken, weil es als böses Omen galt.

KOPERNIKANISCHES SYSTEM

Wie wir heute wissen, sieht unser Sonnensystem so aus wie hier gezeichnet. Es wird auch heliozentrisch genannt, denn die Sonne (*helios* auf Altgriechisch) steht im Zentrum und die Planeten umkreisen sie.

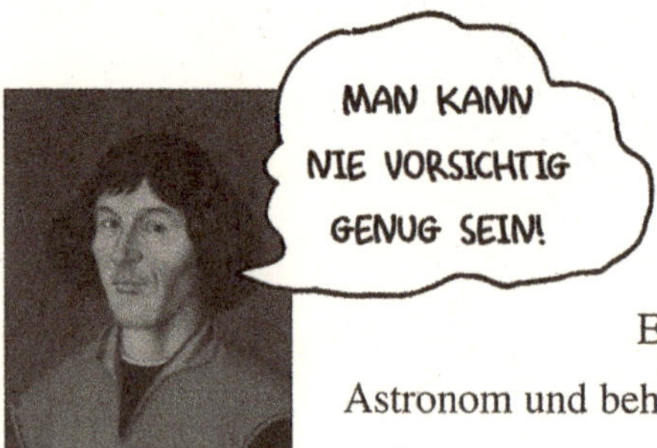

KOPERNIKUS, NIKOLAUS (1473–1543)

Er war der erste »moderne« Astronom und behauptete, dass sich die Erde um die Sonne dreht und nicht umgekehrt. Diese Ansicht galt damals als ketzerisch. Seine revolutionäre These ließ er erst nach seinem Tod veröffentlichen, denn er fürchtete die Macht der Kirche, die gegen diese Theorien war.

KRAFT

Kraft ist eine gerichtete physikalische Größe, Ursache für

Formänderung und Bewegungsänderung. Sie wird bestimmt durch das Produkt aus Masse und Beschleunigung:
F (Kraft) = m (Masse) · a (Beschleunigung).

LEIBNIZ, GOTTFRIED WILHELM (1646–1716)

Deutscher Philosoph und Mathematiker. Er erfand unter anderem eine der ersten mechanischen Rechenmaschinen der Geschichte und kam auf die Idee des »binären Systems«, das heute in der Informatik verwendet wird. Unabhängig von Newton entdeckte er die Differenzialrechnung. Newton beschuldigte ihn des geistigen Diebstahls.

LICHT

Wird heute als »elektromagnetische Strahlung im sichtbaren Bereich« definiert. Aber über zwei Jahrhunderte lang glaubte man an Newtons Theorie, die besagte, Licht bestünde aus Teilchen (Korpuskeln).

MASSE

Rein gefühlsmäßig gehen wir davon aus, dass die Masse eines Körpers der »Menge an Materie« entspricht, aus der er besteht. In der Physik wird die Masse definiert als Maß für die Trägheit eines Körpers. Die Masse beschreibt den Widerstand, der überwunden werden muss, um den Körper aus seinem Zustand der Trägheit zu holen.

MÜNZE

Münze nannte man die Fabrik, in der Münzen hergestellt werden. Newton hatte die Leitung der Londoner Münze inne. Das Abfeilen der Ränder von Gold- und Silbermünzen, um wertvollen Gold- und Silberstaub zu gewinnen, war zur Zeit Newtons weit verbreitet. Diese Betrügereien wurden später dadurch unterbunden, dass GESETZLICH GESCHÜTZT in den Außenrand geprägt wurde.

OPTIK

So nennt man die Lehre vom sichtbaren Licht. Sie beschäftigt sich auch mit der

Entwicklung optischer Instrumente, die besseres Sehen und Beobachten ermöglichen.

ORBIT

So nennt man die Umlaufbahn eines Planeten, Kometen oder künstlichen Satelliten um einen anderen Himmelskörper. Newtons Gesetze erklären, warum die Umlaufbahnen von Planeten, Kometen und sogar Geröllklumpen mehr oder weniger elliptisch sind.

PEST

1894 entdeckte der Schweizer Tropenarzt Alexandre John-Émile Yersin (1863–1943) den Erreger der gefürchteten Infektionskrankheit *(Yersinia pestis)*. Die Pest befiel Menschen, Ratten und Mäuse und wurde durch Flohbisse übertragen. Die Pest verschwand, nachdem sich die hygienischen Verhältnisse in der Stadt gebessert hatten und die Ratten und Mäuse, die sie übertrugen, verdrängt

worden waren. Doch das konnte selbst der große Newton nicht ahnen. Immerhin war er so klug, sich während der Epidemie von den Nagern fernzuhalten.

PHOTONEN

Licht besteht aus »Energiequanten«, masselosen Elementarteilchen. Sie haben die Eigenschaften von »Teilchen«, obwohl sie in Wirklichkeit elektromagnetische Wellen-»Bündel« sind.

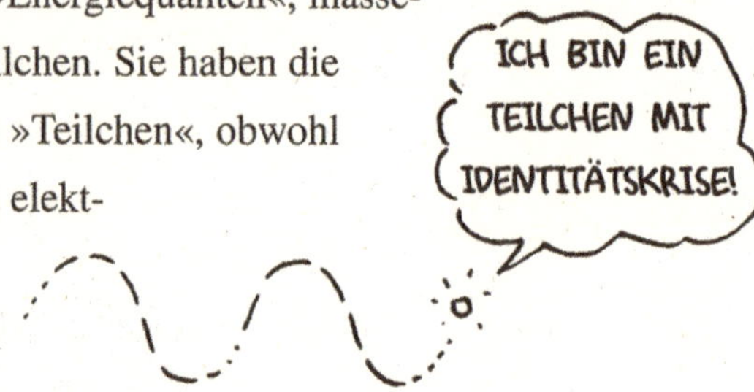

PRISMA

Massiver, keilförmiger Körper aus lichtdurchlässigem Material, z. B. Glas oder Quarz, der das Licht bricht (das wird auch als Refraktion bezeichnet).

QUECKSILBER

Von den Alchimisten sehr begehrtes Metall, das auch Newton verwendete. Es hat einige ungewöhnliche Eigenschaften, z. B. ist es das

einzige bei Zimmertemperatur flüssige Metall. Es ist hochgiftig. Viele Jahre nach Newtons Tod wurden seine Haare analysiert, und man entdeckte, dass ihr Quecksilbergehalt um das Zehnfache über der Toleranzgrenze lag.

REFLEXION

Reflexion entsteht, wenn Lichtstrahlen auf eine Oberfläche treffen und zur Lichtquelle zurückgeworfen werden.

REFRAKTION

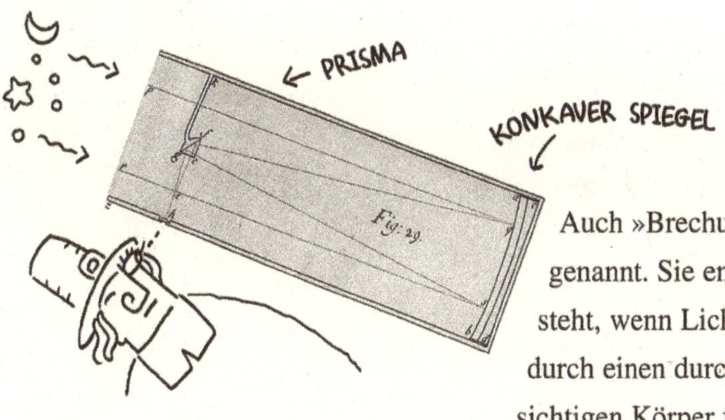

Auch »Brechung« genannt. Sie entsteht, wenn Licht durch einen durchsichtigen Körper fällt (ein Prisma oder Wasser zum Beispiel) und dadurch die Richtung ändert. Oben eine Skizze, wie Newton durch Ausnutzung von Reflexion und Refraktion sein Teleskop entworfen hat. Die Skizze stammt übrigens von ihm selbst.

SCHWERELOSIGKEIT

Sobald man sich in einem ausreichenden Abstand von der Erde und ihrer Anziehungskraft befindet, wird man schwerelos.

SCHWERKRAFT

Wenn man einen Gegenstand in der Hand hält und dann loslässt, fällt er unweigerlich auf den Boden, was dem newtonschen Gravitationsgesetz entspricht. Die Schwerkraft auf der Erdoberfläche nennt man Erdanziehungskraft. Sie setzt sich aus der zum Erdmittelpunkt hin gerichteten, durch Gravitation bewirkten Anziehungskraft und der durch die Drehung der Erde verursachten Zentrifugalkraft zusammen.

SPEKTRUM

Diesen Namen vom lateinischen Wort *spectrum* für »Erscheinung«, »Gespenst« wählte Newton wohl deshalb, weil man das Farbspektrum des Lichtes

normalerweise nicht sieht, genau wie Geister, die in alten Häusern spuken. Ein weißer Lichtstrahl kann in seine Spektralfarben zerlegt werden. In der Natur kann dieser Vorgang beim Regenbogen beobachtet werden. Er wird erzeugt durch mikroskopisch kleine Wassertropfen, die das Licht brechen und reflektieren.

SPIEGELTELESKOP

Hier das von Newton entworfene und gebaute Modell. Es reflektiert und bündelt das Bild und ermöglicht eine größere Schärfe als die davor verwendeten Linsenfernrohre.

TELESKOP

Optisches Instrument, auch Fernrohr genannt. Schon vor Newton wurden immer längere und größere Teleskope gebaut, doch besonders gut sehen konnte man damit nicht. Daran schuld waren die einfache Bauart und die schlechte Qualität der verwendeten Linsen.

TRÄGHEIT

Die Tendenz eines jeden Körpers, in seinem jeweiligen Zustand der Ruhe oder Bewegung zu verharren. Gemessen wird diese Trägheit als Masse.

UNIVERSUM

Weltall, die Welt als Ganzes; definitionsgemäß »alles, was existiert«. Doch nach Meinung einiger moderner Physiker könnte es durchaus mehr als nur ein Universum geben.

VOLTAIRE (1694–1778)

Schriftsteller, Philosoph und Historiker aus Paris, einer der Väter der Aufklärung. Er lebte jahrelang in England im Exil, wo er auch Newton kennenlernte.

ZENTRIFUGALKRAFT

Siehe Fliehkraft.

ZENTRIPETALKRAFT

Die Zentripetalkraft hält einen rotierenden Körper fest, zieht ihn in eine Kreisbahn und verhindert, dass dieser davonfliegt. Sie kann durch das Ziehen eines Hammerwerfers an seinem Hammer oder durch die Gravitationskraft ausgeübt werden, wenn zum Beispiel die Schwerkraft der Erde den Mond auf seiner Bahn hält. »Zentripetal« (ein Ausdruck, der von Newton geprägt wurde) bedeutet »zum Zentrum hin«.

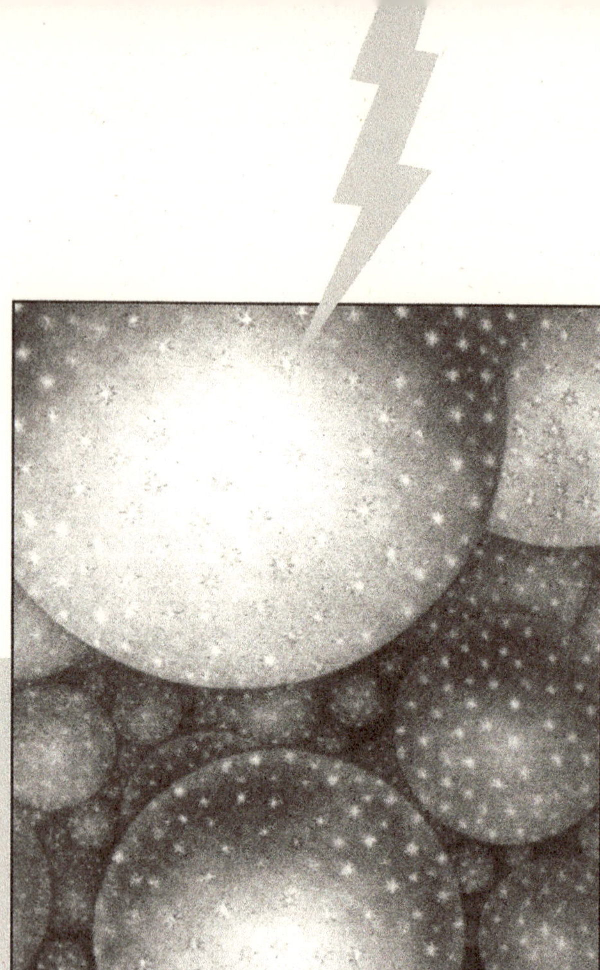

»Die Wahrheit findet sich immer im Einfachen, nicht in der Vielfalt und im Durcheinander.«

ISAAC NEWTON

INHALTSANGABE

LUCA NOVELLI,

Autor und Illustrator, ist der Verfasser zahlreicher Bücher über Naturwissenschaften und Natur, die in viele Sprachen übersetzt wurden. Er arbeitet als wissenschaftlicher Berater für die RAI, das staatliche italienische Fernsehen, und leitete zehn Jahre lang eine Zeitschrift für Grafik und Design. Für die Reihe »Lebendige Biographien« erhielt er 2004 den italienischen Andersen-Preis als bester populärwissenschaftlicher Autor.

Genehmigte Lizenzausgabe für Impian GmbH, Leverkusen 2023

Die Originalausgaben erschienen unter den Titeln:
»Einstein e le macchine del tempo«
»Edison. Come inventare di tutto e di più«
»Galileo e la prima guerra stellare«
»Marie Curie e i segreti atomici svelati«
»Newton e la formula dell'antigravità«
»Hawking e il mistero dei buchi neri«

Umschlaggestaltung: Nele Schütz Design,
unter Verwendung von Illustrationen von Joachim Knappe
Übersetzung aus dem Italienischen von Anne Braun
Druck: CPI books GmbH, Leck
Printed in Germany

ISBN 978-3-96269-163-9

www.impian.de